PSICOLOGIA, EDUCAÇÃO E DESENVOLVIMENTO:
Escritos de L. S. Vigotski

Lev Semionovitch Vigotski

PSICOLOGIA, EDUCAÇÃO E DESENVOLVIMENTO:
Escritos de L. S. Vigotski

Organização e tradução de
Zoia Prestes e Elizabeth Tunes

1ª edição
EXPRESSÃO POPULAR
São Paulo - 2021

Copyright © 2021 by Editora Expressão Popular

Tradução: Zoia Prestes e Elizabeth Tunes
Revisão: Janine de Fátima Mundim e Eric Alberto Lima de Oliveira
Projeto gráfico, diagramação e capa: Zap Design
Desenhos da capa: Leila Tunes Freire e Maria Tunes de Lara
Impressão e acabamento: Paym

Dados Internacionais de Catalogação-na-Publicação (CIP)

V691p Vigotski, Lev Semionovitch
Psicologia, educação e desenvolvimento: escritos de L. S. Vigotski / Lev Semionovitch Vigotski ; organização e tradução de Zoia Prestes e Elizabeth Tunes. -- 1.ed.—
São Paulo : Expressão Popular, 2021.
288 p. : il.

ISBN 978-65-5891-012-1

1. Desenvolvimento. 2. Linguagem. 3.Pensamento.
I. Prestes, Zoia. II. Tunes, Elizabeth. III. Título.

CDU 159.955

Catalogação na Publicação: Eliane M. S. Jovanovich CRB 9/1250

Todos os direitos reservados.
Nenhuma parte desse livro pode ser utilizada
ou reproduzida sem a autorização da editora.

1ª edição: fevereiro de 2021
2ª reimpressão: junho de 2024

EDITORA EXPRESSÃO POPULAR
Alameda Nothmann, 806
Sala 06 e 08 – CEP 01216-001 – Campos Elíseos-SP
atendimento@expressaopopular.com.br
www.expressaopopular.com.br
ed.expressaopopular
editoraexpressaopopular

SUMÁRIO

Homenagem 9

Prefácio 13
Zoia Prestes e Elizabeth Tunes

A inter-relação instrução e desenvolvimento:
problemas e perspectivas..23
Guennadi Grigorievitch Kravtsov e Elena Evguenievna Kravtsova

ESCRITOS DE LEV SEMIONOVITCH VIGOTSKI: PSICOLOGIA, EDUCAÇÃO E DESENVOLVIMENTO

Sobre a questão do multilinguismo na infância 47

O problema do desenvolvimento cultural da criança 75

A pré-história da fala escrita......................................103

Sobre a análise pedológica do processo pedagógico 143

A dinâmica do desenvolvimento mental do escolar e a instrução 175

A brincadeira e o seu papel no desenvolvimento
psíquico da criança 209

O problema da instrução e do desenvolvimento mental
na idade escolar 241

Instrução e desenvolvimento na idade pré-escolar 269

A nossa querida amiga
Elena Evguenievna Kravtsova
(1950-2020)

HOMENAGEM

Este livro é dedicado a uma grande amiga nossa – Elena Evguenievna Kravtsova. Elena era filha de Guita Lvovna Vigodskaia e neta de Lev Semionovitch Vigotski. No início de novembro de 2007, por ocasião de nossa visita à Guita, em Moscou, conhecemos Elena, seu marido, Guennadi, e seus três filhos, Lev, Aleksei e Oleg. Fomos recebidas com um verdadeiro banquete e soubemos que tudo havia sido preparado por Elena, que gostava muito de cozinhar. A partir desse dia, desenvolvemos um forte laço de amizade e tivemos a felicidade de ter Elena, Guennadi e Oleg duas vezes conosco no Brasil.

Sempre que íamos a Moscou para o evento anual *Leituras L. S. Vigotski*, Elena convidava para almoçar em sua casa e servia-nos *borsch*[1] preparado por ela. São muitas as lembranças de Elena que guardaremos para sempre. Uma mulher bonita, forte, inteligente, brilhante e enérgica, que nunca se apresentava como a detentora das verdadeiras ideias de Vigotski. Estudava e desenvolvia pesquisas e estudos com base na teoria histórico-cultural

---

[1] Sopa de beterraba, comida tradicional russa, original de países eslavos como Ucrânia e Polônia. (N.E)

e, nos últimos anos, estava envolvida com a publicação da *Obra Completa* do avô. Com a morte de Elena, em 28 de março de 2020, perdemos uma amiga muito querida, uma parceira que sempre esteve pronta a nos ajudar e debater as ideias de seu avô.

Ao finalizarmos este livro para publicação, iremos nos dedicar à tradução dos textos de L. S. Vigotski, organizados por T. M. Lifanova em *Problemi defectologuii* [*Problemas da Defectologia*], de 1995. Estamos devendo esse trabalho à Elena, pois foi ela quem nos entregou o livro que Guita havia separado para nós antes de falecer, em 2010.

Como uma singela homenagem à Elena, que tinha conhecimento a respeito da obra de L. S. Vigotski que estávamos traduzindo, incluímos, na presente coletânea, um dos últimos artigos que ela escreveu com seu companheiro, Guennadi Kravtsov. Não tivemos tempo de combinar com ela a tradução e a publicação do artigo em que ambos discutem temas diretamente relacionados a questões abordadas em textos de L. S. Vigotski que aqui se encontram. Seria coincidência? Não, provavelmente sintonia entre os apaixonados pela obra de um grande pensador.

A partir da esquerda: Elizabeth Tunes, Marta Chaves, Elena Kravtsova e Zoia Prestes. Universidade Federal Fluminense. Niterói (RJ), 2013. Fonte: Arquivo pessoal de Zoia Prestes.

A partir da esquerda: Jader Janer, Tânia de Vasconcellos, Zoia Prestes, Elena Kravtsova, duas participantes do evento, Elizabeth Tunes e uma participante do evento. Universidade Federal Fluminense. Niterói, (RJ), 2013. Fonte: Arquivo pessoal de Zoia Prestes.

De pé, a partir da esquerda: Zoia Prestes, Penélope Ximenez, Elizabeth Tunes, Ingrid Fuhr e George Ribeiro. Sentados, a partir da esquerda: Guennadi Kravtsov, Elena Kravtsova e Oleg Kravtsov. Brasília (DF), 2010. Fonte: Arquivo pessoal de Elizabeth Tunes

HOMENAGEM

Na foto, Elena Kravtsova e o tradutor George Ribeiro-Universidade Federal Fluminense-Niterói (RJ), 2013
Fonte: Arquivo pessoal de Zoia Prestes

Na casa de Elena e Guennadi nos arredores de Moscou. Fotos tiradas no mesmo dia de diferentes ângulos. Identificamos as pessoas pela primeira foto à esquerda. A partir da cabeceira da mesa: Ingrid Fuhr, Elizabeth Tunes, Penélope Ximenez, Elena Kravtsova, Tatiana Arrutina, Oleg Kravtsov, Guennadi Kravtsov (de costas). Moscou (Rússia), 2014
Fonte: Arquivo pessoal de Zoia Prestes

PREFÁCIO

Zoia Prestes e Elizabeth Tunes

Vivemos tempos difíceis no Brasil e no mundo. Um inimigo invisível já matou, pelos registros oficiais até agora (janeiro de 2021), quase 2 milhões pessoas no mundo, e entre elas 200 mil pessoas brasileiras. As projeções são terríveis. E mesmo assim, com a perda de tantas vidas, há quem ainda defenda que não é nada demais, que é apenas uma "gripezinha", teime em ignorar as recomendações da Organização Mundial da Saúde (OMS) para manter e ampliar o isolamento social e, de forma irresponsável, provoque aglomerações, limpe o nariz com a mesma mão com a qual cumprimenta pessoas a sua volta. Acreditamos que o leitor reconheça o personagem ao qual estamos nos referindo sem precisar nomeá-lo. Ele e seus seguidores são movidos pela defesa do mercado econômico e não pela preservação de vidas, principalmente, as dos mais vulneráveis.

Mas, em qualquer momento de anormalidade da vida, há lições que são aprendidas com evidências. Por exemplo, deixar de se espelhar nos exemplos dos EUA é uma delas, principalmente no que tange ao sistema público de saúde. Nosso SUS, que até pouco tempo era atacado e desqualificado até mesmo por um ex-ministro da Saúde do atual governo, mostrou-se

PREFÁCIO

estrategicamente importante no decorrer da pandemia, ao contrário de países como os Estados Unidos, onde todos os serviços médico-hospitalares são pagos. Dizem que os estadunidenses, inclusive, têm medo de procurar a rede de saúde porque sabem que a conta, num certo dia, chegará para ser paga. Será que não é por isso que o número de infectados e mortos lá é o maior do mundo? Então, vale lembrar: o que é bom para os EUA não é bom para o Brasil. Mesmo com muitos problemas, o SUS está tentando dar conta dos que precisam de internação. E quanto maior for o número de pessoas que respeitar o isolamento social, maior a chance de a rede de saúde não entrar em colapso.

No que diz respeito à educação em tempos de pandemia, nos assusta ver como os sistemas de ensino parecem querer seguir a vida como se tudo estivesse normal. Muitas instituições de educação (públicas e particulares e dos mais diversos níveis) estão obrigando os professores a "darem aulas" via plataformas digitais, a fazerem "*lives*" para os alunos, a enviarem tarefas via *e-mail*, chegando ao cúmulo de exigir que professores da Educação Infantil gravem vídeos com atividades e brincadeiras para crianças de 2 anos. E como se não bastasse isso, solicita-se aos responsáveis que gravem as crianças fazendo a atividade e enviem aos professores. Como se percebe, a educação escolar formal que continua, em grande parte, apartada da vida real, está lidando com uma situação de extrema exceção – o isolamento social – da pior forma possível, pois segue achando que apenas o que se aprende no sistema escolar é importante, não consegue sair da rotina, se assusta com a imprevisibilidade da vida. A situação é complexa, assustadora e imprevisível para todos, mas isso não importa à escola, ela precisa continuar controlando e tutelando a vida dos alunos mesmo na quarentena, está mais preocupada em seguir o *script* de sempre em vez de acreditar que o que estamos vivenciando ensina muito mais do que qualquer "*live*" ou "videoaula". Ou seja, o importante é cumprir o currículo que, este sim, há tempos está em quarentena.

Alguns textos que compõem este livro permitem refletir sobre o papel da escola na vida contemporânea. Apesar de terem sido escritos entre 1928 e 1933, são atuais e podem contribuir com aqueles que desejam uma formação humana voltada para a diversidade e as possiblidades de desenvolvimento.

Lev Semionovitch Vigotski foi um dos mais destacados pensadores soviéticos que desenvolveu trabalhos científicos em diferentes campos do conhecimento, tais como: psicologia, pedologia, defectologia, arte, entre outros. Deixou inúmeros textos em que analisa e discute resultados de suas pesquisas teóricas, experimentais e clínicas e as implicações para o desenvolvimento humano.

Em 1935, foi publicada na União Soviética, pela *Gosudarstvennoie utchebno-pedagoguitcheskoie izdatelstvo – Utchpedgiz* [Editora estatal pedagógico-científica], uma coletânea de textos (artigos e aulas estenografadas) de Lev Semionovitch Vigotski que recebeu o título *Umstvennoie razvitie detei v protsesse obutchenia* [*O desenvolvimento mental de crianças no processo de instrução*], a qual contém textos sobre a relação entre instrução e desenvolvimento. O livro foi preparado e organizado por L. V. Zankov, J. I. Chif e D. B. Elkonin, conforme consta na nota inicial da edição soviética, e contém sete textos: artigos escritos por Vigotski e textos transcritos de estenografias das aulas por ele proferidas e que não foram redigidos e revistos pelo autor, pois falecera no ano anterior ao lançamento da edição.

No livro que o leitor tem em mãos, publicamos oito textos de L. S. Vigotski. Deles, sete foram traduzidos do livro *Psirrologuia razvitia rebionka* [*Psicologia do desenvolvimento da criança*] publicado pela editora Eksmo, em 2004, uma coletânea que reúne obras como: *Problema vozrasta* [*O problema da idade*];

PREFÁCIO

Mladentcheski vozrast [O primeiro ano]; *Krizis pervogo goda jizni* [A crise do primeiro ano de idade]; *Rannieie detstvo* [A primeira infância]; *Krizis trior let* [A crise dos três anos]; *Krizis semi let* [A crise dos sete anos]; *Igra i ieio rol v psirritcheskom razvitii rebionka* [A brincadeira e o seu papel no desenvolvimento psíquico da crianças];[1] *Konspect ob igre* [Anotações sobre a brincadeira]; *Voobrajenie i tvortchestvo v detskom vozraste* [Imaginação e criação na infância];[2] *Umstvennoie razvitie detei v protsesse obutchenia* [Desenvolvimento mental de crianças no processo de instrução].[3]

São textos de diferentes períodos da trajetória de Vigotski. A seguir, apresentamos informações a respeito de cada um dos textos que compõem o presente livro, quando e onde foram publicados em edições soviéticas e russas de acordo com dados aos quais tivemos acesso até agora. Destacamos que a principal fonte foi a *Polnaia bibliografia trudov Lva Semionovitcha Vigotskogo* [Bibliografia completa de trabalhos de L. S. Vigotski], elaborada por T. M. Lifanova e publicada em 1996 em anexo à biografia do cientista escrita por sua filha, G. L. Vigodskaia, e por T. M. Lifanova – *Lev Semionovitch Vigotski: jizn, deiatelnost i chtrirri k portretu* [Lev Semionovitch Vigotski: vida, atividade e traços para o retrato], da Editora Academia – Smisl.

Uma fonte preciosa e inestimável foi a neta de L. S. Vigotski – Elena Evguenievna Kravtsova –, que confirmou informações a respeito dos textos em questão. Também consultamos publicações de pesquisadores soviéticos, russos e bielorrussos de diversas épocas que discutem os textos que traduzimos ou se baseiam neles em suas produções acadêmicas.

---

[1] A tradução para o português do texto completo dessa aula foi publicada pela primeira vez na Revista GIS, da UFRJ, em 2008.
[2] Livro traduzido e publicado pela Editora Expressão Popular em 2018.
[3] Essa coletânea contém sete textos, dos quais seis estão na presente edição, conforme indicamos no prefácio.

É importante destacar que a organização dos textos neste livro segue a ordem cronológica que está indicada na Bibliografia da obra de L. S. Vigotski elaborada por T. M. Lifanova. Tomamos essa decisão em função de análises feitas da obra do autor e por sugestão de Elena Kravtsova. Por isso, a presente edição brasileira é uma coletânea diferente do livro *Umstvennoie razvitie detei v protsesse obutchenia* [*Desenvolvimento mental de crianças no processo de instrução*], porém contém praticamente o que foi publicado no livro de 1935, com exceção do relatório *Razvitie jiteiskir i nautchnir poniati v chkolnom vozraste* [*O desenvolvimento dos conceitos cotidianos e científicos na idade escolar*], que tem sérios problemas de redação em russo.

"Sobre a questão de multilinguismo na infância" – artigo escrito em 1928. Publicado no livro *Umstvennoie razvitie detei v protsesse obutchenia* [*O desenvolvimento mental de crianças no processo de instrução*], em 1935 (p. 53-72); no 3º volume das *Obras Reunidas*, de 1983 (p. 329-337); no livro *Psirrologuia razvitia rebionka* [*Psicologia do desenvolvimento da criança*], pela editora Eksmo, 2004. (p. 393-420)

"O problema do desenvolvimento cultural da criança" – artigo publicado na Revista *Pedologuia* [*Pedologia*], em 1928, n. 1. p. 58-77. A segunda publicação ocorreu em 1991 na Revista *Vestnik MGU* da Universidade de Moscou, Série 14, na sessão Psicologia, n. 4. (p. 5-19)

"A pré-história da fala escrita" é o texto original do capítulo VII do manuscrito (que se encontra nos arquivos da família Vigotski) de *A história do desenvolvimento cultural da criança normal e anormal*, escrito em 1929. O capítulo foi publicado: no livro *Umstvennoie razvitie detei v protsesse obutchenia* [*O desenvolvimento mental de crianças no processo de instrução*], em 1935 (p. 73-95); no livro *Psirrologuia razvitia rebionka*

[*Psicologia do desenvolvimento da criança*], pela editora Eksmo, 2004. (p. 421-452)

"Sobre a análise pedológica do processo pedagógico" é o texto da aula (estenografada) proferida no Instituto Experimental de Defectologia, em 17 de março de 1933. Publicado no livro *Umstvennoie razvitie detei v protsesse obutchenia* [*O desenvolvimento mental de crianças no processo de instrução*], em 1935 (p. 116-143); no livro *Pedagoguitcheskaia psirrologuia* [*Psicologia pedagógica*], em 1991 (em russo), publicado pela editora Pedagoguika, de Moscou (p. 430-449); no livro *Psirrologuia razvitia rebionka* [*Psicologia do desenvolvimento da criança*], pela editora Eksmo, 2004 (p. 479-506). A primeira tradução integral deste texto foi publicada em anexo à tese de doutorado de Zoia Prestes intitulada *Quando não é quase a mesma coisa*: análise de traduções de Lev Semionovitch Vigotski no Brasil e suas implicações para o campo educacional, defendida em 2010 (p. 263-283).[4]

"A dinâmica do desenvolvimento mental do escolar e a instrução" é o texto da aula (estenografada) proferida no Instituto de Pedagogia Bubnov, em dezembro de 1933. Publicado no livro *Umstvennoie razvitie detei v protsesse obutchenia* [*O desenvolvimento mental de crianças no processo de instrução*], em 1935 (p. 33-52); no livro *Pedagoguitcheskaia Psirrologuia* [*Psicologia pedagógica*], em 1991, publicado pela editora Pedagoguika, de Moscou (p. 391-410); no livro *Psirrologuia razvitia rebionka* [*Psicologia do desenvolvimento da criança*], pela editora Eksmo, 2004. (p. 366- 393)

"A brincadeira e o seu papel no desenvolvimento psíquico da criança" é o texto da aula proferida (estenografada) no Instituto Estatal de Pedagogia Guertsen, em 1933 e publicado, pela

---

[4] Disponível em <https://repositorio.unb.br/bitstream/10482/9123/1/2010_ZoiaRibeiroPrestes.pdf>. Acesso em 4 jan 2021.

primeira vez, em 1966, na Revista *Voprosi Psirrologuii* [*Questões da psicologia*], n. 6, nov.-dez., (p. 62-76) e, posteriormente, no livro *Psirrologuia razvitia rebionka* [*Psicologia do desenvolvimento da criança*], pela editora Eksmo, 2004 (p. 200-223). Vale dizer que este texto foi traduzido para o português e publicado na íntegra pela *Revista Gestão de Iniciativas Sociais* (da Coppe/ UFRJ), n. 11, de 2008 (em verão *online*). O livro *Formação Social da Mente* [*Mind in society*] traduzido para o português do inglês apresenta uma versão incompleta, alterada e cortada deste texto, além de distorções na tradução que podem ser encontradas desde o título.

"O problema da instrução e do desenvolvimento mental na idade escolar" é um artigo escrito na virada do ano de 1933 para 1934. Foi publicado no livro *Umstvennoie razvitie detei v protsesse obutchenia* [*O desenvolvimento mental de crianças no processo de instrução*], em 1935 (p. 3-19); no livro *Pedagoguitcheskaia psirrologuia* [*Psicologia pedagógica*], em 1991, pela editora Pedagoguika, de Moscou (p. 3-19); na coletânea *Izbrannie psirrologuitcheskie issledovania* [*Investigações psicológicas selecionadas*], em 1956 (p. 438-452); no livro *Psirrologuia razvitia rebionka* [*Psicologia do desenvolvimento da criança*], pela editora Eksmo, 2004. (p. 327-349)

"Instrução e desenvolvimento na idade pré-escolar" é o texto da palestra proferida (estenografada) na Conferência Russa de Educação Pré-escolar (s/d). Publicado no livro *Umstvennoie razvitie detei v protsesse obutchenia* [*O desenvolvimento mental de crianças no processo de instrução*], em 1935 (p. 20-32); na coletânea *Izbrannie psirrologuitcheskie issledovania* [*Investigações psicológicas selecionadas*], em 1956 (p. 426-437); na Revista *Semia*, em 1969, n. 12, (p. 14-16); no livro *Psirrologuia razvitia rebionka* [Psicologia do desenvolvimento da criança], pela editora Eksmo, 2004 (p. 349-366). (Lifanova, p. 409)

PREFÁCIO

No Brasil, existem edições que apresentam a tradução do texto de L. S. Vigotski *O problema da instrução e do desenvolvimento mental na idade escolar* com o título *Aprendizagem e desenvolvimento intelectual na idade escolar*. São eles: *Psicologia e pedagogia: bases psicológicas da aprendizagem e do desenvolvimento* (da Centauro Editora, 2005), com o texto praticamente igual ao do livro com o mesmo título publicado em Portugal (pela Editorial Estampa, em 1991); *Linguagem, desenvolvimento e aprendizagem* (da Ícone Editora, 2006). No livro atribuído a L. S. Vigotski, *Formação social da mente* (1981), há um capítulo intitulado *Interação entre aprendizado e desenvolvimento* que, de acordo com a nossa análise, é uma compilação de dois textos incluídos no presente livro ("A dinâmica do desenvolvimento mental do escolar relacionada à instrução" e "O problema da instrução e do desenvolvimento mental na idade escolar").[5]

Gostaríamos de chamar a atenção para a seguinte questão. O relatório "O desenvolvimento dos conceitos cotidianos e científicos na idade escolar" que compõe o livro *Umstvennoie razvitie detei v protsesse obutchenia* [*O desenvolvimento mental de crianças no processo de instrução*], de 1935, tem sérios problemas de redação em russo, como já indicamos anteriormente. Além disso, *Michlenie i retch* [*Pensamento e fala*], o último livro de Vigotski, publicado em 1934, contém um capítulo inteiro (o 6º) que trata do assunto e é muito mais desenvolvido do que o texto que está na coletânea de 1935. Em função disso e após consulta à neta de Vigotski, Elena Kravtsova, que, inclusive, autorizou a publicação da nossa tradução, tomamos a decisão de substituir o texto sobre conceitos pelo "A brincadeira e o seu papel no desenvolvimento psíquico da criança".

---

[5] Para mais detalhes, ver Vaz, A. F. e Momm, C. M. (orgs.) *Educação Infantil e sociedade: questões contemporâneas*. Nova Petrópolis: Editora Nova Harmonia, 2012.

No decorrer dos textos utilizamos as seguintes siglas: Nota do Autor (N.A.), Nota da Edição Russa (N.E.R.) e Nota da Tradução (N.T.).

Rio de Janeiro e Brasília, 3 de junho de 2020.

A INTER-RELAÇÃO INSTRUÇÃO E DESENVOLVIMENTO: PROBLEMAS E PERSPECTIVAS[1]

Guennadi Grigorievitch Kravtsov e

Elena Evguenievna Kravtsova[2]

Centro Federal Científico-clínico de Reanimação e Reabilitação, Moscou (Rússia)

Muitos admiradores russos e estrangeiros da obra de L. S. Vigotski consideram que o principal campo de suas investigações está ligado aos problemas da instrução. Todos os anos, são realizados, nos mais diversos níveis, conferências e simpósios, mesas-redondas e fóruns, que se propõem a interpretar as suas principais ideias sobre instrução e desenvolvimento. São publicadas, em muitas línguas, monografias e coletâneas discutindo resultados de investigações experimentais que tratam da inter-relação instrução e desenvolvimento, realizadas, segundo seus autores, com base na teoria histórico-cultural. Provavelmente, não seria exagero dizer que as ideias de L. S. Vigotski e de seus alunos mais próximos são, relativamente, as mais demandadas, desdobradas e implementadas na prática.

---

[1] "Artigo originalmente publicado na Revista Kulturno-istoritcheskaia psirrologuia [Psicologia histórico-cultural], Vol. 16, n.1, pp. 4-12 DOI: http://doi.org/10.17759/chp.2020160101, ISSN 1816-5435 (print.) e ISSN 2224-8935 (online). Tradução e publicação realizadas com a autorização expressa da Revista Kulturno-istoritcheskaia psirrologuia."

[2] O nome de Elena Evguenievna Kravtsova está dentro de uma caixa de texto, indicando, de acordo com a tradição russa, sinal de luto em razão de seu falecimento em 28 de março de 2020. (N.T.)

Investigações de muitos anos realizadas pelos autores deste artigo e de seus colegas permitem retomar, mais uma vez, discussões a respeito de ideias de L. S. Vigotski. Essas investigações têm evidenciado uma série de problemas, sem a solução dos quais é impossível desenvolver sua tese que trata da instrução e do desenvolvimento, parte orgânica da teoria histórico-cultural, e elaborar uma prática orientada para a psicologia "não clássica".

Iniciamos nossas investigações sobre essa inter-relação com o estudo da prontidão psicológica e pessoal de crianças para a instrução escolar. A prontidão psicológica para a instrução escolar, no contexto da psicologia não clássica, não é compreendida por nós como um conjunto de características, aspectos e qualidades que, em unidade e combinação, precisam garantir a transição tranquila da criança para a nova etapa etária e, consequentemente, para a nova atividade-guia. Ela é um sistema único de relações e estruturas da consciência que se baseia na principal neoformação psicológica que garante alterações em todas as esferas da atividade vital da criança. Orientando-nos pela periodização psíquica do desenvolvimento, proposta por L. S. Vigotski, foram evidenciadas, em nossas investigações, mudanças qualitativas na relação de convivência da criança com o adulto e com seus coetâneos no limiar da idade pré-escolar e da primeira idade escolar[3] e que, no fim das contas, se refletiram na relação consigo mesmas e em sua autoconsciência. Descobriu-se que essas alterações na relação de convivência das crianças se formam na atividade-guia do período precedente de desenvolvimento, ou seja, na brincadeira.

A investigação da prontidão pessoal para a instrução escolar orientou-se pela ideia de um dos alunos de L. S. Vigotski, D. B. Elkonin, que destacava que, na transição da idade pré-escolar

---

[3] Primeira idade escolar é a idade da criança que cursa os primeiros anos escolares. (N.T.)

para a primeira idade escolar, ocorre alteração da posição interna da criança (Kravtsov, 1994). Com o ímpeto de alcançar o objetivo, a criança transforma-se de "prático" em "teórico" que se orienta pelos modos de ação. As crianças com prontidão pessoal para a instrução escolar precisam saber ensinar outra pessoa, saber transmitir ao outro o procedimento da atividade que conhecem bem. Pode-se dizer que, se a criança sabe ensinar outra pessoa, então está pessoalmente pronta para a instrução escolar e tem uma base psicológica para a formação do saber estudar (ensinar a si mesma).

L. S. Vigotski propõe uma classificação de tipos de instrução para a qual pedagogos profissionais e muitos psicólogos, aliás, não dão a atenção necessária (Vigotski, 1935). Em sua abordagem, o autor da psicologia histórico-cultural orienta-se não pelas tarefas da instrução, mas pelo modo como a pessoa que se encontra no processo de instrução se relaciona com o material estudado. De acordo com o autor, existe a instrução espontânea quando aquele que está em processo de instrução estuda seguindo seu próprio programa, e há a instrução reativa, quando ele se instrui seguindo um programa "do outro". L. S. Vigotski destaca que até uma determinada idade psicológica, a criança pode estudar apenas espontaneamente.

Olhando para essa ideia de L. S. Vigotski no contexto do problema da prontidão psicológica e pessoal para a instrução escolar, por um lado é possível ampliar e enriquecer o que existe a respeito do que a criança precisa para que a atividade de estudo se constitua. Por outro lado, surgirá necessariamente diante de nós uma série de problemas psicológicos internamente ligados de modo objetivo à organização da instrução plena que promove o desenvolvimento.

O problema da prontidão psicológica e pessoal de crianças para a instrução escolar, de acordo com a classificação de tipos de instrução proposta por L. S. Vigotski, pode ser reformulado e apresentado como problema de transição da instrução espontânea para a reativa. Pode-se supor, assim, que novas formas de inter-relação da criança com adultos e com seus coetâneos, bem como a nova relação consigo mesma, podem ser os critérios de prontidão psicológica para estudar seguindo o programa "do outro". Entretanto, não existem praticamente investigações a respeito do modo de estruturar a instrução espontânea, de que forma ela é alterada à medida que se desenvolve ou sobre o modo como transcorre e se desenvolve a instrução reativa etc.

Os estudantes de cursos de psicologia e pedagogia, desde o início de sua formação, conhecem a ideia de L. S. Vigotski de que a instrução guia o desenvolvimento (Vigotski, 1984). Essa ideia do autor da psicologia histórico-cultural é conhecida por pedagogos de vários países que, frequentemente, parecem estar convencidos de que a realizam na prática. Entretanto, essa ideia, tomada fora do contexto do artigo de L. S. Vigotski dedicado aos problemas da instrução e do desenvolvimento na idade escolar, pode levar a deturpações não apenas na compreensão da teoria histórico-cultural, mas também no trabalho prático de instrução e promoção de desenvolvimento de crianças na vida real. Se construirmos o trabalho prático, orientando-nos, literalmente, pela ideia de que a instrução guia o desenvolvimento, parece-nos que não haverá necessidade de levar em consideração o que L. S. Vigotski denomina de nível atual de desenvolvimento da pessoa.

O extraordinário psicólogo infantil A. V. Zaporojets, que foi aluno de L. S. Vigotski, muitas vezes, ao conhecer resultados de alguma investigação em que era proposto introduzir, no programa da educação pré-escolar, atividades complementares, dizia: "Eu compreendo que é possível fazer isso, mas será que é necessário?".

Se tomarmos a frase muito conhecida de L. S. Vigotski sobre o caráter da inter-relação instrução e desenvolvimento sem considerarmos o que ele, com auxílio dessa formulação, caracteriza como uma estratégia geral de instrução, pode-se afirmar que é preciso sempre ensinar à criança sem se preocupar com o fato de ser ou não necessário o que se ensina e sem levar em conta seu nível de desenvolvimento atual. A ampla divulgação dessa interpretação da ideia e de sua compreensão fora do contexto da obra de L. S. Vigotski fizeram com que se começasse a ensinar filosofia, história da religião etc. a crianças pré-escolares.

O interesse exagerado, em sua época, por investigações da prontidão psicológica e pessoal de crianças para a instrução escolar também esteve relacionado à compreensão equivocada dessa ideia de L. S. Vigotski. A largada para esses trabalhos experimentais foi dada, em grande parte, pelo fato de se ter, entre crianças que estavam cursando o primeiro ano da escola, um número significativo delas que, por sua idade psicológica, eram pré-escolares, mas estavam na escola em função da idade de sua certidão de nascimento. Apesar de a escola realizar uma instrução sistemática, essas crianças não só fracassavam no estudo, como também tinham seu desenvolvimento prejudicado.

Investigações dos últimos anos permitiram concluir que existe tanto um conceito habitual para todos os especialistas da prontidão psicológica de crianças para a instrução escolar, como também, por exemplo, o conceito de prontidão psicológica para a brincadeira (Kravtsov e Kravtsova, 2017). Além disso, se a criança, pelos mais diversos motivos, não está pronta, psicologicamente, para a brincadeira (nessa idade, isso pode ser considerado seu nível atual), então, o ensino intencional da atividade de brincar pode levar a consequências extremamente indesejáveis, por exemplo, o surgimento de medos.

Será que L. S. Vigotski estava equivocado ao destacar que o desenvolvimento segue a instrução e ao afirmar que só é boa a instrução que leva ao desenvolvimento? É difícil concordar com tal suposição não apenas em função de certas investigações experimentais, mas também porque existem diretrizes prático-experimentais e programas de educação que confirmam essa ideia do pensador sobre o papel guia da instrução no desenvolvimento psíquico e pessoal do indivíduo.

Entretanto, se é adequado considerar o nível atual de desenvolvimento dos alunos, então, mesmo assim, a ideia do autor da psicologia histórico-cultural sobre o caráter da principal inter-relação instrução e desenvolvimento exige uma investigação muito séria e aprofundada. Se a instrução guia o desenvolvimento, logo não é preciso ensinar matemática, mas ensinar com a matemática; não se deve ensinar literatura, mas com a literatura etc. Entretanto, o que está por trás das palavras ensinar com a matemática ou com a literatura ainda permanece completamente incompreensível. Porém, se não respondermos a essa questão, a discussão sobre o conteúdo da educação torna-se inócua. É necessário esclarecer o que a matemática e suas subdivisões, que são estudadas no 5º ou 8º ano, oferecem exatamente à criança? O conteúdo que é ensinado pode e deve correlacionar-se com o conteúdo de outras disciplinas escolares? Qual deve ser o "conjunto" de disciplinas escolares com seu conteúdo concreto que garanta, por exemplo, a formação do pensamento científico, da reflexão, da esfera volitiva e, por fim, da consciência da pessoa que está em crescimento?

A análise até mesmo mais superficial do conteúdo psicológico da ideia apresentada por L. S. Vigotski sobre a inter-relação instrução e desenvolvimento mostra que ela precisa de uma séria reelaboração teórica, experimental e prática. Existem fortes fundamentos para supor que investigações realizadas nessa direção podem se transformar em base para a solução de problemas muito atuais voltados para uma instrução que realmente guie o desenvolvimento.

Nos últimos anos, a didática, tradicionalmente definida como uma subárea da pedagogia que descreve as teorias da instrução, é a que mais atrai a atenção de pesquisadores russos e estrangeiros. Assim, se nos anos anteriores os cientistas se ocupavam predominantemente de questões sobre métodos e metodologias da instrução, ultimamente questões relacionadas ao conteúdo da instrução cativam cada vez mais. Ouvem-se ideias de que o programa escolar está sobrecarregado, que os alunos das escolas recebem uma avalanche de informações que nunca irão utilizar em sua vida e que os programas contêm um excesso de material teórico e é pouco voltado para a prática. Os argumentos apresentados por essas pessoas, via de regra, ficam no âmbito de suas experiências pessoais. Assim, ignora-se por completo a questão: para que é necessária a instrução e o que ela fornece (deve dar) aos estudantes, quais devem ser os resultados da instrução genuína e não apenas os superficiais, como os exames nacionais.

O conceito principal no âmbito da periodização do desenvolvimento psíquico da criança na ontogênese, proposto por L. S. Vigotski (Vigotski, 1984), é o de neoformações psicológicas etárias centrais. Segundo o autor da teoria histórico-cultural, algumas neoformações etárias centrais continuam a fazer parte da psique no desenvolvimento posterior da criança, até mesmo quando deixam de ocupar um lugar central e determinante no curso geral do desenvolvimento (idades estáveis), quando outras saem de cena do desenvolvimento psíquico, com os mesmos aspectos de quando desempenhavam um papel determinante (crises). Os resultados de uma série de investigações experimentais de alguns anos atrás permitiram observar crianças em que as neoformações etárias centrais das crises não se transformaram em qualidades novas, não foram assimiladas nas idades posteriores e permaneceram no cenário do desenvolvimento. Essas neoformações continuaram a desempenhar um papel determinante também nas crises. Nessas crianças podem-se observar desvios negativos no desenvolvimento e permanência na crise que se manifestam em seu comportamento, em suas atividades e nas relações de convivência (Kravtsova, 2005).

Para ajudar os pedagogos (e responsáveis) a retirar as crianças da crise em que se "detiveram" e, ao mesmo tempo, estruturar uma instrução graças à qual as neoformações psicológicas das crises não impeçam o posterior desenvolvimento harmônico da criança, é necessário realizar uma série de pesquisas. Para elaborar uma didática com base na concepção histórico-cultural de L. S. Vigotski, provavelmente, uma das principais diferenças que se há de ter em relação às demais didáticas é a ideia fundante dessa concepção a respeito da primazia do sentido em relação ao significado. No contexto dessa ideia, outros conceitos são interpretados de modo completamente diferente. Por exemplo, o conceito de interiorização que normalmente é interpretado como movimento de fora para dentro, e frequentemente é compreendido no sentido famoso da definição ideal como algo "material, transplantado para a cabeça da pessoa e que se transformou dentro dela", é muito duvidoso. Assim, por exemplo, nessa questão-chave, o conteúdo da disciplina que é ofertado à criança externamente (pelos professores, pedagogos, responsáveis) de uma forma incompreensível é "transplantado" magicamente para a cabeça da criança e, posteriormente, de forma ainda mais mágica, se transforma dentro de sua cabeça em funções psíquicas, em capacidades, em conhecimentos, em saberes e demais recheios da psique, da consciência, da personalidade. Neste caso, o movimento não parte do sentido para o significado, como é e deve ser de acordo com a teoria histórico-cultural, mas ao contrário, como insistia A. N. Leontiev (1975), do significado objetivo externo da palavra ou da ação para seu sentido pessoal interno. É possível que exatamente por isso o significativo volume de sabedoria escolar e de conteúdo de instrução previsto pelos programas educacionais não seja nem um pouco empregado pelos estudantes em sua vida cotidiana. Provavelmente, é exatamente por isso que a instrução "escolástica" não conduz ao desenvolvimento e o resultado dela corresponde àquela famosa frase de um conhecido filme: "do mesmo jeito que você era, assim ficou",[4] apesar de todos os esforços dos pedagogos, dos responsáveis e até mesmo do esmero do próprio estudante.

Vale destacar que nas obras de L. S. Vigotski é possível encontrar ao menos duas dicas importantes sobre o que é seguir do sentido até o significado e como se deve interpretar o conceito de interiorização. Entretanto, o problema de estruturação da instrução orientada para a esfera semântica da psique da criança até hoje permanece sem resolução. Estamos falando, primeiramente, sobre a já mencionada instrução espontânea (Vigotski, 1935) e, em segundo lugar, sobre o fato de que as funções psíquicas surgem no cenário do desenvolvimento psicológico duas vezes: inicialmente, como relação entre as crianças e, posteriormente, como funções psíquicas superiores (Vigotski, 1960). Seguindo apenas essas indicações de L. S. Vigotski, torna-se claro que, quase toda prática da educação atual e também a maioria dos programas educacionais existentes não só não se orientam pela

---

[4] Referência à canção popular russa com a letra de M. V. Issakovski e música de I. Dunaievski, que ficou famosa pelo filme *Kubanskie kazaki* [*Os cossacos de Kuban*], de 1949.

psicologia histórico-cultural como estão estruturados significativamente numa lógica inversa.

As ideias de L. S. Vigotski relativas à inter-relação instrução e desenvolvimento são apresentadas de modo concentrado no conceito de zona de desenvolvimento iminente que foi introduzido por ele (Vigotski, 1935). Por um lado, esse conceito é considerado uma espécie de cartão de visita da psicologia histórico-cultural e há muito tempo atrai a atenção de cientistas e práticos. Por outro, a análise do emprego desse conceito, na ciência e na prática contemporâneas, demonstra que seu conteúdo psicológico foi em muitos aspectos, sem dúvida, insuficientemente discutido.

A primeira inconsistência entre as interpretações que existem desse conceito e o que o próprio autor da psicologia histórico-cultural compreendia como zona de desenvolvimento iminente consiste no que ele, ao explicar o conteúdo do referido conceito, dizia a respeito de seu caráter individual, enquanto muitos pesquisadores o empregam em relação a um grupo de crianças. Por exemplo, o emprego desse conceito para a estruturação da instrução que promove desenvolvimento está bem fundamentado nas regularidades etárias do desenvolvimento. No entanto, se levarmos em consideração o fato de que, em uma mesma turma ou grupo, via de regra, há crianças com diferentes idades psicológicas, então, não parece ficar claro por qual criança deve-se orientar a organização da instrução que guia o desenvolvimento.

Essa não correspondência entre o caráter individual e grupal da zona de desenvolvimento iminente não significa, de forma alguma, que não se possa organizar uma instrução coletiva que leve ao desenvolvimento (Kravtsova, 2010). No entanto, parece-nos que é preciso realizar pesquisas especiais sobre as condições para essa organização da instrução com crianças de diferentes idades psicológicas e que esteja orientada para a zona de desenvolvimento iminente. Ainda precisa ser investigado mais detalhadamente e compreendido teoricamente o fato empírico obtido pelos autores deste texto e seus colegas de que é benéfica para o desenvolvimento psíquico e pessoal das crianças a instrução num grupo com diferentes idades, com crianças da pré-escola e dos primeiros anos escolares.

Existe mais uma inconsistência entre as interpretações contemporâneas do conceito de zona de desenvolvimento iminente e o sentido que L. S. Vigotski atribuía-lhe. Ela se relaciona ao próprio conceito de desenvolvimento. Segundo o autor, a zona de desenvolvimento iminente, assim como o nível atual de desenvolvimento, já se formou na pessoa. Por isso, se estruturarmos a instrução objetivamente orientada para a zona de desenvolvimento iminente, isso significa apenas que, no processo de instrução, a criança faz algo com o auxílio do adulto ou de outra criança e, ao final, poderá fazer sozinha. Em outras palavras, aquilo que já se formou na zona de desenvolvimento iminente, graças à "pedagogia da colaboração", em que a criança recebe a ajuda necessária, se transforma em seu nível atual. Parece que tudo que foi dito corresponde plenamente, por um lado, à ideia de L. S. Vigotski sobre a zona de desenvolvimento iminente. Por outro, numa análise mais aprofundada da situação descrita, parece-nos que não se trata de desenvolvimento, mas de possibilidade de instruir e de seus resultados.

O seguinte exemplo pode servir de comprovação disso. Mesmo que uma pessoa com uma pequena zona de desenvolvimento iminente altere o seu desenvolvimento atual como resultado da instrução, ela não terá as mudanças qualitativas peculiares enfatizadas por L. S. Vigotski ao caracterizar o desenvolvimento. Esse aspecto não é muito bem compreendido e são necessárias mais investigações para saber o que exatamente ocorre com a zona de desenvolvimento iminente quando o nível de desenvolvimento real se altera.

Os resultados de pesquisas que indicam, por exemplo, que a orientação pela zona de desenvolvimento iminente pode levar a resultados negativos são muito curiosos. Evidenciou-se que adolescentes com comportamento divergente e delinquentes têm uma zona de desenvolvimento iminente peculiar por seu conteúdo e, com certo auxílio externo, podem ter um comportamento associal e cometer atos infracionais (Kravtsov, 2015).

Também não há uma resposta definitiva para a questão que preocupa muito os cientistas e os práticos relacionada às origens da zona de desenvolvimento iminente. Por que ela é diferente em cada criança e o que, exatamente, no curso do desenvolvimento, ela caracteriza?

Temos todos os fundamentos para dizer que, concretamente, não há apenas uma zona de desenvolvimento iminente numa pessoa, mas, tanto em crianças como em adultos, há muitas zonas de desenvolvimento iminente (Kravtsova, 2017). E mais que isso. A pessoa pode ter uma zona de desenvolvimento iminente grande em relação a um determinado conteúdo e, em relação a um outro, pode mostrar-se pouco competente e incapaz, ou seja, no contexto do conceito de zona de desenvolvimento iminente pode precisar de uma significativa ajuda externa.

Ao atentarmos para a ideia de L. S. Vigotski, expressa em sua obra *Pedologia do adolescente* (Vigotski, 1984), que diz que a pessoa atribui às suas ações um caráter pessoal no momento em que sente que é a fonte delas, então podemos supor que a pessoa se sente fonte ou, como é comum dizer hoje, como sujeito de suas ações, quando faz algo autonomamente, sem a ajuda externa. Em outras palavras, a subjetividade e o caráter pessoal de ações e atitudes da pessoa se manifestam em seu desenvolvimento atual.

Antes de algo se transformar em conteúdo do desenvolvimento atual, seguindo a lógica de L. S. Vigotski, precisa ter sido conteúdo da zona de desenvolvimento iminente. Em alguns trabalhos, o autor denomina esses saberes de representações e, muito tempo depois, N. N. Poddiakov denominou essas representações de "opacas" ou de saberes "nebulosos" (Poddiakov, 2010).

Então, o conteúdo da zona de desenvolvimento iminente (saberes opacos ou nebulosos), com ajuda externa, transforma-se em conteúdo do desenvolvimento atual e adquire um caráter de saberes e conhecimentos autênticos. O que impede de realizar, no processo de ensino em massa, esse esquema que, à primeira vista, parece tão simples? Há muitos impedimentos e dificuldades e os mais significativos guardam relação com a compreensão psicológica da categoria filosófica desenvolvimento.

Nesse sentido, é importante nos determos na análise da ajuda externa que é necessária. Primeiramente, para definir as especificidades e o tamanho da zona de desenvolvimento iminente de uma determinada pessoa e, em segundo lugar, para transformar o conteúdo da zona de desenvolvimento iminente em desenvolvimento atual da pessoa.

Durante muito tempo, a questão do tamanho da zona de desenvolvimento iminente, ou seja, do tamanho da ajuda necessária à criança ou ao adulto para que consiga realizar uma determinada tarefa autonomamente, não mereceu a devida atenção. Depois, surgiu uma corrente de estudiosos que tentou investigar o caráter da ajuda necessária para a zona de desenvolvimento iminente com o auxílio de dicas.

Nas investigações de J. P. Chopina (Chopina, 2002), foi empreendida a tentativa de evidenciar a estrutura da zona de desenvolvimento iminente. O norte metodológico foi a posição de L. S. Vigotski que enxergava como principal fonte de desenvolvimento psíquico e pessoal a relação de convivência da pessoa. A análise do lugar de cada posição evidenciada na relação de convivência mostrou, durante a pesquisa experimental, que cada posição pode ser compreendida como ajuda entre o participante (ou participantes) envolvidos na relação.

Ao analisarmos os lugares na relação de convivência, do ponto de vista da ajuda necessária à criança ou ao adulto para que realize (solucione) a tarefa que não consegue resolver no nível do desenvolvimento atual, ou seja, autonomamente, então é possível estruturar alguns níveis de ajuda necessária para a zona de desenvolvimento iminente. Por exemplo, se o parceiro da relação de convivência está, em relação ao outro, num lugar de "independência", ele presta um auxílio mínimo. Certa vez, uma professora de geografia mencionou uma situação em que uma de suas alunas não conseguia lembrar o nome do país que era necessário para a realização da tarefa. Bastou a professora cantar baixinho a melodia de uma canção de um cantor famoso daquela nacionalidade que a menina na mesma hora se lembrou do país e, rapidamente, concluiu a tarefa. O mais interessante, e que impressionou a professora, é que a mesma dica não ajudou a todos os alunos.

O próximo lugar, pelo volume de ajuda oferecido, é o de "iguais". Se a criança ou o adulto não aceita a ajuda que lhe é oferecida de um lugar "independente", pode-se apenas começar a fazer ao seu lado algo semelhante. Mas é importante que aquele que oferece a ajuda raciocine em voz alta ou comente, predominantemente "para si" e em voz alta, suas ações e a lógica de sua realização. A pessoa que tem o conteúdo da zona de desenvolvimento iminente nesse nível (necessita dessa ajuda) consegue muito bem aceitá-la e realizar a tarefa proposta.

Caso o que tiver sido oferecido for insuficiente, os lugares "sob" ou "abaixo" podem ajudar. Um menino de idade pré--escolar tinha medo de descer a escada na hora de ir para o recreio e inventava diversos motivos na hora de sair da sala. Quando tinha que descer, chorava, fechava os olhos etc. Nada conseguia convencê-lo (nem a ajuda que lhe foi oferecida em lugares anteriores). A criança repetia o que lhe diziam, olhava como as outras crianças e adultos andavam pela escada, porém, quando precisava descer, repetia seu comportamento.

A psicóloga da instituição de educação infantil, uma mulher jovem, mas com os cabelos totalmente grisalhos e, por isso, vista pelas crianças como uma velhinha, pediu a ajuda dessa criança. Ela lhe disse que era muito velhinha e que não podia descer a escada sozinha. O menino gostava da moça e concordou em ajudar e, pela primeira vez desde que estava na instituição, desceu a escada sem chorar. Durante um tempo, quando era preciso descer para o recreio, ele pedia que chamassem Nina Petrovna e descia a escada com ela. Depois de um certo tempo, não sentiu mais a necessidade de ter a moça ao seu lado e subia e descia tranquilamente a escada.

Uma ajuda essencial pode ser prestada quando se ocupa o lugar "sobre" ou "acima". É muito comum que esse lugar, muito empregado na instrução e no desenvolvimento, seja criticado, afirmando que ele pode ser autoritário e direto e, por isso, também destrutivo. Realmente, caso se ofereça, a todo instante, ajuda à criança e ao adulto do lugar "sobre" ou "acima", isso pode impedir que a zona de desenvolvimento iminente se transforme em desenvolvimento atual. Aquele a quem se oferece ajuda dessa forma pode permanecer no nível de executor de ordens do outro. No entanto, parece-nos que não se pode subestimar esse lugar. Frequentemente, esquece-se que ele tem uma relação direta com a organização da atividade. Em outras palavras, de forma alguma, esse lugar obriga aquele a quem se presta auxílio no lugar "sob" ou "abaixo" a executar, cega e acriticamente, tudo que exigem. O auxílio via lugar "sobre" ou "acima" permite à pessoa que está sendo ajudada, por exemplo, "experimentar" suas ações, não ter medo de errar ou obter rapidamente um resultado positivo etc.

O lugar "sobre" ou "acima" na relação com o lugar "sob" ou "abaixo", posteriormente, permite, de modo regular, estabelecer relações "iguais", o que é extremamente importante para garantir a necessária qualidade dos conhecimentos tanto no nível do desenvolvimento atual como na zona de desenvolvimento iminente. Finalmente, na instrução, sem a realização do lugar "sobre" ou "acima" é muito difícil, em geral, orientar-se pela zona de desenvolvimento iminente.

A ajuda máxima pode ser prestada à criança e ao adulto pelo seu parceiro de relação de convivência que está no lugar de "Proto-nós".[5] Esse lugar garante a formação do sujeito coletivo graças ao envolvimento da criança que a leva a resolver com certa facilidade questões propostas, além de conseguir controlar seus medos e empregar na prática seus saberes.

Um fato chama a atenção. Apesar das diferentes direções desses lugares da relação de convivência, assim como o tamanho diferente da ajuda que pode ser prestada, partindo desses lugares e valendo-se deles como recursos, todos permitem à criança ou ao adulto a quem se está prestando ajuda, no fim das contas, sentir-se fonte de seu comportamento e de sua atividade.

---

[5] "Em seu texto A principal neoformação do primeiro ano [*Osnovnoie novoobrazovanie mladentcheskogo vozrasta*], L. S. Vigotski traduz o termo alemão "Ur-wir" para o russo como "Pra-mi" e explica que é a principal neoformação do bebê, pois é primeira consciência que emerge na criança e que é comum entre ela e o adulto, ou seja, é uma consciência primária do "nós". Esta consciência precede o surgimento da consciência individual: "Por isso, a principal neoformação do bebê pode ser denominada com a ajuda do termo alemão que serve para indicar a "comunhão" psíquica entre o bebê e a mãe, esta "comunhão" é o ponto inicial para o posterior desenvolvimento da consciência" (L. S. Vigotski. *Psirrologuia razvitia rebionka*. [Psicologia do desenvolvimento da criança]. Moskva: Eksmo, 2004, p. 87).)

A análise dos lugares da relação de convivência, do ponto de vista das peculiaridades da ajuda que é ofertada, permite, por um lado, evidenciar o tamanho da zona de desenvolvimento iminente individual. Por outro, permanece sem esclarecimento a questão a respeito de como considerar o tamanho das diferentes zonas de desenvolvimento iminente em diferentes participantes do processo educacional. A hipótese de que, em agrupamentos de crianças com idades diferentes, se realiza todo o conjunto de especificidades do desenvolvimento dos alunos da turma, do grupo e do curso em maior grau do que em agrupamentos de crianças com a mesma idade, demanda investigações especiais.

A análise das especificidades da ajuda prestada em relação à zona de desenvolvimento iminente ainda permite esclarecer mais dois problemas importantes (Kravtsova, 2001). O primeiro problema está ligado ao fato de que, condicionalmente, a ajuda de que a pessoa precisa para realizar a tarefa que não consegue fazer de forma autônoma pode ser dividida em dois tipos. O primeiro tipo é relacionado ao conteúdo da disciplina. Por exemplo, para ensinar um determinado conteúdo de matemática, o aluno precisa dominar certos saberes. Ou, por exemplo, para ajudar uma pessoa idosa a descer escada é necessário que a pessoa a quem se presta esse auxílio tenha condições de andar pela escada.

O segundo tipo de ajuda que é prestada em relação à zona de desenvolvimento iminente está ligado à relação de convivência. Para atender ao pedido da mulher idosa, a criança precisa dominar hábitos de relação de convivência em um determinado nível e, para perceber a dica na melodia que a professora canta baixinho, é preciso querer aceitar a ajuda. Aliás, é preciso dizer que muitos psicólogos e defectólogos, em seus atendimentos, necessariamente, registram o modo como a criança pede ajuda e, se pede, de que modo aceita essa ajuda etc.

Há fundamentos para supor que o tamanho da zona de desenvolvimento iminente é diretamente relacionado a esses dois aspectos. Em outras palavras, o tamanho pequeno da zona de desenvolvimento iminente ou até mesmo a ausência de um certo conteúdo podem estar relacionados a problemas disciplinares ou a dificuldades na relação de convivência.

Isso permite formular o seguinte problema que se relaciona com a possibilidade de desenvolvimento da zona de desenvolvimento iminente. Primeiramente, ao falar do desenvolvimento da zona de desenvolvimento iminente, leva-se em conta a alteração de seus limites. O limiar da zona de desenvolvimento iminente, por um lado, foi esboçado por L. S. Vigotski. É o nível de desenvolvimento atual. Por outro lado, como destaca o autor da psicologia histórico-cultural, se a criança não pode fazer algo com a ajuda externa, isso significa que um dado conteúdo está fora da zona de desenvolvimento iminente. O que está para além dos limites da zona de desenvolvimento iminente e, principalmente, de que modo esse conteúdo passa a fazer parte dela são questões muito importantes. Sem essa investigação e discussão, parece-nos impossível compreender teoricamente por completo as ideias de L. S. Vigotski sobre a inter-relação instrução e desenvolvimento, bem como estruturar e efetivar a instrução que visa ao desenvolvimento na prática educacional.

Por último, gostaríamos de nos deter, no âmbito deste texto, na ideia fundamental da psicologia histórico-cultural, que é a de transformação (Vigotski, 1960) das funções psíquicas naturais em superiores. No contexto do problema que estamos abordando – a inter-relação instrução e desenvolvimento –, queremos destacar dois momentos. O primeiro está ligado à caracterização das funções psíquicas superiores feita por L. S. Vigotski. A principal especificidade delas é que são voluntárias, ou seja, conscientemente controladas. Apenas nesse caso a pessoa pode se sentir fonte de seu comportamento e atribuir às suas ações um caráter pessoal. Essa característica, pelos resultados de nossa análise, é indicadora do desenvolvimento atual da pessoa (Kravtsov, 2016).

O segundo momento relaciona-se ao que era, inicialmente, o conteúdo da zona de desenvolvimento iminente e graças ao qual as funções psíquicas naturais se transformam em funções psíquicas superiores, segundo L. S. Vigotski. Ao falar da gênese das funções psíquicas, ele aponta para as relações das crianças (relações no coletivo) como forma original de sua existência. Levando em consideração a unidade metodológica da abordagem do autor da psicologia histórico-cultural, pode-se tentar empregar essa sua ideia para a estruturação da instrução orientada para o desenvolvimento. Torna-se evidente, nesse contexto, a necessidade de investigação de como devem ser as relações das crianças no coletivo durante o processo de ensino. Provavelmente, devem ser diferentes, dependendo dos problemas de desenvolvimento que se quer solucionar nesse processo.

Frequentemente, ao preparar palestras ou publicações dedicadas a L. S. Vigotski, vêm à mente palavras de V. S. Bibler (Bibler, 1975), que nos conclamava: "Vamos em frente, de volta a L. S. Vigotski". Às vezes, é mais correto parar do que ficar tentando "criar mais uma psicologia, pinçando citações dos clássicos" (Vigotski, 1982). Quem sabe, ao parar, é preciso simplesmente dominar "todo o método" deixado por L. S. Vigotski.

Referências bibliográficas

BIBLER, V. S. *Michlenie kak tvortchestvo* [Pensamento como criação]. Moscou: Politizdat, 1975. 399p.

CHOPINA, J. P. *Psirrologuitcheskie zakonomernosti formirovania i aktualizatsii zoni blijaichego razvitia* [Regularidades psicológicas da formação e atualização da zona de desenvolvimento iminente]. Dis. kand. psikhol. Nauk. Moscou, 2002. 190 p.

KRAVTSOV, G. G. *Metod L. S. Vigotskogo* [O método de L. S. Vigotski]. In: *Vestnik RGGU*, v. 4. Moscou: Universidade Russa de Humanidades, 2015, p. 33-45.

_____. *Problemi vzaimosviazi obutchenia i razvitia* [Problemas da inter--relação da instrução com o desenvolvimento]. In: LOBASTOV, G. V. (org.). *Pedagoguitcheskoe michlenie: napravleniia, problemi, poiski* [Pensamento pedagógico: diretrizes, problemas e buscas]. Moscou: "Russkoe slovo-utchebnik", 2015, p. 353-365.

_____. *Psirrologuitcheskie problemi natchalnogo obrazovania* [Problemas psicológicos da educação do primeiro segmento do ensino fundamental]. Krasnoiarsk: Krasnoiarski universitet, 1994, 142p.

KRAVTSOV, G. G.; KRAVTSOVA, E. E. *Psirrologuia igri: kulturno--istoritcheskii podrrod* [Psicologia da brincadeira: abordagem histórico--cultural]. Moscou: Levb, 2017. 344 p.

_____. *Vzaimosviaz obutchenia i razvitia: problemi i perspektivi* [A interrelaçao instrução e desenvolvimento: problemas e perspectivas]. In: *Revista Kulturno-istoritcheskaia psirrologuia* [Psicologia histórico--cultural], v. 16, n. 1, p. 4-12 ISSN 2224-8935 (on-line). Disponível em: http://doi. org/10.17759/chp.2020160101, ISSN 1816-5435. Acesso em jan 2020

KRAVTSOV, O. G. *Osobennosti razvitia litchnosti deviantnir podrostkov: kulturno-istoritcheski aspekt* [Especificidades do desenvolvimento da personalidade de adolescentes divergentes; aspecto histórico-cultural]. In: BOGOIAVLENSKAIA, D. B. (org.). *Ot istokov k sovremennosti: 130 let organizatsi psirrologuitcheskogo obschestva pri Moskovskom universitete. Sbornik materialov iubileinoi konferentsii v 5 tomar* [Das origens à contemporaneidade: 130 anos da organização da associação de psicologia da Universidade de Moscou. Coletânea de textos para a conferência comemorativa em 5 volumes]. Moscou: Universidade de Moscou, 2015, pp. 458-460

KRAVTSOV, O. G. *Psirrologuitcheskoe soderjanie poniatia «deviantnoe povedenie» v kulturno-istoritcheskoi teorii* [O conteúdo psicológico do conceito "comportamento divergente" na teoria histórico-cultural]. In: ROMANOV, A. A. (org.). *Psirrologo-pedagoguitcheski poisk*, n. 3 (39). Riazan: 2016, p. 113-120.

KRAVTSOVA, E. E. *Individualnie i kollektivnie aspekti zoni blijaischego razvitia* [Aspectos individuais e coletivos da zona de desenvolvimento iminete]. In: Kudriavtsev V. T. (org.). *Materiali Mejdunarodnir tchteni pamiati L. S. Vigotskogo (Moskva, 15-17 noaibria 2010) Zona blijaishego razvitia v teoretitcheskoi i praktitcheskoi psirrologii* [Zona de desenvolvimento iminente na psicologia teórica e prática]. Moscou: Ros. gos. gumanit. un-t, In-t psirr. im. L. S. Vigotskogo, 2010, pp. 11-14.

_____. *Kulturno-istoritcheskie osnovi zoni blijaischego razvitia* [Fundamentos histórico-culturais da zona de desenvolvimento iminente]. In: Psirrologuitcheskii jurnal, 2001. vol. 22, no. 4, pp. 86-94.

_____. *Poniatie vozrastnir psirrologuitcheskir novoobrazovanii v sovremennoi psirrologii razvitia* [O conceito de neoformações etária psicológicas na psicologia do desenvolvimento contemporânea]. In: *Jurnal Kulturno-istoritcheskaia Psirrologuia*, n. 2. Moscou: MGPPU, 2005, pp. 87-94. (In Russ., abstr. in Engl.)

_____. *Psirrologuitcheskie problemi gotovnosti detei k obutcheniu v chkole* [Problemas psicológicos da prontidão das crianças para a instrução escolar]. Nautch. Issled. in-t doshkolnogo vospitania Akad. Ped. Nauk USSR. Moscou: Pedagogika, 1991. 152p.

_____. *Vigotski, L. S. i sovremennaia psirrologuia* [Vigotski L. S. e a psicologia contemporânea]. In: *Jurnal Dialog*, v. 1, n. 1, 2017. p. 57.

LEONTIEV, A. N. *Deiatelnost, soznanie, litchnost* [Atividade, consciência, personalidade]. Moscou: Politizdat, 1975. 304p.

PODDIAKOV, N. N. *Psirritcheskoe razvitie i samorazvitie rebionka* [O desenvolvimento psíquico e o autodesenvolvimento da criança]. Moscou: Retch, 2010. 143p.

VIGOTSKI, L. S. *Istoria razvitia vischir psirritcheskir funktsi* [História do desenvolvimento das funções psíquicas superiores]. Moscou: Akademia padagoguitcheskir nauk, 1960, 505p.

_____. *Istoritcheski smisl psirrologuitcheskogo krizisa. Metodologuitcheskoe issledovanie* [O sentido histórico da crise na psicologia. Um estudo metodológico]. V Sobr. sotch. v 6 t. T. 1. Moscou: Pedagoguika, 1982, p. 291-436.

_____. *Pedologuia podrostka* [Pedologia do adolescente]. Sobr. sotch. Vol. 6 t. T. 4. Moscou: Pedagoguika 1984, p. 5-242.

_____. *Problema obutchenia i umstvennogo razvitia v chkolnom vozraste* [O problema da instrução e do desenvolvimento mental na idade escolar]. In: VIGOTSKI, L. S. *Umstvennoe razvitie detei v protsesse obutchenia* [O desenvolvimento mental de crianças no processo de instrução]. Moscou: Utchpedguiz, 1935, p. 5-18.

_____. *Problema vozrasta* [O problema da idade]. Sobr. sotch v 6 t. T. 4. Moscou: Pedagoguika 1984, p. 243-386.

PSICOLOGIA, EDUCAÇÃO E DESENVOLVIMENTO
Escritos de Lev Semionovitch Vigotski

SOBRE A QUESTÃO DO MULTILINGUISMO NA INFÂNCIA[1]

A questão do multilinguismo na infância apresenta-se, no momento, por um lado, como um dos assuntos mais complexos e confusos da psicologia atual e, por outro, como um problema de excepcional importância teórica e prática que quase não precisa de esclarecimento. A presença de grandes massas populacionais em diferentes países que se encontram em situações tais em que a utilização de dois ou mais idiomas transforma-se em necessidade vital não somente para algumas pessoas, mas da massa, e a presença de condições às quais a escola precisa recorrer para o ensino de várias línguas às crianças falam por si. A questão apresenta um significado fundamentalmente importante e prático dadas as condições de nossa União [Soviética], em que uma multiplicidade de povos está entrelaçada às relações geográficas, econômicas e socioculturais tão estreita e fortemente que o problema de existirem duas línguas e o ensino de duas línguas

---

[1] Artigo escrito entre 1928 e 1929. (N.E.R.)

é positivamente o mais atual da pedagogia prática e do trabalho cultural nessas áreas, em geral.[2]

Ao lado da importância prática, a questão possui um aspecto teórico. Sabe-se da importância central do desenvolvimento da fala para o desenvolvimento do pensamento infantil e a formação psíquica da criança. O ensino de duas línguas é uma forma peculiar de desenvolvimento infantil. Esclarecer as leis a que essa forma peculiar se submete tem um interesse teórico de primeira ordem, sendo de grande importância para as conclusões pedagógicas ligadas ao método empregado para a aquisição da fala pela criança.

Por isso, não é de se admirar que, nos mais diversos países, nos últimos tempos, o problema do multilinguismo esteja se transformando em objeto de sérias e profundas pesquisas. É verdade que essa questão não pode ser considerada, hoje, satisfatoriamente resolvida e o nosso artigo não persegue outro objetivo a não ser o de servir de material para a apresentação do problema e indicar, persistentemente, a necessidade de abordá-lo em pesquisas.

Se tentarmos reunir o que as pesquisas psicológicas atuais nos apresentam sobre a questão, veremos que a grande maioria dos trabalhos que toca no assunto que nos interessa desenvolve-o conforme determinado ponto de vista. Em primeiro lugar, interessa aos pesquisadores o problema prático da influência de uma

---

[2] O autor indica que este problema, nas condições da União das nossas repúblicas soviéticas, tem um significado político enorme. Colaborando para a correta implementação da política nacional de Lenin, o domínio de diferentes línguas pelos povos da URSS também contribui para aproximá-los, para o aumento da solidariedade fraterna entre eles e o fortalecimento da nossa grande União [Soviética]. Além disso, o domínio de línguas estrangeiras é, para os trabalhadores, um meio importante de conquista das tecnologias de vanguarda, contribuindo também para o desenvolvimento da solidariedade proletária entre os povos na luta contra o capitalismo. (N.E.R.)

língua sobre outra e, falando um pouco mais amplamente, se o multilinguismo colabora para um melhor domínio da língua materna e para o desenvolvimento intelectual geral da criança ou, ao contrário, se representa um freio, um obstáculo no caminho para esse desenvolvimento. Sob esse ângulo de visão, foi realizada uma série de pesquisas nas quais nos deteremos brevemente.

Por razões lógicas e cronológicas, a primeira pesquisa a ser mencionada é a de Epstein,[3] que se baseou em observações pessoais de poliglotas, em questionário aplicado em uma série de pessoas que dominavam várias línguas e também em alguns testes com o ensino de diferentes línguas realizados pelo autor na Suíça. Em suas elaborações, ele parte do princípio de que a base psíquica da língua é um processo de ligação associativa que se estabelece entre o complexo sonoro e o significado correspondente, ou seja, entre o objeto ou ideias que se denominam complexo sonoro. Dessa principal premissa psicológica decorre toda a análise posterior da questão. Se na base da língua nada mais há do que a ligação associativa entre o sinal e o significado, então, o problema do multilinguismo, desse ponto de vista, apresenta-se de forma extremamente simples. Em vez de uma ligação associativa, temos duas ou várias ligações totalmente idênticas entre um significado e suas diferentes representações sonoras em dois ou vários sistemas de língua.

A psicologia experimental estudou suficientemente bem os fenômenos que receberam o nome de inibição associativa. A essência desse fenômeno consiste no fato de que algumas

---

[3] Izhac Epstein (1862-1943) – escritor e linguista bielorusso, pioneiro da moderna educação hebraica. Viveu na Palestina sob os auspícios do Barão Edmond de Rothschild para ser treinado nas colônias agrícolas. Posteriormente, tornou-se professor. Examinou a questão do multilinguismo em sua tese de doutorado *La Pensée et la Polyglossie* [*Pensamento e a poliglossia*], em 1915. (N.T.)

ligações associativas, que partem de um único ponto, exercem uma ação de inibição uma sobre a outra. Se uma ideia está simultaneamente relacionada a duas representações sonoras, essas duas palavras possuem a tendência de surgir em seguida àquela ideia em nossa consciência. Entre uma e outra tendência associativa surge a concorrência e, como resultado, vence a ligação associativa mais forte e habitual. Porém, essa vitória representa o resultado de uma luta que se reflete no retardamento do processo associativo e em outros desvios. Por isso, Epstein afirma que dois ou vários sistemas linguísticos podem existir concomitantemente como dois sistemas mais ou menos autônomos, sem que um entre em relação direta com o outro, mas proporcionando um travamento associativo mútuo. Diferentes línguas, diz ele, podem associar-se diretamente a uma ideia e funcionar de todas as formas impressionistas e expressionistas, independentemente da língua materna. No entanto, surge um antagonismo entre esses sistemas quando cada ideia tem uma relação associativa semelhante. Esse antagonismo leva à luta de diferentes tendências associativas, à confusão de elementos de um sistema com os do outro, à dificuldade e ao empobrecimento não só da língua nova como também da língua materna.

Dessa forma, junto com a inibição associativa, surge a interferência ou confusão e a interação entre sistemas. Essa influência negativa de uma língua sobre a outra expressa-se no sentimento de dificuldade, de embaraço, nos erros estilísticos, na confusão de palavras de diferentes línguas etc.

Todavia, a má influência de uma língua sobre outra não se limita a isso. A poliglossia, diz o autor, inevitavelmente, é um obstáculo para o pensamento. Devido à concorrência de tendências associativas surge uma interação extremamente complexa entre elas e ocorre uma influência mútua negativa dos sistemas. Em diferentes línguas, graças à ausência frequente de palavras idênticas, que correspondam com absoluta precisão às palavras de outra língua, existe sempre alguma diferença não só nos sinais, como no sentido. Além disso, uma vez que cada língua possui o seu próprio sistema gramatical e sintático, o multilinguismo leva a sérias dificuldades para o pensamento da criança. Cada povo, diz o autor, possui sua maneira peculiar, própria, de agrupar as coisas e suas qualidades, suas ações e suas relações, e de enunciá-las. Os termos que nos parecem equivalentes, em diferentes línguas, são assim em parte. Possuem seus matizes, significados e sentidos não traduzíveis diretamente de uma língua para outra. Essa diferença nos significados é um fator extremamente potente de interferência na poliglossia. Ocorre não só a transferência de peculiaridades fonéticas, gramaticais e estilísticas de um sistema para o outro como também certa identificação equivocada de significados.

Essa dificuldade é ainda mais significativa do que a que surge em função da diferenciação das palavras. Ainda que seja relativamente rara a inclusão de palavras de outra língua, aparece com muita frequência alguma confusão de ideias e de significado. O antagonismo de ideias, diz o autor, é mais intenso do que o de palavras. Um fator ainda mais significativo de inibição mútua de dois sistemas linguísticos é a diferenciação não só nas ideias designadas por palavras de diferentes línguas como também na junção ou união dessas ideias.

Em cada indivíduo, a língua materna estabelece processos específicos de encadeamento de ideias e de suas construções que encontram expressão nas formas sintáticas. Essas formas adquirem resistência associativa excepcional, mas são distintas em diferentes línguas. Dessa maneira, surge a interferência de diferentes princípios de encadeamento de ideias e, junto à inibição mútua das palavras e dos significados, emerge também a inibição mútua dos diferentes métodos de encadeamento ou ligação de ideias. Epstein extrai uma conclusão prática dessa teoria, dizendo que a utilização passiva de várias línguas traz menor prejuízo. Qualquer multilinguismo, segundo ele, é um mal social e a tarefa do pedagogo, dentro das possibilidades, é reduzir ou aliviar a influência desse mal sobre o desenvolvimento da criança. Para isso, a criança deve falar somente uma língua, senão a confusão ativa de duas línguas acarretará, segundo suas observações, um prejuízo. Por isso, entender e ler ou utilizar passivamente muitas línguas é a conclusão prática a que chega esse autor em seus estudos ou, como ele diz, a poliglossia impressionista e a monoglossia expressionista.

Dando continuidade, o mal provocado pelo multilinguismo, de acordo com esses estudos, depende não da forma ativa ou passiva de uso da língua, mas também da idade da criança. O multilinguismo é ainda mais nocivo na primeira infância, quando começam a ser estabelecidos os primeiros hábitos e formas de pensamento, quando as ligações associativas entre o pensamento e a fala da criança ainda não estão firmes e, consequentemente, a concorrência de outras ligações associativas, estabelecidas em outro sistema linguístico, mostra-se fatal para todo o destino do desenvolvimento intelectual e da fala. Essas conclusões extremamente pessimistas merecem nossas reflexões.

A fragilidade do trabalho citado é o seu aspecto puramente psicológico. Como tentaremos demonstrar a seguir, a teoria psicológica da relação da fala com o pensamento, que Epstein situa na base de seu estudo, assim como os métodos de pesquisa utilizados por ele, não encontram sua justificação na psicologia científica contemporânea. Torna-se claro que as conclusões possibilitadas por essa teoria e esses métodos devem ser revistas à luz de uma teoria mais correta e de métodos mais adequados.

Porém, o lado mais forte desse trabalho, além de apresentar a questão de forma aguda e crucial, está na observação direta cotidiana, na auto-observação direta das pessoas que se valem de diferentes línguas e, finalmente, na prática pedagógica que fornece muitos dados que confirmam as conclusões pessimistas relativas à inibição mútua de várias línguas. Nas áreas em que a população infantil, desde a primeira infância, encontra-se sob a influência de dois sistemas linguísticos diferentes, quando a criança que ainda não assimilou bem as formas da língua materna começa a assimilar mais uma ou duas línguas estrangeiras, podemos observar realmente formas extremamente dolorosas, às vezes, doentias de desenvolvimento da fala. Com frequência, principalmente em condições desfavoráveis, as crianças não dominam com perfeição os aspectos fonéticos, sintáticos ou estilísticos de um sistema linguístico.

A língua materna torna-se poluída por elementos de uma língua estranha que a ela se misturam; diferentes formas linguísticas, que não se combinam e são estranhas umas às outras, são assimiladas, e a criança une, sincreticamente, significados de palavras que não coincidem, nas diferentes línguas. Desde a primeira infância, mistura-se ao desenvolvimento da fala um novo fator de transposição das ideias de uma língua para a outra. Em decorrência disso, dependendo das condições, surge um dialeto deturpado que mescla a língua materna e a estrangeira.

Outros psicólogos contrapuseram conclusões otimistas, baseadas também em múltiplas observações, a essas conclusões pessimistas de Epstein. Infelizmente, a enorme experiência de ensino precoce de línguas estrangeiras para crianças, com auxílio de governantas, que é um traço inseparável da educação das crianças das classes altas em uma série de países, quase não foi estudada do ponto de vista psicológico e pedagógico. Assim, a ciência perdeu essa oportunidade. Os autores que abordam o problema do multilinguismo de forma otimista, em grande parte, baseiam suas observações do desenvolvimento da fala em casos únicos que transcorrem em ambientes favoráveis e não em observações de grandes grupos.

Assim, na discussão com Epstein, Stern,[4] que com razão indicou que a questão do multilinguismo não pode ser considerada ainda resolvida do ponto de vista da psicologia da criança, contrapôs outro ponto de vista. Segundo sua opinião, entre as diferentes línguas, o desvio do significado das palavras, da sintaxe, da fraseologia e da gramática pode levar não apenas a fenômenos de interferência associativa como também pode servir de fator potente que impulsiona a criança a atos mentais próprios, à atividade de comparação e diferenciação, à tomada de consciência relativa ao volume e aos limites dos conceitos, ao entendimento de nuances delicadas do significado das palavras.

Exatamente por isso, muitos pedagogos-linguistas, diferentemente de Epstein, afirmavam que o estudo de várias línguas diferentes não leva ao retardamento no desenvolvimento psíquico. Ao contrário, favorece-o, uma vez que a diferença entre as duas línguas propicia melhor compreensão da língua materna.

Como comprovação desse ponto de vista, normalmente, eles referem-se a um experimento muito interessante de um estudioso e linguista francês, Ronjat,[5] que realizou durante vários anos uma observação extremamente interessante do desenvolvimento da fala de seu próprio filho. Ele, o pai, era francês e a mãe, alemã. Na educação da criança, foi realizado o experimento

---

[4] Wilhelm Stern (1871-1938) – psicólogo e filósofo alemão, autor de obras clássicas sobre psicologia da criança. Suas obras abarcam um amplo espectro de questões da psicologia geral, da psicologia genética, da psicologia aplicada e da psicologia diferencial. Foi pioneiro no estudo das diferenças individuais e introduziu o conceito de quociente intelectual (QI). (N.T.)

[5] Jules Ronjat (1864-1925) – doutor em Letras. Vigotski refere-se ao estudo descrito em *Le développement du langage observé chez un enfant bilingue* [*O desenvolvimento da linguagem observado em uma criança bilingue*], Paris: Champion, 1913. (N.T.)

orientado rigidamente pelo princípio: uma pessoa – um idioma. Isso significa que o pai sempre falava com o filho em francês e a mãe, em alemão. Todas as outras pessoas que cercavam a criança falavam ora em alemão, ora em francês. Contudo, quase sempre, seguia-se o mesmo princípio de que cada pessoa falava com a criança, predominantemente, numa só língua. O resultado desse experimento foi que a criança dominou as duas línguas paralelamente e de modo quase totalmente independente uma da outra. Esse domínio paralelo de dois sistemas linguísticos estava relacionado tanto ao aspecto fonético quanto às formas gramaticais e estilísticas. Um fato particular interessante é que os sons nos diferentes sistemas articuladores eram adquiridos simultaneamente nos dois sistemas. No exemplo dessa criança, era possível observar a história do desenvolvimento da fala fissurado e transformado em dois processos independentes. Todas as fases e estágios que caracterizam a passagem dos primeiros sons de balbucio para a fala formal correta, com todas as suas peculiaridades e traços de diferenciação, foram observados com igual regularidade tanto em relação ao idioma alemão quanto ao francês, apesar de, inicialmente, o idioma alemão, a língua da mãe, ter avançado mais rapidamente.

O resultado mais extraordinário desse experimento, contudo, foi a independência prolongada de ambos os sistemas linguísticos que surgiram relativamente muito cedo na criança. Ainda muito pequena, dominava com perfeição tanto uma quanto a outra língua, sendo possível observar um experimento linguístico extraordinariamente interessante, quando tinha que expressar a mesma ideia ao pai e à mãe em diferentes idiomas.

Quando o pai, falando em francês, ordenava ao filho transmitir um recado para a mãe, ele expressava a ideia que estava contida no recado no mais perfeito alemão, de tal forma que era impossível perceber qualquer influência da tradução do francês, a língua na qual recebeu o recado. Por exemplo, o pai pedia ao filho que fosse para outro quarto, devido ao frio, dizendo-lhe em francês: "Não fique aqui. Aqui, está muito frio. Vá para lá." A criança ia para o outro quarto e comunicava à mãe, em alemão: "No quarto do papai está muito frio".

Os processos de utilização de ambas as línguas transcorreram sem confusão e interferência. Raramente, observava-se a transferência de uma língua para a outra na disposição das palavras e das expressões, assim como a passagem literal de palavras intraduzíveis. Por exemplo, a transposição do adjetivo para depois do substantivo, característica da língua francesa, podia ser observada raramente. É claro que esse caso não se passou sem certa confusão de elementos de uma língua e de outra, mas o que é extremamente importante é o fato estabelecido experimentalmente de que esses erros e confusões são característicos da fala infantil, em geral, e representam mais exceção do que regra. Na criança, surge bem cedo a consciência do bilinguismo. Na presença dos dois pais, a criança denomina os objetos nas duas línguas e somente mais tarde ela começa a diferenciá-las, convencionando-as assim: fala como a mãe, fala como o pai.

Ronjat responde, categórica e negativamente, à pergunta sobre se tal assimilação paralela de duas línguas atrapalhou o desenvolvimento intelectual e da fala.

O mais significativo é o fato de que a criança perfaz um trabalho duplo no processo de assimilação das duas línguas, sem qualquer retardamento no desenvolvimento da fala e sem trabalho adicional evidente desprendido para a assimilação da segunda forma de fala. Como sempre, o experimento nos dá resultados puros por força das condições artificiais nas quais transcorreram a nossa observação. Nesse caso, o sucesso do experimento de Ronjat está relacionado, com total fundamento, ao princípio rigorosamente seguido: uma pessoa – uma língua.

Ao que parece, é exatamente essa organização da atividade da criança o que a protegeu da interferência, da confusão e da distorção mútua das línguas. Em outro caso relatado por Ronjat, a mãe e o pai falavam em diferentes línguas com a criança, o que levou o desenvolvimento da fala a ter um caráter totalmente diferente, e ela começou a dominar com total segurança as duas línguas bem mais tarde do que as crianças normais.

A introdução da fala numa situação determinada e constante consiste, pelo visto, num aspecto essencial que facilita a assimilação da segunda língua, como, corretamente, assinala Stern, que analisa esse caso.

O significado principal desse experimento é de extrema importância. Por meio dele, foi estabelecida a mais importante possibilidade de assimilação, na mais tenra idade, de dois sistemas linguísticos diferentes, sem as consequências negativas indicadas por Epstein em seus estudos. Essas dificuldades podem ser encontradas em cada esquina, bastando observar a prática de educação e de ensino da fala nas áreas em que crianças, que se encontram em determinadas condições, utilizam vários sistemas linguísticos.

Junto a esse significado principal, o experimento de Ronjat fornece uma ideia prática valiosa do mais alto grau que, ao que tudo indica, deve ser posta como base da pedagogia da fala no multilinguismo na tenra idade. A essência dessa ideia consiste em uma organização do comportamento da criança de tal modo que exclua qualquer possibilidade de mistura das duas línguas e crie esferas delimitadas de influência para cada uma delas pelo princípio: uma pessoa – uma língua.

Todavia, a questão apontada por Epstein é bem mais ampla do que a resposta apresentada a ela pelo estudo de Ronjat. Na verdade, este autor analisa a questão apenas de um lado – como o ensino da segunda língua pode refletir-se como um aspecto benéfico ou maléfico para o desenvolvimento da língua materna.

Permanece ainda outra questão, não menos importante, que ultrapassa os limites da assimilação da fala no sentido estrito dessa palavra e que se liga à relação entre o multilinguismo da criança e seu pensamento. Como vimos, a esse respeito, Epstein também chega a conclusões pessimistas. O multilinguismo, segundo ele, é um mal para o desenvolvimento da fala da criança, mas é um mal ainda maior para o desenvolvimento de seu pensamento. Esse fato retarda o desenvolvimento mental da criança e leva ao embaralhamento de conceitos, à confusão de elos e ligações de ideias, à dificuldade e ao retardamento, em geral, de todo o processo mental.

Sabe-se, pela psicologia geral, o grande significado que tem para o desenvolvimento intelectual da criança o domínio da fala. Por isso, é compreensível a preocupação que devem provocar as conclusões de Epstein com o destino do desenvolvimento mental das crianças multilíngues, às quais aderem muitos linguistas. Schuchardt[6] compara a pessoa que domina duas línguas a um arco armado de duas cordas em que uma é afrouxada pela outra. Segundo a lenda, foram três corações de que Eneias se apoderou por saber falar três línguas diferentes e eles eram extremamente pequenos.

Esperens[7] também duvidava da regra comum estabelecida, de acordo com a qual analisa-se o multilinguismo como um fator positivo para o desenvolvimento mental infantil. Ele não

---

[6] Hugo Ernst Mario Schuchardt (1842-1927) – importante linguista alemão, bastante conhecido por suas pesquisas sobre as línguas crioulas, entre outras. Informações sobre o autor podem ser obtidas em Hugo Schuschardt Collection, na Universidade de Graz, Áustria. (N.T.)

[7] Sem informações sobre o autor citado. (N.T.)

nega o benefício prático que o multilinguismo traz, mas, para ele, esse benefício é comprado a um preço muito alto.

Sobre isso, o pedagogo-linguista O'gredi[8] diz o seguinte:

> Será que os psicólogos estão convencidos de que o bilinguismo precoce é benéfico do ponto de vista educacional? Ouvi um argumento convincente contra a ambidestreza, e será realmente vantajoso ter duas ou três palavras que designam o mesmo objeto para uma criança que está aprendendo o signo dos objetos e das ações e começando a pensar com auxílio dos significados das palavras? No que me diz respeito, posso dizer que senti enormes dificuldades no campo do pensamento, da fala, da expressão e devo relacionar essa dificuldade ao bilinguismo precoce e à permanente luta de duas línguas pelo poder.

Os autores que vão mais longe a esse respeito, aprofundando essa questão pelo aspecto teórico, detêm-se no limiar dos distúrbios patológicos e das dificuldades na fala e no pensamento que o poliglota experimenta. Os neuropatologistas indicam fenômenos extraordinariamente interessantes observados na afasia de poliglotas.

Sepp[9] menciona a afasia motora nos poliglotas como um exemplo extraordinário que permite tecer conclusões a respeito da dependência entre a localização dos centros da fala e a ordem de formação da fala. O doente com dano no local correspondente do córtex cerebral perde a possibilidade de falar na língua materna e, ao mesmo tempo, a fala, na língua menos utilizada e, às vezes, suficientemente esquecida, mostra-se não apenas presente, mas bem mais livre e completa do que era antes da doença. Pelo visto, diz ele, dependendo de sua ordem

---

[8] Sem informações sobre o autor citado. (N.T.)
[9] Evgenii Konstantinovitch Sepp (1878-1957) – neuropatologista soviético, foi chefe do sub-departamento de doenças neurológicas da Primeira Universidade Estatal de Moscou, denominada de Primeiro Instituto de Medicina de Moscou, desde 1930. Fez pesquisas sobre epilepsia, histeria, lesões neurológicas traumáticas, evolução do sistema nervoso, entre outras. (N.T.)

de formação, os engramas das funções da fala se localizam cada vez em diferentes lugares.

Nesses fatos, vemos dois momentos que podem nos interessar. Primeiramente, a indicação da localização diferente de sistemas linguísticos diversos, a indicação da possibilidade de conservação de uma língua com a perda da capacidade de falar em outra, ou seja, uma nova comprovação a favor da relativa autonomia de cada um dos sistemas linguísticos. Em segundo lugar, a indicação de que um dos sistemas linguísticos esquecido e pouco utilizado, que parece ter sido suplantado pelo outro, adquire possibilidades de desenvolvimento livre no momento em que o outro se deteriora.

Assim, chegamos à conclusão que confirma a posição de Epstein sobre a autonomia dos dois sistemas e sua relação direta com o pensamento, sobre sua luta funcional mútua. Muitos estudiosos contemporâneos indicam uma série de casos em que a passagem brusca de uma língua para outra ou a assimilação de muitas línguas, concomitantemente, levou a distúrbios patológicos da atividade da fala.

Baseando-se em suas longas observações e em sua experiência prática, como coordenador da educação na Índia Holandesa, Newvengius[10] chegou à conclusão de que a mescla de duas línguas, malaio e holandês, faladas pelas crianças em casa e na escola, leva a dificuldades no desenvolvimento do seu pensamento. Para as crianças na primeira infância, diz ele, o bilinguismo que transcorre por um determinado sistema, quando em casa e na escola as crianças falam duas línguas diferentes, resulta em grande prejuízo psicológico: a cultura e a língua materna sofrem com esse enorme mal.

---

[10] Sem informações sobre o autor citado. (N.T.)

Ele vê no bilinguismo uma escavação sistemática sob as raízes da própria cultura. Por sua vez, Epstein, que se aproxima das conclusões pessimistas do exemplo ora apresentando, indica uma série de casos em que as crianças descobriram, graças à segunda ou à terceira língua que se juntou à materna, certas precipitações da fala que se aproximam de distúrbios da fala nos afásicos.

Epstein também apresentou um exemplo extraordinariamente interessante de sua própria prática. Ele recebeu uma criança cujo pai era holandês e a mãe, inglesa. Na Europa, a criança falava as duas línguas; na Batávia, juntou-se à língua malaia e, de repente, como resultado, a criança parou de falar. O tratamento longo e a utilização exclusiva da língua materna levaram ao restabelecimento da fala.

Hents[11] apresenta um exemplo análogo de um menino de 13 anos, filho de um alemão e uma inglesa que, durante a sua vida, mudou três vezes de país e deveria, consequentemente, assimilar três línguas diferentes. Como resultado, houve um bloqueio total da atividade da fala. Podemos compartilhar por completo da opinião de Hents de que a questão do paralelismo entre o processo da fala e do pensamento nas crianças afásicas que falam várias línguas exige ainda um estudo futuro e aprofundado com base nas teorias psicológicas contemporâneas sobre afasia.

No entanto, essas aproximações com os distúrbios patológicos da fala são somente desfechos radicais de estudos amplamente divulgados que, sem chegar às últimas consequências, tecem conclusões pouco tranquilizadoras relativas à influência do multilinguismo no desenvolvimento mental da criança.

---

[11] Sem informações sobre o autor citado. (N.T.)

A esses trabalhos deve ser relacionado o estudo de Grehem[12] sobre o intelecto de crianças chinesas em São Francisco. Esse autor comparou o desenvolvimento intelectual e o do talento de crianças chinesas e americanas de 12 anos, chegando à conclusão de que as crianças americanas superavam significativamente seus coetâneos chineses. Discutindo os resultados desse estudo, Révész[13] indica com razão que eles não permitem concluir que o talento das crianças chinesas era inferior em comparação às crianças americanas, pois aquelas falavam duas línguas em São Francisco, sendo o bilinguismo o verdadeiro motivo do seu desenvolvimento intelectual inferior. O autor indica que os resultados dos trabalhos de Grehem devem ser interpretados não do ponto de vista da psicologia da raça, mas do ponto de vista da psicologia da língua.

Essa conclusão parece mais correta pois, no estudo, foram aplicados testes envolvendo a fala, o que implicava o domínio da língua inglesa que desempenhava um papel significativo. Naturalmente, surge daí a tendência de passar para um estudo comparativo de crianças monolíngues e bilíngues com auxílio de testes que não envolvem a fala e que, segundo seus criadores, permitem separar os resultados do estudo do intelecto das influências do desenvolvimento da fala ou atraso no desenvolvimento da criança.

Três autores ingleses – Zaer, Smith e Yuks –[14] realizaram um estudo em localidades agrárias e urbanas de Wells que tinha como objetivo comparar o desenvolvimento intelectual de crianças que

---

[12] Sem informações sobre o autor citado. (N.T.)
[13] Géza Révész (1878-1955) – psicólogo judeu húngaro-alemão. Fundou o primeiro instituto psicológico da Hungria. Dedicou-se ao estudo de questões da psicologia social, da psicologia dos sentidos, da música, da linguagem, do talento e do pensamento. Dentre várias obras, publicou *Origem e pré-história da linguagem*, em 1946. (N.T.)
[14] Sem informações sobre os autores citados. (N.T.)

falavam duas línguas. Em geral, esses estudos comprovaram as conclusões de Epstein a respeito da tendência de duas línguas influírem opressivamente uma sobre a outra. Em muitas crianças, a assimilação da língua inglesa levou a uma infeliz mescla, na língua materna, de palavras de dois sistemas diferentes.

Smith estudou a capacidade de crianças que utilizam uma ou duas línguas, testando três vezes, ao longo do ano letivo, suas capacidades. Esse estudo também estabeleceu as vantagens das crianças monolíngues em relação às bilíngues em quase todos os testes, com exceção de resultados inconclusivos em um determinado tipo de testes.

Chamou a nossa atenção, agora, um fato extraordinariamente interessante descoberto pelos pesquisadores. À primeira vista, esse fato não representa nada de especial. Na verdade, ele tem um grande significado teórico e ilumina o problema que nos interessa por um prisma totalmente novo. Os estudiosos mencionados por nós concluíram com a ajuda de testes especiais que crianças bilíngues, como regra, não distinguem direita e esquerda com segurança, do mesmo modo como as que falam uma língua só. Essa diferença é tão significativa e demonstrativa que foram feitos estudos especiais com adultos que falavam duas línguas. Esses últimos estudos confirmaram por completo os resultados obtidos com crianças. Hents enxerga nesse fato a indicação de que, por força da localização da fala e dos movimentos em determinados centros cerebrais, a confusão na atividade de centros da fala, pelo visto, provoca dificuldades correspondentes nos centros dos movimentos da mão direita ligados àqueles. Katz,[15] em sua época, apontava para essa ligação da fala com a atividade da mão.

---

[15] David Katz (1884-1953) – psicólogo natural da Alemanha, tendo vivido na Suécia. Realizou trabalhos numa ampla faixa de problemas da psicologia, com atenção especial à psicologia infantil. (N.T.)

O estado da questão, de fato, não permite, agora, tecer conclusões definitivas. Com razão, Hents aponta que seria necessário estudar, especialmente, como surge o destrimanismo ao longo da primeira infância, qual a influência do domínio precoce de duas línguas sobre essa circunstância e que relação há, em geral, entre o desenvolvimento do destrimanismo e o desenvolvimento precoce da fala infantil.

Esse problema, sem dúvida, pode lançar luz sobre a relação entre o pensamento e a fala e, por isso, o autor comportou-se corretamente quando incluiu em seu estudo amplo e especial a investigação dessa questão. Simultaneamente a essa desorientação na lateralidade, deve ser incluída também a circunstância de que as crianças bilíngues têm menores capacidades rítmicas do que as monolíngues, quando o ritmo deve ser transmitido em sons.

Como o ritmo está intimamente ligado ao movimento e às sensações motoras que surgem no movimento, então diante de nós emergirá novamente a mesma questão sobre a relação entre fala e movimento que já mencionamos acima ao comentar a lateralidade das mãos dos poliglotas.

Os dados apresentados até hoje permitem-nos tecer uma conclusão muito importante nos planos teórico e prático. Vemos que a questão da influência do bilinguismo no casticismo do desenvolvimento da fala materna da criança, assim como no seu desenvolvimento intelectual geral, não pode ser considerada resolvida, no momento atual. Vemos, também, que ela é extremamente complexa e polêmica e necessita de pesquisas especiais para a sua solução. Constatamos ainda que, no momento, o desenvolvimento do problema não permite supor que ele terá uma resposta simples e singular. Ao contrário, os dados apresentados demonstram, até o momento, que sua solução será extremamente complexa e dependerá da idade das crianças, do caráter do entrelaçamento das duas línguas e, finalmente, o mais importante, da ação pedagógica no desenvolvimento da fala na língua materna e estrangeira. Uma questão já é certa: as duas línguas dominadas pela criança não se chocam mecanicamente e não seguem as leis simples de travamento mútuo.

Fica claro que, para a pedagogia e o trabalho cultural nas áreas em que o multilinguismo é o fato principal no desenvolvimento da criança, a questão das formas de ensino da língua na infância deve ser detalhadamente desdobrada. Apesar de o problema do multilinguismo não poder ser considerado resolvido, atualmente, os fatos que fundamentam diferentes teorias são convincentes porque, até hoje, não se conseguiu abarcar toda a diversidade numa concepção única e coerente do ponto de vista teórico.

Esses fatos nos dizem que o bilinguismo pode se transformar, em dadas situações, num fator que compromete o desenvolvimento da fala na língua materna, assim como todo o desenvolvimento intelectual. Mas dados não menos convincentes e verdadeiros nos falam, ao mesmo tempo, que o bilinguismo pode não acarretar consequências maléficas, constituindo-se, como demonstraram observações sérias de algumas crianças e algumas pesquisas mais complexas com grandes grupos, um fator favorável ao desenvolvimento da língua materna da criança, assim como seu crescimento intelectual geral.

Não iremos, no momento, trazer outras observações individuais, análogas à observação de Ronjat acerca do bilinguismo de crianças na primeira infância. Precisamos dizer apenas que também outros estudos como o de Pavlovic[16] – um linguista sér-

---

[16] Milivoc Pavlovic (1891-1974) – linguista sérvio. Estudou o bilinguismo infantil, tendo publicado o livro *Le langage enfantin: acquisition du Serbe et du Français par un enfant serbe* [A linguagem infantil: aquisição do sérvio e do francês por uma criança sérvia]. (N.T.)

vio que observou o desenvolvimento linguístico do seu filho que cresceu em Paris e dominava os idiomas sérvio e francês –, assim como a observação do geólogo Folts[17] de seus dois filhos a quem foram ensinados dois idiomas, malaio e alemão, conduzem-nos à mesma conclusão que fizemos com base na pesquisa metódica de Ronjat. No psiquismo da criança, forma-se, para cada uma das duas línguas algo como uma esfera suplementar própria, um tipo de orientação, segundo Stern, que prejudica o simples cruzamento mecânico de dois sistemas linguísticos.

Mas essas mesmas observações demonstram com toda clareza que, no desenvolvimento da fala da criança, ocorrem grandes dificuldades quando as condições de educação não garantem a formação dessas esferas suplementares mais ou menos independentes para cada idioma, quando a criança está entregue à combinação casual de diferentes sistemas linguísticos e os dois se mesclam desordenadamente. Ou, melhor dizendo, quando o bilinguismo infantil se desenvolve de forma espontânea, fora de uma ação direcionada da educação, os resultados são negativos.

Assim, chegamos à principal conclusão possível de ser tecida com certeza de sua verdade sobre a ação pedagógica. O papel orientador da educação, em lugar algum, adquire esse significado decisivo no destino da fala e do desenvolvimento intelectual como nos casos de bilinguismo ou multilinguismo da população infantil. Assim, fica claro que a realização de pesquisas especiais sobre a influência desse fator, em toda sua diversidade de significados e não apenas no sentido do travamento mútuo dos dois sistemas linguísticos na consciência da criança, é uma condição necessária à elaboração do método científico, extremamente complexo, combinado com dados psicológicos sobre o desenvolvimento da fala dessa criança. Fi-

---

[17] Sem informações sobre o autor citado. (N.T.)

nalmente, gostaria de destacar algumas reflexões teóricas sobre a elaboração de pesquisas futuras. Já falamos, anteriormente, que a grande deficiência das pesquisas realizadas até hoje nessa área, incluindo as de Epstein, é a inconsistência metodológica e teórica das condições à luz das quais esses autores apresentam e estudam a questão que nos interessa.

Assim, por exemplo, as pesquisas psicológicas atuais não nos permitem olhar para as relações entre o pensamento e a fala como uma simples conexão associativa de duas representações para a qual a lei básica é a do travamento mútuo. Basta recusar essa representação equivocada que com ela cai toda a concepção de Epstein que é determinada por essa representação incorreta. O problema do pensamento e da fala conduz o psicólogo a conclusões relativa e incomensuravelmente bem mais complexas do que as ligações e dependências que estão na base dessa função superior especificamente humana. Assim, a complexidade desse fenômeno requer, necessariamente, a nossa consideração.

Uma deficiência análoga, diferente pelo conteúdo, mas semelhante pela forma, encontramos em outras pesquisas que foram realizadas utilizando principalmente o material de teste. Não é hora de discutir detalhadamente a crise metodológica que vivencia o campo dos testes psicológicos. Basta dizer que o empirismo radical da pesquisa com testes conduz frequentemente a uma total inconsistência teórica quando desejamos utilizá-los em estudo comparativo de grupos sociais heterogêneos. Os testes e os padrões fundamentados neles são, em sua maioria, nada mais que métodos empiricamente definidos de pesquisa que chegam a resultados mais ou menos constantes e empiricamente estabelecidos com a conservação de condições básicas inalteradas. Mas, ao aplicar a maioria dos testes, não sabemos qual é a natureza psicológica das funções acionadas durante a resolução do problema neles apresentado. Não podemos, por exemplo, determinar com grande precisão quais são a estrutura e o método das operações intelectuais que a criança utiliza ao resolver os testes de Binet.[18] Consequentemente, não podemos estabelecer a que deve ser atribuída a diferença desses testes nos dois grupos de crianças que comparamos: será que, devido somente ao fator multilinguismo, num caso, e monolinguismo, no outro, determina-se essa diferença ou entram em ação aqui fatores bem mais poderosos e mais amplos por seu significado que definem o andamento geral do desenvolvimento intelectual? A característica puramente cumulativa que obtemos com o auxílio de testes não nos permite responder a essa questão com total segurança. Mas basta esclarecer criticamente as pesquisas sobre as quais falamos mais acima para ver como frequentemente os pesquisadores eram induzidos ao erro pelos testes e relacionavam com o multilinguismo o que deveria ser relacionado a todo o complexo das condições sociais.

Apresentamos acima dados de um estudo comparativo de crianças chinesas e americanas de São Francisco. Vimos que o autor dessas pesquisas inclinava-se a analisá-las no corte da psicologia racial, sob o ponto de vista do reconhecimento da menor capacidade intelectual das crianças chinesas em comparação às americanas. Com razão, Révész repudia a legitimidade dessa conclusão e aponta o fato de que o bilinguismo das crianças chinesas é o motivo que pode condicionar os baixos índices que obtiveram na resolução de testes que exigem o conhecimento da língua inglesa. Essa objeção nos parece irresistível e concordamos com o autor que as conclusões desses estudos devem ser

---

[18] Alfred Binet (1867-1941) – médico e pedagogo belga, especialista em educação e ensino de crianças com problemas intelectuais. (N.T.)

analisadas no âmbito da psicologia da língua. Todavia, estamos dispostos a seguir em frente e a afirmar que não só o fato do bilinguismo das crianças chinesas deve ser posto no centro da explicação dessas diferenças, mas toda a complexidade das condições sociais que são fatores diretos e fundamentais que determinam o desenvolvimento intelectual como um todo. A maioria dos pesquisadores que utilizava testes ignorava toda essa complexidade da questão. Esquecia-se de que a avaliação quantitativa semelhante do desenvolvimento intelectual permite-nos concluir apenas quantitativamente a respeito da diferença em todo o conjunto das condições sociais em geral.

Se quisermos identificar, especialmente, um único fator ligado ao multilinguismo e suas influências, devemos seguir por um dos seguintes caminhos: igualar todas as outras condições, ou seja, selecionar os grupos que se desenvolvem em condições sociais totalmente semelhantes e se diferenciam apenas pelo bilinguismo ou, então, devemos recusar a avaliação quantitativa do teste de desenvolvimento intelectual geral e caminhar na direção da análise psicológica profunda. Isso nos ajudará a estabelecer a origem das funções que são diretamente afetadas pelo bilinguismo, que dependem diretamente dele, estão ligadas a ele pela conexão direta causal e as que são submetidas a sua influência apenas indiretamente por essa circunstância, encontrando sua explicação em outras circunstâncias.

Pensamos que a pesquisa psicológica sobre o problema de nosso interesse deva seguir pelos dois caminhos apontados aqui para que possam esclarecê-lo em toda sua complexidade. A segunda reflexão, que nos parece tão necessária quanto a primeira e também decorre da avaliação crítica das pesquisas anteriores, é que o problema do bilinguismo deve ser abordado não de forma estática, mas dinamicamente, na perspectiva do desenvolvimento da criança. Do ponto de vista científico, acreditamos ser inconsistente a apresentação da questão que encontramos no trabalho de Epstein e de outros autores. Não se pode indagar se o bilinguismo é sempre e em todas as circunstâncias um fator favorável ou um travamento, independentemente das condições concretas e das regularidades nas quais transcorre o desenvolvimento infantil, que muda a cada etapa etária.

Por isso, a passagem para a pesquisa concreta, considerando a totalidade dos fatores sociais do desenvolvimento intelectual infantil e, ao mesmo tempo, a passagem para a pesquisa genética que tenta observar o fato em toda a diversidade de suas alterações qualitativas no processo de desenvolvimento infantil são duas regras que, tudo indica, deverão ser assimiladas pelos nossos pesquisadores.

Finalmente, a terceira reflexão sobre a realização de pesquisas gerais é a exigência de, durante o estudo, deixar a superfície, abandonando a consideração dos sinais e indicadores externos, rumo à profundidade, à análise da estrutura interna dos processos que, indiretamente, estão envolvidos no desenvolvimento da fala da criança. De certo ponto de vista, a ampliação e o aprofundamento do problema já foram realizados durante o desenvolvimento das pesquisas anteriores e tivemos a oportunidade de demonstrar como esse problema se desenvolveu, ao sair dos limites estreitos da apresentação inicial da questão.

O multilinguismo infantil, no momento, não diz respeito apenas ao casticismo da língua materna em relação à influência da segunda língua. Essa última questão é apenas parte de outra bem mais ampla e complexa que inclui o estudo geral do desenvolvimento da fala da criança com toda a riqueza do conteúdo psicológico que normalmente atribui-se a esse conceito. Todo o desenvolvimento da fala da criança, em geral, não somente o casticismo de sua fala materna, todo o seu desenvolvimento intelectual e, finalmente, o do caráter, o emocional, são diretamente influenciados pela fala.

A ampliação do problema nessa direção já foi levada em conta por pesquisadores anteriores. Contudo, ainda há um conjunto não desvendado de influências da fala no desenvolvimento da criança. São as influências eclipsadas da fala para a qual gostaríamos de chamar a atenção ao final deste artigo.

Para uma consciência ingênua, parece que a fala participa da atividade somente nas funções que incluem apenas a palavra pronunciada. Todos os chamados testes verbais contêm ou uma formulação verbal do problema oferecido ou a solução que exige uma formulação verbal. A estes, normalmente, contrapõem-se os testes chamados silenciosos ou não verbais que não contêm uma instrução falada ou a reduzem ao mínimo; sua resolução consiste em alguma compensação das ações sem a evidente utilização da fala. Assim, a consciência ingênua admite que vale a pena eliminar, de modo puramente externo, a utilização manifesta da fala e, então, seremos capazes de excluir qualquer influência da língua nas operações intelectuais da criança, capturando o seu intelecto de forma pura, sem o sombreamento das palavras.

Nossas pesquisas mostraram que esse ponto de vista ingênuo não se sustenta com a crítica experimental. Realmente, a resolução dos chamados testes silenciosos exige, como condição necessária, uma área interna da fala duplamente eclipsada. Por um lado, estamos simplesmente diante da fala interna que substitui a externa. A criança que resolve a questão calada ainda não a resolve sem o auxílio da fala. Ela apenas substitui os processos de fala externa pelos da interna que, obviamente, diferenciam-se qualitativamente dos primeiros e representam um nível mais complexo e elevado no seu desenvolvimento. Assim, ao introduzir o teste silencioso, pensando-se que se isenta a participação da fala na operação da criança, o pesquisador, na verdade, introduz, imperceptivelmente, a fala eclipsada sob a forma de fala interna, ou seja, de um modo mais difícil para a criança. Assim, ele não facilita, mas dificulta ainda mais o componente verbal do teste, sem eliminar a influência da fala, apresentando mais exigências para o desenvolvimento da fala da criança. Para esta, é mais difícil resolver a questão com o auxílio da fala interna do que com a externa, uma vez que a interna representa um nível mais elevado no desenvolvimento da fala.

Outra forma de influências eclipsadas da fala é ainda mais interessante. O teste silencioso que exige da criança uma ação consciente, pensada e complexa, pode não ter como necessária ou requerer a participação da fala interna de forma insignificante. No entanto, ele apresenta exigências tais à ação que podem ser realizadas somente com um elevado desenvolvimento do intelecto prático infantil. Contudo, por sua vez, as pesquisas mostram que o desenvolvimento do intelecto prático infantil acontece com o auxílio da fala e, assim, se esta não participa da solução do problema que o teste silencioso exige no momento, imediatamente, no exato minuto de sua resolução, ela o fez anteriormente, já que era condição necessária para o próprio desenvolvimento do intelecto prático da criança.

Não se pode esquecer da tese fundamental da moderna psicologia do pensamento que um pesquisador formula do seguinte modo. A capacidade de pensar de forma humana, silenciosamente, diz ele, dá-se, ao fim das contas, somente por meio da fala.

Assim, eliminar os fatores ligados à fala é uma tarefa difícil: quando a colocamos pela porta afora, ela entra pela janela e os pesquisadores não devem ignorar a diversidade e a originalidade qualitativa das diferentes formas de participação da fala nas operações intelectuais da criança.

Todavia, nem tudo se limita ao pensamento e ao intelecto prático da criança. Já sabemos como a fala está estreitamente ligada ao fato de a criança ser destra ou canhota. Seria possível demonstrar que as mesmas interdependências existem com relação ao âmbito emocional e até com relação ao caráter. Pesquisadores anteriores apontavam para a relação existente entre algumas alterações do desenvolvimento emocional e do caráter da criança e a fala. Há todas as razões reais e teóricas para afirmar que não apenas o desenvolvimento intelectual da criança, mas a formação do seu caráter e o desenvolvimento de suas emoções e de sua personalidade, em geral, têm uma relação direta com a fala e, consequentemente, devem indicar, em diferentes níveis, a conexão com o bilinguismo ou o monolinguismo no desenvolvimento da fala.

Dessa forma, o problema se amplia e adquire o seguinte aspecto: o bilinguismo requer estudo em toda a amplitude e profundidade de suas influências sobre o desenvolvimento psíquico da personalidade da criança em sua totalidade.

Somente essa abordagem ao problema do bilinguismo é justificada diante da situação teórica atual da questão.

O PROBLEMA DO DESENVOLVIMENTO CULTURAL DA CRIANÇA[1]

> As eternas leis da natureza se transformam cada vez mais em leis históricas.
>
> F. Engels

1. O problema

No seu processo de desenvolvimento, a criança assimila não apenas o conteúdo de sua experiência cultural como também os meios e as formas de comportamento cultural,[2] os modos de pensamento cultural. No desenvolvimento do comportamento da criança, deve-se, assim, distinguir duas linhas principais. Uma é a linha do desenvolvimento natural do comportamento, intrinsicamente ligada aos processos orgânicos gerais de crescimento e amadurecimento. A outra é a do aperfeiçoamento cultural de funções psicológicas, de elaboração de novas formas de pensamento, de domínio dos meios culturais do comportamento. Por exemplo, a criança mais velha pode memorizar

---

[1] O texto foi escrito por L. S. Vigotski em 1928. A tradução foi realizada do texto publicado em *Vestnik Moskovskogo Universiteta*. Ser. 14, *Psirrologuia*. 1991. n. 4, p. 5-18. (N.T)

[2] A palavra russa *priom* (meio), empregada por L. S. Vigotski neste texto está relacionada ao que serve ou permite alcançar um fim ou objetivo e não diz respeito ao contexto social. Neste último caso, ele emprega a palavra russa *sreda* que, em português, também se traduz como meio. Para mais detalhes, consultar Vigotski, L. S. *7 Aulas de L. S. Vigotski sobre os fundamentos da Pedologia*. Prestes, Z. e Tunes, E. (orgs. e tradutoras) Rio de Janeiro: E-papers, 2018. (N.T.)

melhor e mais do que uma criança ainda pequena devido a dois motivos totalmente diversos. Os processos de memorização, durante esse tempo, consumaram um determinado desenvolvimento, elevaram-se a um novo degrau. No entanto, para desvendar qual linha seguiu esse desenvolvimento da memória é necessário recorrer ao auxílio da análise psicológica.

A criança, provavelmente, memoriza melhor porque nela se desenvolveram e se aperfeiçoaram processos neuropsíquicos que se encontram na base da memória. A base orgânica desses processos, em síntese, o "mnême" ou "funções mnemônicas" da criança, desenvolveu-se. Porém, o desenvolvimento poderia ter seguido um caminho totalmente distinto. Mesmo que a base orgânica da memória, ou mnême, não tenha sido significativamente alterada durante esse período, ainda assim os modos de memorização podem ter se desenvolvido. Nesse caso, pode ser que a criança tenha aprendido a utilizar melhor sua memória, a dominar mnemotécnicas de memorização, em particular, com o auxílio de signos.

Na realidade, as duas linhas podem estar sempre abertas porque a criança mais velha não só memoriza mais do que a mais nova, como também o faz de outra forma, de outro modo. No processo de desenvolvimento, ocorre o tempo todo essa alteração qualitativa de formas de comportamento, transformação de umas formas em outras. A criança que memoriza com o auxílio do mapa geográfico ou com a ajuda de um plano, de um esquema ou de uma resenha pode servir de exemplo desse desenvolvimento cultural da memória.

Há todos os fundamentos para supor que o desenvolvimento cultural consiste na assimilação de meios de comportamento que têm por base a utilização e emprego de signos para a realização de determinada operação psicológica, que o desenvolvimento cultural consiste exatamente no domínio desses meios auxiliares de comportamento que a humanidade criou no processo de seu desenvolvimento histórico e que são a língua, a escrita, o sistema de cálculo, entre outros. O estudo do desenvolvimento psicológico do homem primitivo nos convence disso, assim como as observações diretas das crianças.

O conceito de primitivismo infantil, destacado nos últimos tempos, tem um grande significado para a apresentação correta do problema do desenvolvimento cultural da criança. A criança-primitiva não realizou o desenvolvimento cultural ou está num degrau relativamente inferior. O destaque do primitivismo infantil como uma forma peculiar de não desenvolvimento pode contribuir para a compreensão correta do desenvolvimento cultural do comportamento. O primitivismo infantil, ou seja, o atraso no desenvolvimento cultural da criança, pode estar ligado, em grande parte, ao fato de a criança, por algumas razões externas ou internas, não ter dominado ainda os meios culturais de comportamento, mais frequentemente, a língua.

No entanto, a criança primitiva é saudável. Em determinadas condições, ela realiza o desenvolvimento cultural normal, atingindo o nível intelectual de uma pessoa culta. Isso distingue o primitivismo do retardo mental. Vale destacar que o primitivismo infantil pode entrelaçar-se com todos os graus de talento natural.

O primitivismo como retardo do desenvolvimento cultural quase sempre dificulta o desenvolvimento da criança agravado por um defeito. Frequentemente, ele se entrelaça com o retardo mental. Mesmo nessa forma mista, o primitivismo e o retardo mental permanecem como dois fenômenos diferentes por sua natureza e o destino deles é também muito diverso. Um é o retardo do desenvolvimento orgânico ou natural, enraizado nos defeitos do cérebro. O outro é o retardo no desenvolvimento cultural do comportamento, provocado pelo domínio insuficiente dos meios culturais de pensamento. Apresentamos um exemplo:

Uma menina de 9 anos, plenamente normal, primitiva. Perguntam-lhe: 1) numa escola, algumas crianças escrevem bem, outras desenham bem. Será que todas as crianças nessa escola escrevem e desenham bem? Resposta: Como posso saber? Não posso explicar o que não vi com meus olhos. Se tivesse visto com meus olhos... 2) Todos os brinquedos do meu filho são de madeira e o que é de madeira não afunda na água. Os brinquedos do meu filho podem ou não afundar? Resposta: Não. – Por quê? – Porque a madeira nunca afunda, mas a pedra sim. Já vi pessoalmente. 3) Todos os meus irmãos moravam perto do mar e todos sabem nadar bem. Será que todas as pessoas que moram perto do mar sabem nadar bem ou nem todas? – Resposta: Algumas nadam bem, outras sequer sabem nadar; já vi pessoalmente. Tenho uma prima e ela não sabe nadar. 4) Quase todos os homens são mais altos do que as mulheres. Será que meu tio é mais alto do que a esposa dele ou não? – Resposta: Não sei. Se eu tivesse visto, diria; se tivesse visto seu tio, se é alto ou baixo, diria. 5) Meu pátio é menor do que o jardim, o jardim é menor do que a horta. Meu pátio é menor do que a horta ou não? – Resposta: Também não sei. O que você pensa: se eu não vi, será que posso explicar? E se eu disser que a horta é grande e não for assim?

Ou mais um exemplo: um menino primitivo. Pergunta: Em que se assemelham a árvore e o toco? Resposta: Não vi a árvore, juro que não vi, não sei da árvore, juro que não vi. Diante da janela há uma tília e à pergunta, indicando a tília, o que é isso? Resposta: É uma tília.

O retardo no desenvolvimento do pensamento lógico e na formação de conceitos transcorre de modo direto pelo fato de as crianças ainda não dominarem suficientemente a língua, esse instrumento principal do pensamento lógico e da formação de conceitos.

> Nossas inúmeras observações comprovam – diz Petrova em suas investigações das quais tomamos os exemplos acima apresentados – que a total substituição de uma língua, ainda não fortalecida, por outra, também não dominada totalmente, não transcorre impunemente para a psique. Essa substituição de uma forma de pensamento por outra reduz especialmente a atividade psíquica lá onde ela, mesmo sem isso, já não é tão rica.

No nosso exemplo, a menina que substituiu a língua tártara, ainda não fortalecida, pelo idioma russo, não consegue dominar completamente a utilização da língua como instrumento de pensamento. Ela demonstra não saber utilizar a palavra, apesar de falar, ou seja, saber utilizá-la como meio de comunicação. Ela não compreende como é possível tecer conclusões com base em palavras e não com base no que viu com seus olhos.

Normalmente, as duas linhas de desenvolvimento psicológico, a natural e a cultural, se fundem de tal modo que é difícil distingui-las e acompanhar cada uma em separado. Em caso de um retardo agudo de uma dessas duas linhas, ocorre uma separação mais ou menos perceptível, assim como vemos nos casos de primitivismo infantil.

Esses mesmos casos demonstram-nos que o desenvolvimento cultural não cria algo novo, além do que está contido como possibilidade no desenvolvimento natural do comportamento da criança. A cultura não cria nada de novo além do que já foi dado pela natureza, porém transforma a natureza de acordo com os objetivos da pessoa. O mesmo ocorre no desenvolvimento cultural do comportamento. Ele também consiste de mudanças internas do que é dado pela natureza no desenvolvimento natural do comportamento.

Como já foi demonstrado por Høffding,[3] as formas superiores de comportamento não dispõem de meios ou fatos que ainda não existiam nas formas inferiores dessa mesma atividade.

A circunstância de que a associação das representações torna-se, com a presença do pensamento, um objeto de interesse especial e de uma escolha consciente, não pode, porém, alterar as leis de associação; ao pensamento, no sentido próprio, também é impossível se libertar dessas leis, assim como é impossível, com o auxílio de uma máquina artificial eliminarmos as leis da natureza externa; entretanto, as leis psicológicas, assim como as da física, podem ser colocadas a serviço de nossos objetivos.

Quando interferimos intencionalmente nos processos do nosso comportamento, isso se realiza seguindo as mesmas leis às quais esses processos são subordinados em seu curso natural. Da mesma forma, somente seguindo as leis da natureza externa é que podemos alterá-la e submetê-la a nossos objetivos. Isso indica-nos a correta correlação que existe entre o modo cultural do comportamento e suas formas primitivas.

2. A análise

Qualquer meio cultural de comportamento, até mesmo o mais complexo, pode ser sempre decomposto por completo em processos naturais neuropsíquicos, assim como o funcionamento de qualquer máquina pode, ao fim e ao cabo, ser levado ao já conhecido sistema de processos físicos e químicos. Por isso, a primeira tarefa da investigação científica, quando

---

[3] Harald Høffding (1843-1931) – filósofo e teólogo dinamarquês. Nascido e educado em Copenhague, terminou seu doutorado em 1870, com uma tese sobre a concepção de verdade na filosofia grega antiga. Passou a lecionar na Inglaterra e na Alemanha, retornando à sua terra natal em 1880, quando foi aceito como professor na Universidade de Copenhague. (N.T.)

examina algum meio cultural de comportamento, é a análise desse meio, ou seja, mostrar as partes que o compõem, os processos psicológicos naturais que o formam. Essa análise, feita de modo consecutivo e até o fim, sempre leva ao mesmo resultado; é ela que mostra que não há um meio complexo e superior de pensamento cultural que não seja composto, no fim das contas, de alguns processos elementares de comportamento. O caminho e o significado de tal análise serão esclarecidos com mais facilidade com o auxílio de algum exemplo concreto. Em nossas investigações experimentais, a criança é colocada diante de uma situação em que lhe é apresentada a tarefa de memorizar uma determinada quantidade de numerais, palavras ou qualquer outro material. Caso essa tarefa não supere as capacidades naturais da criança, ela consegue realizá-la com meios naturais ou primitivos. A criança memoriza, criando ligações associativas ou reflexos condicionais entre os estímulos e as reações.

A situação, no entanto, em nossos experimentos, quase nunca é assim. A tarefa que se apresenta à criança normalmente supera suas capacidades naturais. Ela é impossível de ser resolvida com um meio primitivo e natural. No mesmo instante, diante da criança está disponível um material completamente neutro em relação à brincadeira: papel, alfinetes, contas, barbante etc. A situação assemelha-se muito, nesse caso, àquela que Köhler[4] criou para seus macacos. A tarefa é apresentada

---

[4] Wolfgang Köhler (1887-1967) – psicólogo alemão, um dos mais destacados representantes da psicologia da Gestalt. Ficou bastante conhecido por seus trabalhos realizados com macacos, entre 1914 e 1917, que interessaram a Vigotski quando examinou o papel dos "instrumentos psicológicos" e dos signos na formação das funções psíquicas (ver, especialmente, o capítulo 4 do Tomo II e o Prólogo à edição russa do livro de W. Köhler do Tomo I, ambos das *Obras escogidas*, de Vigotski, publicadas em Madrid, pela Visor Distribuciones). (N.T.)

durante a atividade natural da criança, mas a solução dela exige um caminho indireto ou o emprego de um instrumento. Se a criança inventa essa saída, recorre ao auxílio de signos, fazendo nós no barbante, separando as contas, furando ou rasgando o papel etc. Com base na utilização de signos, analisamos essa memorização como caso típico de qualquer meio cultural de comportamento. A criança resolve a tarefa interna com auxílio de meios externos; nisso podemos ver a mais típica peculiaridade do comportamento cultural.

Isso também diferencia a situação que foi criada em nossos experimentos, tendo por base a situação criada por Köhler; depois dele, vários pesquisadores tentaram aplicá-la com crianças. Naquele experimento, a tarefa e sua solução estavam por completo no plano da atividade externa. Em nossos experimentos, encontravam-se no plano interno. Lá, um objeto neutro adquiria um significado funcional de instrumento; cá, adquiria o significado funcional de signo.

A humanidade seguiu exatamente por esse caminho do desenvolvimento da memória, que se apoia em signos. Tal operação mnemotécnica é um traço específico do comportamento humano. Ela é impossível nos animais. Vamos comparar, agora, a memorização natural e cultural da criança. A relação entre uma e outra forma pode ser representada com auxílio do esquema triangular a seguir.

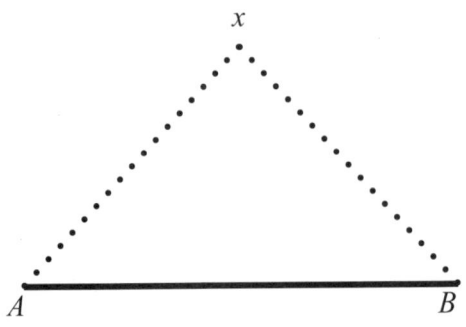

Na memorização natural, estabelece-se uma ligação associativa simples ou de reflexo condicional entre os dois pontos A e B. Na memorização mnemotécnica, que se vale de algum signo, no lugar de uma ligação associativa, AB, são estabelecidas outras duas AX e BX, que levam ao mesmo resultado, mas por outro caminho. Cada uma dessas ligações – AX e BX – é o mesmo processo de reflexo condicional de encerramento do circuito do córtex cerebral, assim como a ligação AB. A memorização mnemotécnica, dessa forma, pode ser decomposta, por completo, nos mesmos reflexos condicionais que a memorização natural.

O novo é o fato da substituição da ligação por outras duas. O novo é a construção ou combinação de ligações nervosas, o novo é o direcionamento dado ao processo de fechamento do circuito com o auxílio do signo. O novo não são os elementos, mas a estrutura do meio cultural de memorização.

3. Estrutura

A segunda tarefa da investigação científica é evidenciar a estrutura desse meio. Apesar de todo meio de comportamento cultural ser composto de processos psicológicos naturais, como mostra a análise, ele os une de forma estrutural e não mecânica. Isso significa que todos os processos que integram esse meio compõem uma unidade funcional e estrutural complexa.

Essa unidade é formada, primeiramente, pela tarefa para cuja resolução é direcionado o meio e, em segundo lugar, pelo recurso com auxílio do qual o meio se realiza. Corretamente, do ponto de vista genético, denominamos de primeiro e segundo momentos. Entretanto, estruturalmente, o segundo momento é predominante e determinante, pois, a mesma tarefa, quando realizada com diferentes recursos, terá estruturas diferentes. Na situação descrita acima, basta apenas à criança se valer de meios externos para a memorização e todo o fluxo de seus processos será determinado pelo caráter do recurso que escolheu.

A memorização que se apoia em diferentes sistemas de signos será diferente por sua estrutura. O signo, ou o recurso auxiliar do meio cultural, forma, assim, um centro estrutural e funcional que determina a composição e o significado relativo de cada processo particular. A introdução do signo com auxílio do qual se realiza qualquer processo de comportamento reestrutura o fluxo das operações psicológicas, da mesma forma como a introdução do instrumento reestrutura a operação de trabalho.

As estruturas que se formam nesse processo possuem suas regularidades específicas e apenas as operações psicológicas são substituídas por outras que levam ao mesmo resultado, seguindo um caminho totalmente diferente. Assim, por exemplo, numa memorização mnemotécnica, a comparação, o palpite, uma antiga associação e, às vezes, uma operação lógica servem à memorização. A estrutura, que une todos os processos que fazem parte do meio cultural do comportamento, transforma esse meio numa função psicológica que realiza a sua tarefa em relação ao comportamento como um todo.

4. Gênese

A estrutura não permanece inalterada e isso é o mais importante de tudo o que sabemos até agora sobre o desenvolvimento cultural da criança. Ela não é criada externamente. Surge de forma regular, num determinado degrau do desenvolvimento natural da criança. Não pode ser imposta à criança de fora, emerge sempre internamente, apesar de se constituir sob a influência decisiva do ambiente externo. Uma vez formada, não permanece inalterada; submete-se a uma longa alteração interna, que carrega todos os aspectos do desenvolvimento.

O novo meio de comportamento não é apenas fixado como um determinado hábito externo. Ele tem sua história interna. Introduz-se no processo geral de desenvolvimento do comportamento da criança e, por isso, podemos falar da relação genética que determinadas estruturas do pensamento cultural e do comportamento estabelecem com as outras e do desenvolvimento dos meios de comportamento. Esse desenvolvimento é de um tipo específico, muito diferente do desenvolvimento orgânico que tem suas regularidades específicas.

Perceber e expressar corretamente a especificidade desse tipo de desenvolvimento é muito difícil. Tentaremos, mais à frente, esboçar o seu esquema, que se desenhou ao longo das investigações experimentais, e dar alguns passos para nos aproximarmos da compreensão correta desse processo. Em suas investigações, Binet[5] deparou-se com esses dois tipos de desenvolvimento e tentou resolver a questão da forma mais simples. Pesquisou a memória de pessoas consideradas com grande poder de cálculo e, assim, teve a oportunidade de comparar a memorização de uma pessoa que possuía realmente uma memória espetacular com outra com uma memória comum, mas que não ficava atrás no quesito de memorização de uma grande quantidade de números.

A mnême e a mnemotécnica foram, assim, contrapostas pela primeira vez numa investigação experimental e também foi feita a primeira tentativa de encontrar diferenças objetivas entre esses dois meios da memória que se diferenciam em sua essência. Binet denominou sua investigação e o próprio fenômeno ao qual dedicou sua pesquisa de simulação da memória. Ele supôs que a grande maioria das operações psicológicas pode ser simulada, ou seja, pode ser substituída por outras similares por

---

[5] Sobre Alfred Binet, cf., neste volume, a nota 18, p. 68. (N.T.)

sua aparência, mas diferentes por sua natureza. Essa simulação de uma memória espetacular que, diferentemente da memória natural, Binet denomina de artificial, é por ele chamada de mnemotécnica.

O mnemonista investigado por Binet memorizou com o auxílio de um meio simples. Ele substituiu a memória de números pela de palavras. Cada número era substituído por uma letra correspondente; das letras, ele compunha palavras; das palavras, frases. E, em vez de uma série de numerais desarticulados, ele memorizava e reproduzia um pequeno romance criado por ele dessa forma. Com esse exemplo é fácil perceber em que medida a memorização mnemotécnica leva à substituição de certas operações psicológicas por outras. Esse é o fato mais importante que ficou evidente para os pesquisadores e permitiu falar, nesse caso, de simulação do desenvolvimento natural.

Essa definição não é feliz. Ela indica corretamente o fato de que, quando as operações são semelhantes externamente (as duas pessoas investigadas por Binet memorizavam e reproduziam igualmente a mesma quantidade de números), na verdade, uma operação simulava a outra. Se essa designação tinha como propósito manifestar apenas a peculiaridade do segundo tipo de desenvolvimento da memória, não se poderia questioná-la. Porém, ela confunde, ao conter a ideia de que há uma simulação, ou seja, é uma ilusão. Esse é um ponto de vista prático, ditado pelas condições específicas de investigação de sujeitos que se apresentam com suas mágicas em palcos e iludem. É, na melhor das hipóteses, o ponto de vista de um investigador criminal do que de um psicólogo. Na realidade, como reconhece Binet, tal simulação não é um simples ilusionismo. Cada um de nós possui um tipo de mnenotécnica e ela, segundo o autor, deve ser ensinada nas escolas na mesma medida em que se ensina cálculo mental, pois, com certeza, o autor não quer dizer que, nas escolas, deve-se lecionar a arte da simulação.

Parece-nos também infeliz a designação desse tipo de desenvolvimento cultural como fictício, ou seja, que conduz apenas a uma ficção do desenvolvimento orgânico. Aqui, novamente, manifesta-se corretamente o aspecto negativo da questão, mais precisamente, a ideia de que, no desenvolvimento cultural, ao passar para o degrau superior e intensificar sua atividade, a função baseia-se no desenvolvimento funcional e não no orgânico. Ou seja, no desenvolvimento do meio. No entanto, essa denominação também encobre a verdade indubitável de que, neste caso, não estamos lidando com um desenvolvimento fictício, mas real, que tem suas regularidades específicas.

Gostaríamos de destacar, desde o início, que esse desenvolvimento é suscetível à influência dos mesmos dois fatores presentes no desenvolvimento orgânico da criança, mais precisamente, biológico e social. A lei de convergência de fatores internos e externos, como os denomina Stern,[6] é totalmente aplicável ao desenvolvimento cultural da criança. Apenas num determinado degrau de desenvolvimento interno do organismo torna-se possível a assimilação de certo meio cultural e o organismo, internamente preparado, precisa necessariamente de uma determinada influência do ambiente para que esse desenvolvimento possa ocorrer. Assim, num determinado estágio do seu desenvolvimento orgânico, a criança aprende a fala e, em outro, assimila o sistema decimal.

Entretanto, a correlação dos dois fatores, nesse tipo de desenvolvimento, está substancialmente alterada. Apesar de o papel ativo ser também do organismo que começa a dominar os meios do comportamento cultural presentes no ambiente, o

---

[6] Sobre Stern, cf., neste volume, a nota 4, p. 54. (N.T)

amadurecimento orgânico desempenha muito mais um papel de condição do que de motor do processo de desenvolvimento cultural, pois a estrutura desse processo é determinada externamente. A maioria das pesquisas até hoje interpretava esse problema de forma unilateral. Por exemplo, temos muitas investigações dedicadas ao esclarecimento de como o amadurecimento biológico da criança define a gradual assimilação da fala, porém, o inverso, a influência da fala no desenvolvimento do pensamento, é pouco estudada. Todos os recursos do comportamento cultural, por sua natureza, são sociais.

A criança que assimila a língua russa ou inglesa, assim como a que assimila a língua primitiva de uma tribo, passa a dominar, dependendo do ambiente em que transcorre seu desenvolvimento, dois sistemas de pensamento completamente diferentes. Se há algum campo em que faz sentido a ideia de que o comportamento do indivíduo é função do comportamento do todo social a que pertence é na esfera do desenvolvimento cultural da criança. Esse desenvolvimento parece que é externo. Pode ser definido mais como *exo-* do que como *endo*crescimento. É uma função da experiência sociocultural da criança.

A terceira e última questão da investigação do desenvolvimento cultural da criança é o esclarecimento da psicogênese das formas culturais de comportamento. Vamos esboçar rapidamente o esquema desse processo de desenvolvimento da maneira como se delineou em nossas investigações experimentais. Tentaremos mostrar que o desenvolvimento cultural da criança, se confiarmos nas condições artificiais do experimento, transcorre em quatro estágios ou fases principais consecutivas, que surgem uma da outra. Tomadas em sua totalidade, esses estágios descrevem um círculo completo do desenvolvimento cultural de qualquer função psicológica. Os dados obtidos por via não experimental coincidem por completo com o esquema esboçado por nós, encaixam-se perfeitamente nele, distribuindo-se por ele e adquirindo seu sentido e sua suposta explicação. Vamos ver, brevemente, a descrição dos quatro estágios de desenvolvimento cultural da criança do modo como se substituem, consecutivamente, no processo do simples experimento descrito anteriormente.

Poderíamos denominar o primeiro estágio de comportamento primitivo ou psicologia primitiva. No experimento, ele se manifesta no fato de a criança, ainda bem pequena, de acordo com a medida de seu interesse, memorizar de forma natural ou primitiva o material que lhe é oferecido. O quanto ela memoriza é definido de acordo com sua atenção, com sua memória individual, com a medida de seu interesse. Normalmente, apenas as dificuldades que a criança encontra nesse caminho é que a levam ao segundo estágio.

Em nosso experimento, isso ocorre normalmente da seguinte forma: ou a criança "descobre" por si só o meio mnemotécnico de memorização ou a ajudamos quando não consegue dar conta da tarefa com a sua memória natural. Dispomos, por exemplo, diante da criança desenhos e escolhemos palavras para a memorização que estejam relacionadas naturalmente a eles. Ao ouvir a palavra, a criança olha para o desenho e reproduz com facilidade toda fileira, pois os desenhos, independentemente de sua intenção, fazem-na lembrar das palavras ouvidas.

Normalmente, a criança se apropria com rapidez do recurso que lhe apresentamos, sem saber como os desenhos ajudaram-na a lembrar das palavras e assim se comporta. Quando lhe é apresentada novamente uma série de palavras, mais uma vez, agora, por iniciativa própria, ela coloca ao seu lado os desenhos, observando-os. Porém, como não há uma correspondência e a criança não sabe como utilizar o desenho para memorizar a palavra, ao reproduzir, olha para o desenho e não reproduz a palavra que lhe foi pedida, mas a que o desenho lhe faz lembrar.

Denominaremos esse estágio, convencionalmente, de "psicologia ingênua" por analogia, com o que os pesquisadores alemães chamam de "física ingênua" no comportamento de macacos e de crianças no emprego de instrumentos. A utilização de instrumentos simples por crianças pressupõe a presença de uma experiência física ingênua relativa a propriedades físicas simples do seu próprio corpo e dos objetos e instrumentos com os quais ela lida. Frequentemente, essa experiência é insuficiente e a "física ingênua" do macaco ou da criança a conduz ao insucesso.

Algo semelhante podemos observar também no nosso experimento, quando a criança compreendeu a relação externa com a utilização dos desenhos e a memorização das palavras. No entanto, a "psicologia ingênua", ou seja, a experiência ingênua acumulada relativa aos próprios processos de memorização é ainda muito insignificante para que a criança possa empregar adequadamente o desenho como um signo ou recurso de memorização. Da mesma forma que no pensamento mágico do homem primitivo a articulação de ideias é percebida como articulação entre objetos, aqui também, na criança, a articulação dos objetos é tomada como ligação de ideias. Se, no primeiro caso, o pensamento mágico é determinado pela insuficiência de conhecimento das leis da natureza, no segundo, o é pela insuficiência de conhecimento da própria psicologia. Esse segundo estágio desempenha normalmente um papel transitório. Em geral, no experimento, com muita rapidez, a criança passa para o terceiro estágio que pode ser denominado de estágio do meio cultural externo. Depois de muitas tentativas, via de regra, caso sua experiência psicológica seja suficiente, a criança descobre do que se trata, aprende a usar corretamente o desenho. Ela começa a substituir os processos de memorização por uma atividade bastante complexa. Quando lhe apresentam uma palavra, ela procura, entre uma multiplicidade de desenhos espalhados diante dela, aquele que lhe parece corresponder mais à palavra dada. No início, habitualmente, ela tenta usar a ligação que existe entre o desenho e a palavra, mas, depois, passa rapidamente para a criação e formação de novas articulações.

Entretanto, esse terceiro estágio também dura pouco no experimento e é substituído pelo quarto que surge, diretamente, do terceiro. A atividade externa da criança ao memorizar com o auxílio do signo transpõe-se para a atividade interna. O meio externo parece se enraizar e torna-se interno. É mais simples observar no momento em que a criança precisa memorizar as palavras que lhes são apresentadas, valendo-se de desenhos que foram dispostos diante dela numa determinada ordem. Depois de algumas tentativas, a criança "decora" também os desenhos e não tem mais necessidade de recorrer a eles. Daí em diante, ela liga a palavra dada à denominação do desenho de acordo com a ordem que já conhece.

Esse "enraizamento completo" fundamenta-se no fato de que os estímulos externos são substituídos pelos internos. O mapa mnemotécnico que está diante da criança tornou-se seu esquema interno. Juntamente a esse meio de enraizamento, observamos mais alguns tipos de passagem do terceiro estágio para o quarto, entre os quais nomearemos apenas os dois mais importantes.

O primeiro deles pode ser denominado de enraizamento do tipo sutura. Semelhante à sutura que se torna desnecessária ao unir duas partes do tecido orgânico e levar rapidamente à formação de um tecido único, o mesmo ocorre com a introdução do signo, com o auxílio do qual foi intermediada determinada operação psicológica.

Isso é mais fácil de observar em reações complexas de escolha da criança, quando cada estímulo apresentado a ela é relacionado ao movimento correspondente com ajuda de um signo auxiliar, por exemplo, o desenho. Após uma série de repetições, o signo torna-se desnecessário, o estímulo provoca uma reação correspondente. Nossas investigações comprovaram o que foi descoberto ainda por Leman[7] que demonstrou que, numa reação complexa de escolha, inicialmente as denominações são introduzidas entre o estímulo e a reação ou outros mediadores associativos quaisquer. Depois do exercício, esses elos intermediários desaparecem, a reação torna-se uma reação sensorial simples e, posteriormente, uma forma motora simples. O tempo de reação, em Leman, caía de 300 σ até 240 σ e 140 σ. Vale acrescentar a isso que o mesmo fenômeno, só que de forma mais detalhada, foi observado por pesquisadores também no processo de uma reação simples; como demonstrou Wundt,[8] à medida que os exercícios eram praticados, a reação atingia até o tempo de um simples reflexo.

Finalmente, o segundo tipo de passagem do terceiro para o quarto estágio, ou de enraizamento interno do meio externo, é o seguinte. Após assimilar a estrutura de um meio externo, a criança constrói, daí em diante, processos internos de acordo com esse segundo tipo. Logo ela começa a recorrer a esquemas internos, a utilizar como signo suas lembranças, conhecimentos anteriores etc. Nesse caso, o investigador se impressiona como, certa vez, o problema resolvido leva à resolução correta de problemas nos casos análogos, mas em condições externas totalmente modificadas. Aqui, naturalmente, lembramos das mesmas transposições que Köhler observou em um macaco que resolveu corretamente o problema que lhe foi apresentado.

---

[7] G. Leman – pedagogo de surdos tcheco. (N.T.)
[8] Wilhelm Wundt (1832-1920) – psicólogo alemão a quem se atribui a fundação da psicologia como ciência autônoma. (N.T.)

Esses quatro estágios que esboçamos esquematicamente são apenas a primeira suposta indicação do caminho que segue o desenvolvimento cultural do comportamento. Entretanto, gostaríamos de assinalar que o caminho que esboçamos com esse esquema coincide com alguns dados que já estão presentes na literatura psicológica que trata desse assunto. Vamos apresentar três exemplos que coincidem, em seus traços gerais, com esse esquema. O primeiro é o desenvolvimento das operações aritméticas na criança. O primeiro estágio, nesse caso, é formado pela aritmética natural da criança, ou seja, as operações que faz com quantidades antes de aprender a contar. Fazem parte disso a percepção de quantidades, a comparação de grupos grandes e pequenos, o reconhecimento de um grupo de quantidade, a distribuição um a um no caso da divisão etc., todos realizados sem mediadores.

O estágio seguinte, o da "psicologia ingênua", pode ser observado em absolutamente todas as crianças, quando elas, conhecendo os meios externos de cálculo, repetem, imitando os adultos, "um, dois, três", querendo contar, mas ainda sem saber como pode-se calcular com a ajuda dos numerais. Nesse estágio encontrava-se a menina descrita por Stern que, a seu pedido para dizer quantos dedos ele possuía, respondeu que sabia contar apenas os seus dedos.

O terceiro estágio é a época do cálculo nos dedos e o quarto, do cálculo mental, quando os dedos não são mais necessários.

O desenvolvimento da memória na infância cabe facilmente também nesse esquema. Os três tipos destacados por Meumann[9] – mecânico, mnemotécnico e lógico (da idade pré-escolar, da escolar e da idade madura, respectivamente) – coincidem cla-

---

[9] Ernst Meumann (1862-1915) – pedagogo e psicólogo alemão, dedicado ao estudo da psicologia infantil. Considerado o fundador da pedagogia experimental. (N.T.)

ramente com o primeiro, terceiro e quarto estágios do nosso esquema. Meumann também, em outro lugar, tentou demonstrar que esses três tipos formam a série genética em que um tipo se transforma no outro. Desse ponto de vista, a memória lógica de um adulto é a memória mnemotécnica "internamente enraizada".

Caso essas suposições se justificarem, obteremos uma nova comprovação de como é importante se valer do ponto de vista histórico na abordagem do estudo das funções superiores de comportamento. Há uma circunstância extremamente sólida que favorece essa suposição. Antes de mais nada é o fato de que a memória verbal, ou seja, a memorização de algo em palavras, é uma memória mnemotécnica. Vale lembrar que Compayré[10] já definia o idioma como um instrumento mnemotécnico. Com razão, Meumann demonstrou que as palavras, em relação à nossa memória, têm uma função dupla. Elas podem ser ou o próprio material da memória ou signos com o auxílio dos quais se memoriza.

Vale a pena, ainda, mencionar o fato experimentalmente estabelecido por Bühler,[11] que é a independência da memorização do sentido em relação à memorização de palavras. A fala interna desempenha um importante papel no processo de memorização lógica para que a raiz genética das memórias mnemotécnica e lógica se apresente com toda sua clareza por meio do elo que as une, a memória verbal. O segundo estágio que está ausente no esquema de Meumann possivelmente transcorre muito rápido no desenvolvimento da memória e, por isso, escapa à observação.

---

[10] Gabriel Compayré (1843-1913) – historiador e pedagogo francês. (N.T.)
[11] Karl Ludwig Bühler (1879-1963) – médico, filósofo e psicólogo nascido na Alemanha. Foi casado com Charlotte Bühler, psicóloga, estudiosa do desenvolvimento da criança. Na década de 1930, mudou-se para os Estados Unidos após a ocupação nazista da Áustria. (N.T.)

Finalmente, vamos indicar o fato de que tal problema, central para a história do desenvolvimento cultural da criança, como o problema do desenvolvimento da fala e do pensamento, está de acordo com o nosso esquema. Pensamos que esse esquema permite pressentir uma abordagem correta em relação a esse problema de grande complexidade e muito confuso. Sabe-se que alguns autores consideram a fala e o pensamento processos completamente diferentes; um serve ao outro como expressão ou roupagem. Outros autores, ao contrário, consideram pensamento e fala idênticos e, concordando com Müller,[12] definem que a ideia é fala menos som.

O que diz sobre esse assunto a história do desenvolvimento cultural? Ela demonstra, primeiramente, que, geneticamente, pensamento e fala têm raízes completamente diferentes. Isso basta para nos proteger de querer considerar idêntico o que é, geneticamente, diferente. Como demonstrou a investigação, na ontogênese e na filogênese, o desenvolvimento da fala e do pensamento caminha até uma determinada etapa por vias desconhecidas.

As raízes pré-intelectuais da fala na filogênese, como a linguagem dos pássaros e dos animais, são conhecidas há muito tempo. Da mesma forma, as raízes pré-intelectuais na ontogênese da fala, como o grito e o balbucio da criança, também são velhas conhecidas. Köhler, Bühler e outros conseguiram identificar as raízes pré-verbais do intelecto no desenvolvimento da criança. Essa época de primeira manifestação das ações intelectuais da criança, anterior à formação da fala, Bühler propôs denominar de idade de chimpanzé.

---

[12] Georg Elias Müller (1850-1934) – filósofo e pedagogo alemão, um dos primeiros psicólogos experimentais. (N.T.)

O mais extraordinário no comportamento intelectual de macacos e crianças dessa idade é a independência entre o intelecto e a fala. É essa circunstância que leva Bühler a concluir que o comportamento intelectual como "pensamento instrumental" precede à formação da fala. Num determinado momento, as duas linhas de desenvolvimento se entrecruzam. Esse momento no desenvolvimento da criança foi denominado por Stern de grandiosa descoberta que a criança faz em sua vida. Mais precisamente, ela descobre a "função instrumental" da palavra, descobre que "cada objeto tem seu nome". Essa ruptura no desenvolvimento da criança reflete-se objetivamente no fato de que ela começa a ampliar ativamente seu vocabulário, perguntando sobre cada objeto: como isso se chama. Bühler e, posteriormente, Koffka,[13] indicam que, do ponto de vista psicológico, existe um paralelo entre essa descoberta da criança e as invenções dos macacos. O significado funcional da palavra descoberto pela criança equivale ao significado funcional do pedaço de pau descoberto pelo macaco. A palavra, diz Koffka, introduz-se no objeto assim como o pedaço de pau na situação de "querer conseguir o fruto".

A etapa seguinte e mais importante no desenvolvimento do pensamento e da fala é a passagem da fala externa para a interna. Quando e como ocorre esse importante processo de

---

[13] Kurt Koffka (1886-1941) – psicólogo alemão. Foi discípulo de K. Stumpf, um dos mestres da psicologia da Gestalt. Entre os psicólogos da Gestalt, foi o primeiro que se dedicou à psicologia infantil. É por isso que Vigotski demonstrou grande interesse por sua obra. A esse respeito, ver, especialmente, os textos de Vigotski *Sobre o artículo de K. Koffka La introspeccion y el método de la psicologia. A modo de introducción* [*Sobre o artigo de K. Koffka A introspecção e o método da psicologia. À guisa de introdução*] e *El problema del desarollo en la psicología estructural. Estúdio crítico* [*O problema do desenvolvimento na psicologia estrutural. Estudo crítico*], publicados no *tomo I das Obras escogidas*, Madrid: Editora Visor, 1997. (N.T.)

desenvolvimento da fala interna? Os estudos de Piaget[14] sobre a fala egocêntrica infantil permitem, assim pensamos, responder a essa questão. Piaget mostrou que a fala torna-se interna psicologicamente antes de se tornar interna fisiologicamente. A fala egocêntrica da criança é fala interna por sua função psicológica (é a fala para si) e é externa por sua forma. Ela é a transição da fala externa para a interna e esse é seu grande significado para o estudo genético. O coeficiente de fala egocêntrica cai abruptamente no limiar da idade escolar (de 0,50 até 0,25). Isso indica que é nesse período que ocorre a transição da fala externa para a interna.

Não é difícil observar que as três etapas mais importantes no desenvolvimento do pensamento e da fala, como apontado por nós, respondem a contento aos três estágios principais do desenvolvimento cultural, assim como se manifestam sequencialmente no experimento. O pensamento pré-verbal responde, nesse esquema, ao primeiro estágio do comportamento natural ou primitivo. "A grandiosa descoberta na vida da criança", como disseram Bühler e Koffka, é paralelo à invenção de instrumentos, consequentemente, corresponde ao terceiro estágio do nosso esquema. Finalmente, a transição da fala externa para a interna, o egocentrismo da fala infantil, é a transição do terceiro para

---

[14] Jean Piaget (1896-1980) – psicólogo suíço, estudioso e teórico do desenvolvimento da criança. Foi professor da Universidade de Sorbonne, diretor do Centro Internacional de Investigações Epistemológicas de Genebra, criado por ele, e membro da Academia Nacional de Ciências dos Estados Unidos. Vigotski faz um exame crítico bastante aprofundado sobre a teoria de Jean Piaget no livro *Pensamento e fala* (ver L. S. Vigotski. *Pensamiento y habla*. Tradução de Alejandro Ariel González. Buenos Aires: Colihue, 2007, especialmente o capítulo 2) Em 1962, Piaget fez um exame de alguns aspectos da teoria de Vigotski (ver Piaget, Jean. *Comentários de Piaget sobre as observações críticas de Vigotski concernentes a duas obras: A linguagem e o pensamento da criança e o Raciocínio da criança.* Em: *Em Aberto*, Ano 9, n. 48, 1990, p. 69-70. (N. T.)

o quarto estágio que significa a transformação da atividade externa em interna.

5. O método

A especificidade do desenvolvimento cultural da criança exige o emprego de um método correspondente de investigação. Poderíamos convencionar denominar esse método de "instrumental", pois ele se baseia na descoberta da "função instrumental" dos signos culturais no comportamento e seu desenvolvimento.

No âmbito da investigação experimental, esse método se apoia na metodologia funcional de dupla estimulação que, essencialmente, resume-se à organização do comportamento da criança com auxílio de duas séries de estímulos em que cada uma tem um "significado funcional" diferente para o comportamento. Com isso, a condição necessária para resolução do problema que se apresenta à criança é o "emprego instrumental" de uma das séries de estímulos, ou seja, a sua utilização como um recurso auxiliar para a resolução de determinada operação psicológica.

Há fundamentos para supor que a invenção e o emprego de signos como recursos auxiliares na resolução de determinado problema que se apresenta à criança representam, psicologicamente, uma estrutura de comportamento semelhante à invenção e utilização de instrumentos.

No âmbito da relação estímulo-resposta, que se encontra na base de uma metodologia comum de experimento psicológico, é preciso, ainda do ponto de vista das ideias desenvolvidas neste texto, diferenciar a dupla função que o estímulo exerce sobre o comportamento. Em um caso, o estímulo pode desempenhar o papel de objeto para o qual é direcionado o ato do comportamento ao resolver determinado problema que se encontra diante da criança (memorizar, comparar, selecionar, avaliar, pesar algo); em outro caso, ele pode desempenhar o papel de recurso, com o auxílio do qual direcionamos e realizamos operações psicológicas necessárias à resolução de problemas (memorização, comparação, seleção etc.). Nos dois casos, a relação funcional entre o ato de comportamento e o estímulo é essencialmente diferente, sendo que o estímulo determina, circunscreve e organiza de modo totalmente diferente e peculiar o nosso comportamento. A especificidade da situação psicológica criada em nossos experimentos é a presença simultânea de estímulos de duas séries que exercem um papel qualitativa e funcionalmente distinto entre si.

Expressando de forma mais geral, a principal hipótese na base desse método é: ao dominar-se (seu comportamento), a criança segue, em geral, o mesmo caminho de quando domina a natureza externa. A pessoa domina a si mesma como a uma das forças da natureza, externamente, com auxílio de uma técnica cultural específica de signos. A tese de Bacon sobre a mão e o intelecto poderia servir de lema para todas as pesquisas desse tipo: *Nec manus nuda, nec intellectus sibi permis sus multum valet; instrumentis et auxiliis res perficitur* [Nem a mão nua nem a razão voltada a si mesma têm uma grande força; tudo se realiza com instrumentos].

Esse método, por sua própria essência, é histórico-genético. Ele introduz na investigação um ponto de vista histórico: "O comportamento pode ser compreendido apenas como história do comportamento" (Blonski).[15] Essa tese é o ponto de partida de todo o método.

---

[15] Pavel Petrovitch Blonski (1884-1941) – foi um importante pedagogo e psicólogo soviético, que tentou fundamentar a psicologia na filosofia marxista. Elaborou a teoria da escola do trabalho e participou ativamente de sua organização. Dedicou-se, principalmente, ao estudo da infância. (N.T.)

O emprego desse método é possível no âmbito: a) da análise da composição do meio cultural de comportamento; b) da estrutura desse meio como um todo e como unidade funcional de todos os processos que o compõem; c) da psicogênese do comportamento cultural da criança. Esse método não é apenas a chave para a compreensão das formas superiores de comportamento da criança que surgem no processo de desenvolvimento cultural, mas é também um caminho para o seu domínio prático na educação e na instrução escolar.

Esse método apoia-se em métodos naturais científicos de estudo do comportamento, em particular, no método de reflexos condicionais. Sua peculiaridade consiste no estudo de estruturas funcionais complexas de comportamento e suas regularidades específicas. A objetividade é o que o relaciona aos métodos científicos naturais de estudo do comportamento. Na investigação, ele se vale de meios objetivos do experimento psicológico. No estudo das funções superiores de comportamento, que se formam de processos internos complexos, esse método procura provocar experimentalmente o próprio processo de formação das formas superiores de comportamento, em vez de estudar a função que já se desenvolveu. Nesse sentido, o terceiro estágio – o do meio externo de comportamento cultural – é o mais favorável para ser estudado.

Interligando a atividade interna complexa com a externa, por exemplo, obrigando a criança a selecionar e arrumar os desenhos, ao memorizar, e a mover e distribuir as figuras etc., na formação de conceitos, criamos uma série externa e objetiva de reações funcionalmente interligadas com a atividade interna e que serve de ponto de partida para a investigação objetiva. Fazemos da seguinte forma: como, numa comparação, faria aquele que quisesse acompanhar o caminho que o peixe segue na profundeza, a partir do ponto em que mergulha na água até o ponto em que submerge na superfície. Colocamos uma alça de corda no peixe e pelo movimento da ponta da corda que temos em mãos tentamos reconstruir a curva desse caminho. Em nossos experimentos, também tentamos, o tempo todo, segurar em nossas mãos o fio externo desde o processo interno.

Podem servir de exemplos de emprego do método as investigações experimentais realizadas pelo autor ou por sua iniciativa relacionadas à memória, ao cálculo, à formação de conceitos e demais funções superiores do comportamento das crianças. Esperamos publicar logo essas investigações. Aqui, queríamos de modo conciso apresentar o problema do desenvolvimento cultural da criança.

A PRÉ-HISTÓRIA DA FALA ESCRITA[1]

Na prática do ensino escolar, a escrita ocupa, até hoje, um lugar muito restrito em comparação com o enorme papel que desempenha no processo de desenvolvimento cultural da criança. Até o momento, na prática, o ensino da escrita apresenta-se de forma muito restrita. Ensina-se a criança a desenhar as letras e formar palavras com elas, mas não lhe ensinam a fala escrita. O mecanismo de leitura do que está escrito é antecipado de tal forma que encobre a fala escrita. É por isso que há predominância do mecanismo da escrita e da leitura em relação à sua utilização racional. Algo semelhante ocorria no ensino da fala oral a surdos-mudos, quando toda a atenção dos professores se direcionava para o treinamento de habilidades corretas de articulação, de pronúncia e de expressão precisas de fonemas isolados. Por essa razão, o aluno surdo-mudo não percebia a fala oral. O resultado era uma fala morta.

Como corretamente diziam os oponentes desse método, ensinava-se a essas crianças não a fala oral, mas a pronúncia

---

[1] Do capítulo VII do manuscrito *História do desenvolvimento cultural da criança normal e anormal*, 1928-1929. (N.E.R.)

de palavras. O mesmo ocorre no ensino atual da escrita aos escolares. Também não se lhes ensina a fala escrita e sim a escrita de palavras. Por isso, o ensino da fala escrita ainda não sobrepujou, significativamente, o nível tradicional do ensino da caligrafia. Esse estado de coisas explica-se, antes de tudo, por motivos históricos: apesar da existência de muitos métodos de ensino da leitura e da escrita, a prática pedagógica ainda não elaborou um meio suficientemente racional, com base científica e fundamentado na prática de ensino da escrita às crianças. Em consequência, a questão do ensino dessa fala, até hoje, permanece aberta. Diferentemente do ensino da fala oral, na qual a própria criança se enraíza, o da escrita estrutura-se como um modo artificial de treino que exige o emprego de enorme atenção e forças por parte do professor e do aluno. Como consequência, a escrita transforma-se em algo automatizado, em comparação com a fala escrita viva que, então, recua para um segundo plano. Em nosso país, o ensino da escrita, até hoje, não se baseia na autonomia da criança e nas necessidades naturais desenvolvidas por ela. Ele é feito de fora pelas mãos do professor e lembra o treinamento de algum hábito técnico, digamos, o de tocar piano. Desse modo, o aluno desenvolve a agilidade dos dedos e aprende, lendo as notas, a tocar as teclas, porém, não é minimamente introduzido no universo da música. Esse entusiasmo unilateral com o mecanismo da escrita refletiu-se não apenas na prática, mas também na apresentação teórica da questão. Até hoje, a psicologia também analisava a escrita comum como um hábito motor complexo, como um problema de desenvolvimento da musculatura fina das mãos, como um problema de pautas largas ou estreitas etc. O problema da fala escrita como tal, ou seja, como um sistema peculiar de símbolos e signos cujo domínio significa um momento crítico e decisivo no desenvolvimento cultural da criança, é muito pouco elaborado na psicologia. Apesar de uma série de investigações sobre o assunto, ainda hoje não estamos em condições de escrever uma história coerente e completa do desenvolvimento da fala escrita na criança. Podemos apenas demarcar os pontos principais desse desenvolvimento, detendo-nos em suas etapas mais importantes. O domínio da fala escrita significa para a criança o domínio de um sistema simbólico peculiar e extremamente complexo de signos.

Como diz corretamente Delacroix,[2] a especificidade desse sistema consiste no fato de que ele representa um simbolismo de segunda ordem que, gradualmente, torna-se simbolismo direto. Isso significa que a fala escrita é um sistema de signos que representam sons e palavras da fala oral que, por sua vez, são signos de objetos e de relações reais. Gradualmente, essa relação medianeira ou intermediária, precisamente, a fala oral, extingue-se, e a escrita se transforma em sistema de signos que simbolizam diretamente os objetos que representam e suas relações. De antemão, está claro que o domínio desse sistema complexo de signos não pode ocorrer exclusivamente de forma mecânica, de fora para dentro, via simples pronúncia, por meio de um treinamento artificial. Para nós, é evidente que o domínio da fala escrita, por mais que seja um momento decisivo, não é determinado de fora para dentro pelo treinamento escolar; na realidade, ele é produto do longo desenvolvimento de funções complexas do comportamento da criança. Apenas abordando o momento do ensino da escrita do ponto de vista histórico, ou seja, procurando-se compreendê-lo em toda a história do

---

[2] Henri Delacroix (1873-1937) – psicólogo francês. Estudou o misticismo, no início da carreira. Em 1924, publicou o livro *Le langage et la pensée* [*A linguagem e o pensamento*]; em 1926, o livro *L'analyse psychologique et la fonction linguistique* [*A análise psicológica e a função linguística*] e, em 1934, *L'enfant et le langage* [*A criança e a linguagem*]. (N.T.)

desenvolvimento cultural da criança, é que poderemos chegar à resolução correta da psicologia da escrita.

A história do desenvolvimento da fala escrita da criança traz enormes dificuldades para a investigação. A julgar pelos materiais de que dispomos, o desenvolvimento da fala escrita não segue uma linha reta nem conserva, em continuidade direta, seja qual for, uma sucessão de formas. Na história do desenvolvimento da fala escrita na criança, encontramos as metamorfoses mais inesperadas, ou seja, a transformação de algumas formas em outras. Pela maravilhosa expressão de Baldwin,[3] relativa ao desenvolvimento das coisas, ela é, na mesma medida, uma evolução e uma involução. Isso significa que, juntamente com os processos de desenvolvimento, de movimento para frente e de origem de novas formas, a cada passo, podemos constatar processos de retrocesso, de extinção, de desenvolvimento reverso de processos velhos. A história de desenvolvimento da fala escrita da criança está repleta, também, dessas rupturas. A linha do seu desenvolvimento, de repente, parece desaparecer por completo do campo visual do pesquisador observador. De repente, do nada, inicia-se, externamente, uma nova linha e, à primeira vista, parece que, entre a linha anterior que foi rompida e a nova, que se inicia, não há decididamente nenhuma sucessão. Contudo, apenas uma visão ingênua de que o desenvolvimento é um processo puramente evolutivo, que transcorre exclusivamente por meio de acúmulo gradual de pequenas mudanças isoladas, uma imperceptível passagem de uma forma para outra, pode ocultar dos nossos olhos a verdadeira essência dos processos que ocorrem diante de nós. Quem se inclina a

---

[3] James Marc Baldwin (1861-1934) – psicólogo estadunidense e um dos fundadores da psicologia social dos Estados Unidos. Vigotski examina criticamente seus trabalhos sobre o desenvolvimento infantil, realizados sob as premissas de postulados biogenéticos. (N.T.)

imaginar que, no desenvolvimento, todos os processos são de transposição, poderá negar, com todo direito, que a história da fala escrita da criança possa ser representada como uma linha única de desenvolvimento que não leva em conta as rupturas, a extinção e as metamorfoses de que falamos acima.

Para a ciência em geral, o tipo de desenvolvimento revolucionário não é nem um pouco novo; ele apenas o é para a psicologia infantil. Por isso, apesar das investigações isoladas e corajosamente desenvolvidas, ainda não temos uma tentativa coerente e corajosa de apresentar a história do desenvolvimento da fala escrita exatamente como um processo histórico e único de desenvolvimento.

Desse modo, o domínio da escrita, do ponto de vista psicológico, deve também ser representado não como um modo de comportamento da criança vindo de fora, puramente externo e mecânico, mas como determinado momento no desenvolvimento que, até certo ponto, surge com a necessidade e está geneticamente ligado a tudo que o preparou e o tornou possível.

O desenvolvimento da fala escrita pertence à primeira e mais evidente linha do desenvolvimento cultural porque está vinculado ao domínio de um determinado sistema externo de meios, elaborados e criados no processo de desenvolvimento cultural da humanidade. No entanto, para que esse sistema externo de meios se transforme em função psíquica da própria criança, em sistema de suas reações, em uma forma peculiar de seu comportamento, vale dizer, para que a fala escrita da humanidade se transforme em fala escrita da própria criança, são necessários processos complexos de desenvolvimento que, agora, tentamos desvendar, é claro, em linhas muito gerais.

Pelo que dissemos acima, claro está que o desenvolvimento da fala escrita tem uma história longa e extremamente complexa, iniciando-se bem antes de a criança começar a estudar a escrita na escola. A primeira tarefa da investigação científica é desvendar essa pré-história da fala escrita infantil, comprovar o que leva a criança à escrita, por quais momentos importantíssimos passa esse desenvolvimento pré-histórico, qual a sua relação com o ensino escolar. Essa pré-história da fala escrita infantil transcorre, frequentemente, sob formas tais que, sem uma análise especial, torna-se difícil desvendar as etapas que preparam o desenvolvimento da escrita. Frequentemente, em condições externas desfavoráveis, essas etapas transcorrem de forma embolada e oculta, não sendo sempre possível observá-las e verificá-las. Por isso, a forma mais segura de evidenciar alguns momentos importantes dessa pré-história que transcorre ocultamente é a investigação experimental desses processos. Para estudar esses fenômenos, antes de tudo, devemos provocá-los, criá-los e, então, observar como transcorrem e se formam. A história do desenvolvimento da escrita começa com o surgimento dos primeiros signos visuais na criança. Precisamente, o gesto é o primeiro signo visual em que está contido o futuro da escrita da criança, assim como uma semente contém o futuro carvalho. Segundo a expressão correta, o gesto é a escrita no ar, e o signo escrito, com muita frequência, o simples gesto fixado.

Ao falar sobre o desenvolvimento da escrita imagética e pictográfica na história da humanidade, Wurth [Whorf][4] apontou para a sua relação com o gesto. Ele demonstrou que, frequentemente, um gesto figurativo significa uma simples reprodução

---

[4] É provável que Vigotski esteja referindo-se a Benjamin Lee Whorf (1897-1941) Whorf era estadunidense; foi um estudioso autodidata da linguística e sua profissão era engenheiro químico. Dedicou-se com profundidade ao estudo das línguas indígenas, foi aluno de Edward Sapir, na Yale University e formulou com ele a conhecida "hipótese Sapir-Whorf", segundo a qual as diferentes estruturas das diversas línguas modulam as percepções e concepções de seus falantes acerca do mundo. (N.T.)

de um signo gráfico; com muita frequência, ocorre o inverso, o próprio signo é a fixação ou o reforço do gesto. Assim, a escrita pictográfica dos índios substitui sempre a linha que liga os pontos, a linha que indica o movimento da mão ou do dedo indicador. A linha indicadora, introduzida na escrita pictográfica, significa um movimento fixado do dedo indicador. Todas essas representações simbólicas na escrita pictográfica, diz Wurth [Whorf], podem ser explicadas por meio de sua extração da língua dos gestos, mesmo que, futuramente, venham a se separar dela e ter uma existência independente.

Gostaria, agora, de apontar para dois momentos que geneticamente ligam o gesto ao signo escrito. O primeiro consiste nas garatujas que a criança faz. Como tivemos a oportunidade de observar, ao desenhar, muitas vezes, no decorrer dos experimentos, a criança começa, frequentemente, a dramatizar, representando com gesto o que deveria representar com o desenho. A marca deixada pelo lápis é apenas um complemento do que foi representado por meio do gesto. Em toda a literatura psicológica, conhecemos apenas um caso relacionado a isso. Mas tivemos a oportunidade de observar semelhante representação com gesto tantas vezes que pensamos que a pobreza de tais observações na literatura psicológica pudesse ser explicada simplesmente pela falta de atenção a esse ponto geneticamente importante.

Sobre isso, Bühler[5] diz o seguinte: Stern[6] fez uma observação única extraordinária que aponta a familiaridade entre o gesto e o desenhar como apoio do gesto. Em um menino de quatro anos, verificou-se que, às vezes, ele atribuía aos movimentos das mãos o significado da imagem. Isso ocorreu alguns meses depois que o rabiscar foi substituído pelo desenhar comum e sem ajuda.

---

[5] Sobre Karl Ludwig Bühler, cf., neste volume, a nota 11, p. 94. (N.T)
[6] Sobre Wilhelm Stern, cf., neste volume, a nota 4, p. 54. (N.T)

Por exemplo, o ferrão do mosquito era simbolizado por um movimento da mão com a ponta do lápis como se fosse picar. De outra vez, a criança queria demonstrar com o desenho como se faz escuro ao fechar as cortinas e fez um traço forte de cima a baixo na lousa, como se estivesse baixando a cortina. Não havia dúvida: o movimento desenhado não representava as cordas, mas exatamente o movimento que fecha a cortina.

Poderíamos apresentar uma enorme quantidade de observações como essas. A criança, que deve representar uma corrida, começa a desenhar com os dedos esse movimento; os tracinhos e pontinhos isolados que surgem no papel, ela os vê como a representação da corrida. Quando passa para a representação do pular, sua mão começa fazer o movimento que representa pulos e, no papel, surge o mesmo movimento. Em geral, inclinamo-nos a considerar gestos, no verdadeiro sentido da palavra, os primeiros desenhos das crianças, suas garatujas. Tendemos a reduzir esse fenômeno ao fato comprovado experimentalmente de que, ao desenhar objetos complexos, a criança transmite suas qualidades gerais, como a percepção de que algo é redondo, não suas partes etc. Quando representa um vidro cilíndrico sob a forma de uma curva fechada, que lembra um círculo, com isso parece representar algo redondo, e essa fase no desenvolvimento da criança coincide maravilhosamente com a estrutura motora geral do psiquismo que caracteriza a criança dessa idade e que, como demonstrou a investigação de Bakuchinski,[7] define todo o estilo e caráter de seus primeiros desenhos. Da mesma forma faz a criança ao representar conceitos complexos ou abstratos. Ela não desenha, mas indica, e o lápis apenas fixa seu gesto indicador. Ao atender ao pedido de

---

[7] Bakuchinski, Anatoli Vassilievitch (1883-1939) – crítico de arte russo-soviético; teórico-prático da educação estética. Pedagogo e pesquisador da psicologia da criação e da percepção da arte. Dentre suas obras, há o livro *Rudojestvennoie tvortchestvo i vospitanie* [*Criação artística e educação*], de 1925. (N.T.)

desenhar um dia de tempo bom, ela indica com um movimento horizontal da mão a parte inferior da folha, explicando: "Isso é o chão". Depois, fazendo uma série de movimentos confusos com traços na parte superior, explica: "E isso é o tempo bom". Tivemos a oportunidade de conferir com mais precisão, num experimento, o parentesco entre a representação com o gesto e com o desenho e obtivemos, numa criança de 5 anos, a representação simbólica e gráfica por meio do gesto.

    O segundo momento que liga geneticamente o gesto à fala escrita nos leva à brincadeira da criança. Como se sabe, na brincadeira, para a criança, alguns objetos facilmente significam outros, substituem-nos, transformam-se em seus signos. Sabe-se também que o importante não é a semelhança que existe entre o brinquedo e o objeto que ele representa; o mais importante é sua utilização funcional, a possibilidade de realizar com ele o gesto representado. Em nossa opinião, a chave para a explicação de toda função simbólica da brincadeira infantil encontra-se apenas nisso: na brincadeira, uma bolinha de trapos ou um pedaço de madeira transforma-se em um bebê porque permite gestos que representam o carregá-lo no colo ou o amamentá-lo. O próprio movimento ou gesto da criança é o que atribui sentido ou funções de signo ao objeto correspondente. Toda atividade simbólica figurativa está repleta desses gestos indicativos: assim, o cabo de vassoura transforma-se em cavalo para a criança porque ele pode ser colocado entre as pernas e permite realizar o gesto que indica e significa, para si mesma que, nesse caso, o cabo é o cavalo.

    Sob esse ponto de vista, a brincadeira simbólica infantil pode ser compreendida como um sistema complexo de fala com a ajuda de gestos que comunicam e indicam o significado de certos brinquedos. Somente com base nesses gestos indicativos o próprio brinquedo adquire, gradativamente, seu significado, assim como o desenhar, apoiado inicialmente no gesto, transforma-se num signo independente. Apenas sob esse ponto de vista, é possível explicar cientificamente dois fatos que, até hoje, não tiveram uma explicação teórica precisa.

O primeiro consiste em que, na brincadeira, para a criança, tudo pode ser tudo. Isso pode ser explicado porque o objeto adquire a função e o significado do signo graças apenas ao que o gesto lhe confere. Fica claro que o significado está no gesto e não no objeto. Eis porque é indiferente qual é o objeto, nesse caso. Ele deve ser apenas o ponto de efetivação do gesto simbólico correspondente.

O segundo fato é que, bem cedo, nas brincadeiras de crianças de 4 e 5 anos, ocorre uma representação verbal condicional. As crianças combinam entre si: "Essa será a nossa casa; isso o prato" etc. Aproximadamente nessa mesma idade surge a fala coerente, extremamente rica, que impulsiona, explica e comunica o sentido de cada movimento, objeto e comportamento isoladamente. A criança não apenas gesticula, mas conversa, explica a brincadeira para si própria, envolve-se, dedica-se e organiza um todo, parecendo confirmar, de modo concreto, a ideia de que as primeiras formas de brincadeira ilusória, na realidade, nada mais são do que um gesto inicial, a fala com ajuda de signos. Na brincadeira, podemos observar o momento em que ocorre a emancipação do objeto sob a forma de signo e gesto. Graças à longa utilização, o significado do gesto transfere-se para o objeto e, mesmo fora da brincadeira e sem gestos correspondentes, os objetos começam a representar objetos conhecidos e suas relações.

Tentamos, experimentalmente, estabelecer esse estágio peculiar da escrita objetal da criança.[8] Realizamos experimentos sob a forma

---

[8] Aqui, Vigotski alude ao fato de que, no início da assimilação da escrita pela criança, ela representa, graficamente, não o som (o que é típico da escrita alfabética), mas o objeto referido na palavra. (N.E.R.)

de brincadeiras, durante as quais objetos e pessoas que participavam da atividade representavam objetos bem conhecidos das crianças. Por exemplo, um livro representava uma casa; as chaves, as crianças; o lápis, a babá; o relógio, a farmácia; a faca era o médico; a tampa do tinteiro, o cocheiro etc. Em seguida, mostrava-se às crianças, com ajuda de gestos figurativos com esses objetos, alguma história simples que elas liam com facilidade. Por exemplo, o doutor chegava à casa de carruagem com o cocheiro, batia à porta, a babá abria-a para ele, ele ouvia as crianças, escrevia a receita, ia embora. A babá ia à farmácia, voltava e ministrava o remédio para as crianças. A maioria das crianças de 3 anos lia essa escrita simbólica com muita facilidade. Crianças de 4 ou 5 anos leem uma escrita mais complexa: a pessoa está passeando no bosque e um lobo a ataca, morde. A pessoa corre para se salvar, o doutor a ajuda, vai à farmácia e, depois, para casa; o caçador foi para o bosque matar o lobo. A circunstância mais notável é que a semelhança entre os objetos não desempenha um papel importante na compreensão dessa escrita objetal simbólica. O importante é que os objetos permitam o gesto correspondente e possam servir-lhe de ponto de apoio. Por isso, as coisas que, com clareza, não têm relação com essa estrutura de gestos, são recusadas categoricamente pela criança. Assim, esse tipo de brincadeira que é realizada à mesa, quando feita com objetos pequenos que ficam sobre a mesa do escritório, é recusado pela criança, categoricamente, quando, segurando seus dedos, os colocamos sobre o livro, dizendo: "Faz de conta que são as crianças". Ela afirma que essa brincadeira não existe. Os dedos estão muito ligados ao seu próprio corpo para servirem de objeto para um determinado gesto indicativo, assim como o armário localizado no quarto ou algum dos presentes que não podem participar da brincadeira. O próprio objeto desempenha a função de substituição: o lápis substitui, condicionalmente, a babá e o relógio, a farmácia, mas apenas o gesto referido a eles comunica o sentido. De fato, nas crianças mais velhas, sob a influência desse gesto indicativo, os objetos não apenas têm a tendência a substituir as coisas que significam, como também podem indicá-las e, desse modo, ocorre a primeira descoberta extremamente importante da criança. Assim, quando colocamos o livro com uma capa escura e dizemos que isso será o bosque, a criança acrescenta: "Sim, isso é o bosque porque aqui é negro, escuro". Ela destaca, dessa maneira, uma das qualidades do objeto que para ela é indicativo de que o livro pode representar o bosque. Do mesmo modo, quando a tampa metálica representa o cocheiro, a criança aponta com o dedo e diz: "Isso aqui é o banco". Quando o relógio deve representar a farmácia, aponta os números do mostrador e diz: "Isso aqui é o remédio na farmácia"; outra aponta para o mostrador do relógio e diz: "Isso é a entrada da farmácia". Ao mostrar a garrafinha que desempenha o papel de lobo, a criança aponta para o gargalo e diz: "Isso é a boca dele". À pergunta do pesquisador que aponta a rolha: "E isso o que é?" ela responde: "Isso? Ele pegou uma rolha e está com ela entre os dentes". Em todos os exemplos, vemos a mesma coisa, precisamente o que se segue: a estrutura habitual dos objetos parece mudar com a influência do novo significado que ela adquire. Por influência do relógio que representa a farmácia, destaca-se uma característica que assume a função de um novo sinal, a indicação de como o relógio representa a farmácia por meio da característica do remédio ou da porta de entrada. A estrutura comum das coisas (a rolha que fecha a garrafa) começa a ser representada na nova estrutura (o lobo segura a rolha entre os dentes) e essa mudança estrutural torna-se tão forte que, numa série de experimentos, passo a passo, ensinamos à criança um significado simbólico do objeto. Em todas as brincadeiras, o relógio representava a farmácia, enquanto os outros objetos, rápida e frequentemente, mudavam seu significado. Passando para uma nova brincadeira, púnhamos o mesmo relógio e, de acordo com a nova ação, anunciávamos: "Isso será a padaria". No mesmo instante, a criança colocava uma caneta no meio do mostrador, dividindo-o em dois, e dizia, mostrando para uma metade: "Está bem. Aqui, é a farmácia e, aqui, é a padaria". O velho significado assumiu, desse modo, um significado independente e serviu como meio para o novo. Podemos constatar a emergência de significado independente também fora da brincadeira: quando a faca cai, a criança exclama: "O doutor caiu". Assim, o sinal conquista um desenvolvimento objetivo autônomo que não depende mais do gesto da criança. Vemos, desse modo, nessa brincadeira, a segunda grande época no desenvolvimento da fala escrita da criança. O mesmo ocorre, como já falamos acima, no desenhar. Aqui, verificamos que a fala escrita da criança não surge de imediato como um simbolismo de segunda ordem. Inicialmente, ela também desponta como simbolismo de primeira ordem, por via natural. Dissemos que o primeiro desenho emerge do gesto da mão armada com um lápis e faz com que a imagem signifique, autonomamente, algum objeto. Essa relação consiste no fato de que traços já desenhados recebem um nome que lhes é correspondente.

Kretch[9] deu especial atenção ao fato de que, no processo de desenvolvimento do traçado infantil, a denominação do desenho siga temporalmente à frente, isto é, ela caminha, de modo gradual, do consecutivo para o concomitante e, finalmente, recebe uma denominação que antecede o desenhar. Ele acrescenta: isso significa nada mais que a representação consecutiva da forma desenhada desenvolve-se, antecipando-se à intenção de desenhar algo definido. Isso é muito interessante, diz Bühler, porque mostra como a fala que se antecipa, configura-se como

---

[9] Provavelmente, Vigotski está se referindo a David Kretch [evski] (1909-1977) – psicólogo estadunidense, um dos mais importantes teóricos da psicologia social e da aprendizagem. (N.T.)

uma moldura e serve de meio para um importante progresso psicológico.

Buscando investigar o quanto a criança de idade escolar amadurece psiquicamente para o ensino da escrita, Hetzer[10] apresentou, experimentalmente, pela primeira vez, essa questão em toda sua amplitude. Ela tentou, exatamente, investigar como se desenvolve na criança a função de representação simbólica dos objetos, tão importante para o amadurecimento ao longo do ensino da escrita. Para isso, procurou esclarecer, experimentalmente, o desenvolvimento da função simbólica em crianças de 3 a 6 anos. Os seus experimentos abrangeram quatro séries principais. Na primeira, era estudada a função simbólica na brincadeira. A criança deveria, ao brincar, representar o pai ou a mãe e o que eles faziam ao longo do dia. Nesse processo, surgiu uma interpretação fictícia dos objetos que eram introduzidos no círculo da brincadeira, e a pesquisadora pode observar a função simbólica atribuída a eles. Na segunda e terceira série, essa representação foi feita com blocos de construção e desenhos com lápis de cor. Nos dois experimentos, era dada atenção especial para o momento de nomeação do significado correspondente, assim como em Kretch. Finalmente, na quarta série, investigou-se o quanto a criança poderia assimilar a união condicional de sinais, na brincadeira de carteiro, pois ângulos pintados de diferentes cores serviam de sinais para diferentes tipos de correspondência que o carteiro deveria entregar: telegramas, jornais, transferências de valores, pacotes, cartas, cartões etc.

---

[10] Hildegard Anna Helene Hetzer (1899-1991) – natural da Áustria, dedicou-se ao estudo da psicologia do desenvolvimento, uma das primeiras a dedicar-se à psicologia da criança. Foi colaboradora de Charlotte Bühler, em Viena, de 1926 a 1931. (N.T.)

Desse modo, na investigação experimental todos os tipos diferentes de atividade foram agrupados numa única linha, tendo em comum apenas a função simbólica, tentando-se colocá-los numa relação genética com o desenvolvimento da fala escrita, assim como fazemos em nossas investigações.

Nos experimentos de Hetzer foi possível, com extraordinária clareza, observar o significado simbólico que surge na brincadeira com a ajuda do gesto figurativo e da palavra. Nessas brincadeiras, manifestou-se bastante a fala egocêntrica infantil. Enquanto em algumas crianças tudo era representado com a ajuda do movimento e da mímica, não sendo a fala empregada como meio simbólico, em outras, a fala acompanhava a ação: a criança falava e agia; no terceiro grupo, começou a predominar a expressão puramente verbal não sustentada por qualquer atividade. Finalmente, o quarto grupo de crianças quase não brincou e a fala tornou-se para elas uma forma natural de representação, enquanto a mímica e os gestos recuaram para o segundo plano. Com o passar dos anos, paulatinamente, diminuía o percentual de ações de brincadeira pura e aumentava a predominância da fala. A conclusão essencial a que se chega com base nessa investigação genética é que, como diz a autora, a diferença da brincadeira entre as crianças de 3 e as de 6 anos não se encontra na percepção dos símbolos, mas no modo como utilizam as diferentes formas de representação.

Podemos ver que essa é a conclusão mais importante: demonstra que a representação simbólica na brincadeira e num estágio anterior é, essencialmente, uma forma peculiar de fala que conduz diretamente à fala escrita.

À medida que ocorre o desenvolvimento, a lei comum de nomeação [dos objetos] move-se em direção ao início da formação do processo que, dessa forma, configura-se apenas na anotação da palavra pronunciada. A criança de 3 anos entende a função figurativa de uma produção e a de 4 anos denomina suas produções antes de começar a construir. O mesmo ocorre ao desenhar; a criança de 3 anos ainda não sabe o significado simbólico do desenho e apenas aos 7 anos todas as crianças dominam isso por completo. Entretanto, a análise anterior do desenho infantil demonstrou sem dúvida que, do ponto de vista psicológico, devemos analisar o desenho da criança como uma fala infantil peculiar.

A criança desenha, inicialmente, de memória. Quando lhe é proposto que desenhe a mãe que está sentada à sua frente ou um objeto que está diante dela, desenha sem olhar uma vez sequer para o original, desenha de memória não o que vê, mas o que conhece. Outra comprovação disso encontramos no fato de a criança desenhar de tal forma que o desenho não só não leva em conta como contraria a percepção real do objeto. Assim, surge na criança o que Bühler denomina de "desenho de raios X". A criança desenha a pessoa de roupa, mas desenha suas pernas, sua barriga, sua carteira que está no bolso e até o dinheiro que está no porta-níquel, ou seja, o que ela conhece, mas não é visto na imagem. Ao desenhar a pessoa de perfil, ela desenha o segundo olho e a segunda perna do cavaleiro que também está de perfil. Finalmente, a ocultação de partes muito importantes do objeto representado, quando, por exemplo, a criança desenha as pernas da figura humana que crescem diretamente da cabeça, deixando de representar o pescoço e o corpo, combinando as partes isoladas do desenho, demonstra que ela desenha, como diz Bühler, da mesma forma que fala. Isso nos permite analisar o desenhar da criança como um estágio preliminar no desenvolvimento de sua fala escrita. Por sua função psicológica, ele é uma fala gráfica peculiar, uma narração gráfica de algo. A técnica do desenho infantil demonstra, sem sombra de dúvida, que ele é exatamente uma narração gráfica, ou seja, é uma fala escrita peculiar da criança. Por isso, o próprio desenhar da criança, segundo Bühler, é antes uma fala do que uma imagem.

Como demonstrou Sully,[11] a criança não aspira à representação, ela é muito mais simbólica do que naturalista; não se preocupa nem um pouco com a total e precisa similitude, mas deseja apenas uma indicação mais superficial. Não se pode admitir que a criança não conheça o ser humano melhor do que o representa, mas ela tem mais ímpeto para denominar e significar o desenho do que representar.

Bühler com razão indica que o desenhar começa na criança quando a fala oral já teve grandes êxitos e se tornou habitual. Em seguida, diz ele, a fala domina de modo geral e, com suas leis, forma grande parte da vida psicológica. A esta parte pertence também o desenhar, acerca do qual se pode afirmar que, ao final, novamente é absorvido pela fala, uma vez que toda a capacidade gráfica das expressões do homem culto mediano contemporâneo extravasa-se na escrita. O material da memória da criança não é, nessa época, uma simples representação de imagens da imaginação, mas consiste, predominantemente, na predisposição ao raciocínio envolvido pela fala ou capaz de envolvê-la. Vemos que, quando a criança, ao desenhar,

---

[11] James Sully (1842-1923) – catedrático na Universidade de Londres, eminente estudioso inglês da psicologia. Entre sua extensa obra encontra-se o livro *Studies in childhood* [*Estudos sobre a infância*], publicado pela primeira vez em 1895. Este livro foi republicado pela Free Association Books, em 2000. Segundo o site da Amazon, trata-se de um estudo realizado com base na "compilação de casos anedóticos coletados por Sully de informantes e de fontes publicadas e elaborada em prosa fluente e envolvente. O autor viaja pelas principais categorias da experiência humana que, ainda hoje, são de interesse: jogo e imaginação; pensamento e conceitos; linguagem, vida emocional (especialmente o medo), moralidade e disciplina, sensibilidade estética e desenho. O livro apresenta a história natural do desenvolvimento em cada uma dessas áreas, no decorrer da infância e oferece um dos retratos mais convincentes jamais produzidos por um escritor acadêmico sobre como é o viver na mente de uma criança". (N.T.)

descarrega os tesouros de sua memória, isso se faz sob a forma de fala, se faz narrando. O traço principal dessa forma é uma abstração que, por sua natureza, necessariamente impõe alguma representação verbal. Vemos, desse modo, que o desenhar é uma fala gráfica que surge com base na fala verbal. Os esquemas que diferenciam os primeiros desenhos infantis, nesse sentido, lembram-nos os conceitos verbais que comunicam apenas as características essenciais dos objetos.

Mas uma diferença característica desse estágio da fala é que, diferentemente da fala escrita, isso ainda é um simbolismo de primeira ordem. A criança representa não a palavra, mas os objetos e as imagens desses objetos.

Porém, o próprio desenvolvimento do desenhar da criança não é algo evidente por si só, que surge mecanicamente. Aqui, existe um momento crítico próprio na passagem do simples tracejar no papel para a utilização de marcas a lápis como sinais que representam ou significam algo. Os psicólogos concordam que, nesse caso, como diz Bühler, deve ocorrer a descoberta pela criança de que as linhas feitas podem significar algo. Sully explicou essa descoberta com o exemplo da criança que, ao desenhar sem qualquer sentido e significado, sem querer, fez uma linha em espiral, descobrindo certa semelhança com a fumaça e gritou, alegremente: "Fumaça, fumaça!".

A maioria dos psicólogos supõe que esse seja o caminho normal dessa descoberta, que a criança, ao desenhar, descobre semelhança com algum objeto e, por isso, o seu desenho adquire a função de signo. Pode-se supor que as coisas ocorram de outra forma e que a criança, devido a uma série de circunstâncias, depare-se com a ideia de que o desenho pode representar alguma coisa. Assim, é comum que ocorra o reconhecimento de objetos nos desenhos de outras crianças, o que antecede, como regra, o próprio desenhar. Mas esse processo de reconhecimento do que está representado no desenho, apesar de ser encontrado na primeira infância, não é, como mostrou a observação, a primeira descoberta da função simbólica. Inicialmente, se a criança reconhece, no desenho, uma semelhança com algum objeto de mesmo gênero, então, ela percebe o desenho como o objeto ou símbolo desse objeto.

Quando a menina a quem foi mostrado um desenho de sua boneca exclamou: "A boneca é igual a essa!", é possível que ela tenha em mente mais um objeto igual ao dela. Nenhuma das observações, diz Hetzer, nos obriga a aceitar que a assimilação do objeto seja também a compreensão do que o desenho representa. Para a menina, o desenho é, nesse caso, não apenas a representação da boneca, mas de mais uma boneca igual àquela. A prova disso é que a criança, por algum tempo, relaciona-se com o desenho como se fosse um objeto. Desse modo, Keller[12] teve a oportunidade de observar nessa criança a tentativa de arrancar do papel os traços desenhados por ela, as flores, desenhadas num fundo verde etc. Chamou a minha atenção que, numa idade mais tardia, a criança, que já nomeia seus desenhos e define corretamente o que os outros desenharam, conserva, por um longo tempo, uma relação com o desenho como se fosse um objeto. Assim, por exemplo, quando se representa no desenho de um menino de costas para o observador, a criança vira a folha do outro lado para ver seu rosto. Até mesmo em crianças de 5 anos, sempre observamos que, diante da pergunta "onde está o rosto ou seu nariz?", ela virava o desenho do outro lado e, apenas depois disso, respondia que "não estava desenhado".

Pensamos que Hetzer tem muita razão quando afirma que a representação inicial simbólica deve ser relacionada precisamen-

---

[12] Sem informações sobre o autor citado. (N.T.)

te à fala e, com base nesta, são criados os significados simbólicos dos outros signos. Realmente, o momento de nomeação que se afasta cada vez mais do ato de desenhar também nos diz com toda a clareza de que modo o desenho da criança se desenvolve sob forte influência da fala. Rapidamente, ele se transforma na verdadeira fala escrita, que tivemos a ocasião de observar experimentalmente, dando tarefas às crianças de representar com signos alguma frase mais ou menos complexa. Com isso, como já dissemos, observamos no desenho a manifestação de gestos de mãos estendidas, de dedos indicadores ou linhas que os substituíam e podemos, desse modo, separar a função figurativa da palavra da função indicativa. Porém, com mais clareza ainda, nesses experimentos manifestou-se a tendência dos escolares à passagem da escrita puramente pictográfica para a ideográfica, ou seja, para a representação abstrata com sinais simbólicos de relações e significados isolados. Observamos essa predominância da fala sobre a escrita em uma escolar que anotava com desenhos separados cada palavra da frase apresentada. Assim, por exemplo, a frase "eu não vejo as ovelhas, mas elas estão lá" foi anotada da seguinte forma: uma figura humana (eu), uma mesma figura humana com os olhos vendados (não vejo), duas ovelhas (as ovelhas), o dedo indicador e várias árvores por trás das quais são vistas as mesmas ovelhas (elas estão lá). Ou a frase "eu te respeito" foi transmitida da seguinte forma: uma cabeça (eu), outra cabeça (você), duas figuras humanas, uma das quais segura um chapéu na mão (te respeito).

Desse modo, podemos ver como o desenho segue de forma obediente a frase e como a fala oral penetra no desenho da criança. Nessas representações, as crianças tiveram que frequentemente fazer verdadeiras descobertas e pudemos, ao vivo, nos convencer de que isso é decisivo para o desenvolvimento da escrita e do desenhar da criança.

Ao observar essas manifestações espontâneas da escrita, Stern apresenta uma série de exemplos que mostram como ocorre esse desenvolvimento e transcorre todo o processo da escrita infantil. Assim, a criança que aprendeu a escrever sozinha, escreve da esquerda para a direita a partir da margem inferior da página e cada nova linha é posicionada acima etc. Luria,[13] por ocasião de nossas investigações comuns, definiu como objetivo provocar experimentalmente e observar esse momento de descoberta do simbolismo da escrita para ter a oportunidade de estudá-la sistematicamente. Esse estudo demonstrou que a história da escrita na criança começa bem antes do momento em que o professor põe em sua mão o lápis e diz como se deve escrever as letras. Se não conhecermos essa pré-história da escrita infantil, não entenderemos como a criança passa a dominar de imediato a complexa forma de comportamento cultural – a fala escrita. E entenderemos que isso pode ocorrer apenas quando, nos primeiros anos de seu desenvolvimento, a criança assimilou e elaborou uma série de formas que a guiaram até o processo de escrita, que a prepararam e lhe facilitaram, incomensuravelmente, o domínio da ideia e da técnica de anotação. Em seus experimentos, Luria colocava uma criança que ainda não sabia escrever numa situação em que, diante dela, surgia a tarefa de realizar uma anotação primitiva. Apresentava-se à criança a tarefa de memorizar um determinado número de frases. Normalmente, esse número superava significativamente a sua capacidade mecânica de memorizar e, quando se convencia de que não era capaz de memorizar, era entregue a ela uma folha de papel, propondo que marcasse de alguma forma ou anotasse as palavras que lhe eram ditas.

---

[13] Alexander Romanovitch Luria (1902-1977) – psicólogo soviético, fundador da neuropsicologia soviética, aluno, colega e amigo de L. S. Vigotski. (N.T.)

Com frequência, a criança recebia essa proposta com surpresa e dizia que não sabia escrever. Porém, insistia-se para que pensasse numa forma de o papel e o lápis poderem auxiliá-la na tarefa. Assim, o próprio pesquisador entregava nas mãos dela um meio e observava o quanto ela se mostrava capaz de dominar esse meio, o quanto os traços do lápis deixavam de ser para ela simples brinquedos, transformando-se em signos para a memorização de representações correspondentes. Esse experimento nos lembra o que Köhler[14] fez com os macacos quando, sem esperar que soubessem tomar em suas mãos um pedaço de pau, colocava-os na situação em que era necessário usar os pedaços de pau como ferramentas, entregando-os em suas mãos e observando o que iria acontecer. Os experimentos demonstraram que as crianças pequenas de 3 a 4 anos não conseguiam se relacionar com a escrita como um meio; com frequência, elas anotavam a frase pronunciada mecanicamente e a escrita, às vezes, era feita antes de ouvirem a frase.

Nesse estágio, as anotações em nada auxiliam a criança a lembrar as frases dadas; ao tentar lembrar, ela nem olha para a sua anotação. Basta dar continuidade a esses experimentos para nos convencermos de que a situação começa a mudar radicalmente. Em nosso material, encontramos, às vezes, casos impressionantes que, à primeira vista, se diferenciam radicalmente de tudo o que acabamos de relatar. A criança anota da mesma maneira insensata, anota indiferentemente garatujas e tracinhos que nada significam, mas, quando reproduz as frases, tem-se a impressão que as lê, apontando para determinados tracinhos e, sem errar muitas vezes seguidas, mostra quais tracinhos representam cada frase. Surge uma relação completamente nova da criança com os seus tracinhos e com sua atividade motora de auto incentivo que,

---

[14] Sobre Wolfgang Köhler, cf., neste volume, a nota 4, p. 81. (N.T.)

pela primeira vez, transformaram-se em signos mnemotécnicos. Um exemplo é o fato de a criança pôr alguns tracinhos em partes isoladas do papel de tal forma que relaciona cada frase com determinado tracinho. Surge uma topografia peculiar: a anotação com o tracinho no canto significa "vaca", o outro – na parte superior do papel – "limpador de chaminé". Desse modo, os tracinhos são signos primitivos indicadores para a memória etc. Com toda convicção, podemos ver nesse estágio mnemotécnico o presságio da futura escrita. Aos poucos, a criança transforma esses tracinhos indiferenciados: os sinais indicativos simbolizados pelos traços e as garatujas são substituídos por figuras e desenhos, esses últimos cedem lugar aos signos. Os experimentos permitiram não apenas descrever o momento da descoberta, mas também observar como ele transcorre, dependendo de certos fatores. Foram exatamente a quantidade e as formas introduzidas nas frases apresentadas que, pela primeira vez, quebraram o caráter insensato da anotação que nada representava, quando diferentes representações e imagens são expressas com tracinhos e garatujas completamente iguais.

Ao introduzir no material proposto a representação de quantidade, com muita facilidade, até mesmo para crianças de 4 e 5 anos, provocamos a anotação que a reflete. A necessidade de anotar a quantidade pela primeira vez, provavelmente, pariu a escrita. Do mesmo modo, a introdução da representação da cor e da forma desempenha um papel orientador na descoberta pela criança do mecanismo da escrita. Assim, por exemplo, as frases como "da chaminé sai a fumaça preta, preta" ou "no inverno, cai a neve branca", "o rato tem um rabo comprido" ou "a Lialia tem dois olhos e um nariz", rapidamente, levam a criança a passar da escrita que desempenha o papel de gesto indicador para a escrita que contém a imagem. Daí a criança passa diretamente para o desenho e nós, desse modo, passamos diretamente para a escrita pictográfica. A escrita pictográfica desenvolve-se de modo especialmente fácil na criança porque, como vimos, o desenho infantil, na verdade, é uma fala gráfica peculiar, mas, como demonstram os experimentos, a todo instante ocorrem conflitos: o desenho como meio, ainda com frequência, confunde-se com o desenho como um processo direto e autossuficiente.

É especialmente fácil de observar isso em crianças com retardo, que passam, por associação, do desenho de frases para o desenhar autônomo. Em vez de fazer anotação, a criança começa a desenhar quadros. Dessa escrita pictográfica a criança passa, gradualmente, para o ideograma quando o desenho não transmite diretamente o conteúdo da frase. Os experimentos demonstraram que a criança, assim, segue um caminho confluente e, em vez de fazer um desenho completo, desenha suas partes mais fáceis, um esquema; às vezes, ocorre o inverso, ela cria um caminho peculiar para essa representação, reproduz toda a situação que contém a frase.

Como já dissemos acima, a passagem para a escrita simbólica, como demonstraram os nossos experimentos, é marcada pela manifestação de uma série de gestos ou, simplesmente, de linhas desenhadas que representam esses gestos. Investigando como escreve a criança que conhece as letras, mas não sabe escrever, vemos que ela percorre as mesmas formas que acabamos de retratar. O desenvolvimento da escrita não consiste apenas no aperfeiçoamento constante de um meio, mas em saltos bruscos que caracterizam a passagem de um meio para outro. A criança que sabe escrever as letras, mas não descobriu o mecanismo da escrita, anota ainda, indiferenciadamente, dividindo as letras em partes sem saber reproduzi-las posteriormente.

Experimentos demonstraram que a criança que conhece as letras e destaca com a ajuda delas alguns sons das palavras, está longe de chegar ao completo domínio do mecanismo da escrita. Contudo, falta um momento importante que caracteriza a verdadeira passagem para a fala escrita em tudo o que acabamos de comentar. É fácil perceber que, aqui, em toda parte, os sinais escritos representam símbolos de primeira ordem e significam diretamente objetos ou ações e, nesse estágio, a criança não alcança o simbolismo de segunda ordem que consiste na criação de sinais escritos para os símbolos orais das palavras.

Para isso, é necessário à criança fazer a principal descoberta, mais precisamente, que se pode desenhar não apenas as coisas, mas também a fala. Apenas essa descoberta levou a humanidade ao genial método da escrita com palavras e letras; ela também leva a criança à escrita alfabética e, do ponto de vista pedológico, esta deve-se estruturar como passagem do desenho das coisas para o desenho da fala. No entanto, é difícil observar como ocorre essa passagem porque a investigação correspondente ainda não produziu resultados e os métodos comuns de ensino da escrita não permitem observar isso. Temos apenas a certeza de que, por essa via, pela passagem do desenho das coisas para o desenho das palavras, desenvolve-se a fala escrita da criança. Os diferentes métodos de ensino da escrita fazem isso de várias formas. Muitos deles utilizam o gesto auxiliar como meio de unir o símbolo escrito e o oral. Outros fazem o mesmo com o desenho que representa um determinado objeto. Todo o segredo do ensino da fala escrita consiste em preparar e organizar corretamente essa transição natural. Assim que ela ocorrer, a criança começa a dominar o mecanismo da fala escrita e lhe resta, daí em diante, apenas aperfeiçoar esse meio.

Sabemos que, com o estado contemporâneo do conhecimento psicológico, para muitos parece forçada a ideia de que todas as etapas que analisamos, a brincadeira fictícia, o desenho e a escrita podem ser representados, em sua essência, como momentos diferentes de um único processo do desenvolvimento da fala escrita. São muito grandes as rupturas e os saltos na transição de um meio para o outro para que a relação entre momentos separados se manifeste concreta e nitidamente. Porém, o experimento e a análise psicológica nos levam exatamente a essa conclusão e demonstram que, por mais complexo que se afigure o processo de desenvolvimento da fala escrita, por mais que, ao olhar superficial, pareça seguir em ziguezagues, de modo caótico e com rupturas, na realidade, diante nós, há uma linha única da história da escrita que conduz às formas superiores de fala escrita. Essa forma superior, que abordaremos brevemente, consiste no fato de que a fala escrita se transforma de simbolismo de segunda ordem em simbolismo de primeira ordem. Os símbolos escritos iniciais servem de representação dos símbolos verbais. A compreensão da fala escrita realiza-se por meio da oral. Contudo, gradualmente, esse caminho se encurta, o elo intermediário em forma de fala oral desaparece e a fala escrita transforma-se em simbolismo direto, que é assimilado da mesma forma que a oral. Basta imaginar a grande ruptura que ocorre em todo o desenvolvimento cultural da criança graças ao domínio da fala escrita, graças à possibilidade de ler e, consequentemente, conviver com a experiência de tudo o que o gênio humano criou no campo da palavra escrita para compreender o momento crucial que vivencia a criança ao descobrir a escrita.

Para nós, agora, é importante um momento no desenvolvimento das formas superiores da fala escrita. É a questão da leitura silenciosa e em voz alta. As investigações sobre a leitura demonstraram que, diferentemente da velha escola que cultivava a leitura em voz alta, a leitura silenciosa é também uma forma socialmente mais importante de fala escrita e possui duas vantagens relevantes. Desde o final do primeiro ano escolar, a leitura silenciosa ultrapassa a leitura em voz alta pelo número de linhas registradas. Consequentemente, o próprio movimento da voz e da percepção das letras é facilitado na leitura silenciosa; o movimento fica mais rítmico. Diferentemente, a vocalização dos símbolos visuais dificulta a leitura; as reações da fala retardam a percepção, amarram-na, prendem a atenção. Não apenas o processo de leitura, mas, por estranho que pareça, a compreensão é melhor na leitura silenciosa. A investigação demonstrou que há certa correlação entre a velocidade e a compreensão da leitura. Normalmente, pensa-se, de modo inverso, que a compreensão é melhor numa leitura vagarosa, porém, psicologicamente, é muito clara a questão que acabamos de apresentar: é exatamente numa leitura rápida que a compreensão é melhor, pois diferentes processos ocorrem em diferentes velocidades e a própria velocidade de compreensão responde ao ritmo mais rápido de leitura. Podemos observar como a leitura em voz alta pode dificultar a compreensão porque forma-se um intervalo visual-sonoro quando o olho se antecipa e sinaliza para a voz.

Se, no momento da leitura, nos detemos no lugar em que o olho parou e no som que é pronunciado naquele minuto, então, obteremos esse intervalo visual-sonoro. As investigações mostram que esse intervalo visual-sonoro cresce gradativamente; que um bom leitor tem um grande intervalo visual-sonoro; que a lentidão da leitura guarda relação com um intervalo estreito e a velocidade da leitura e o intervalo crescem juntos. Vemos, desse modo, que o símbolo visual cada vez mais se liberta do símbolo oral e, se lembrarmos que é na idade escolar que se forma a fala interna, ficará claro o potente recurso de percepção da fala interna com o qual lidamos na leitura silenciosa ou para si.

Infelizmente, a investigação experimental da leitura até agora também a estudou como um hábito sensório-motor complexo e não como um processo psíquico de ordem muito complexa. Nesse caso, mostrou-se que o número de linhas registradas, ou seja, de mecanismos de leitura, depende do gênero do material. O trabalho do mecanismo visual é, até certo grau, subordinado ao processo de compreensão. Como ter uma ideia da compreensão da leitura? Não podemos apresentar uma resposta clara a essa pergunta, mas tudo o que sabemos nos obriga a supor que, assim como qualquer processo, a utilização do signo da fala escrita transforma-se em processo interno, num certo estágio do seu desenvolvimento. O que se denomina de compreensão do que é lido também deve ser definido, antes de tudo, pelo aspecto genético como um certo momento no desenvolvimento da reação mediada pelos símbolos visuais.

É claro que a compreensão não consiste no suprimento de imagens para que na leitura de cada frase surjam imagens de todos os objetos citados. A respeito da pergunta sobre a compreensão, a investigação experimental mostra que o processo de atribuição de sentido do leitor iniciante encontra-se entre a voz e o olho e a do leitor maduro subjaz, imediatamente, à percepção visual. Desse modo, a compreensão não se resume ao restabelecimento da imagem do objeto ou à pronúncia da palavra sonora correspondente. Ela consiste em operar com o próprio signo ao atribuir-lhe um significado, uma rápida movimentação da atenção e diferenciação de diversos pontos que se posicionam no centro de nossa atenção. Um claro exemplo de incompreensão da fala, durante o ato de ler, pode ser a leitura feita por imbecis. Apresentamos o exemplo de observações de Trochin.[15] Ele descreve o imbecil que, ao ler, chegava ao êxtase a cada palavra: "Passarinho de Deus" (ai, passarinho, passarinho – manifesta uma satisfação

---

[15] Grigori Iakolevitch Trochin (1874-1939) – neuropatologista, psicólogo e pedagogo russo. É dele a ideia de que, essencialmente, não há diferenças entre a criança normal e a anormal e de que o desenvolvimento de ambas segue as mesmas leis. A diferença encontra-se no modo como se desenvolvem (ver mais em *Antropologuitcheskie osnovi vospitania: sravintelnaia psirrologuia normalnir i nenormalnir detei* [*Fundamentos antropológicos da educação: a psicologia comparada de crianças normais e anormais*], tomo 1, Praga (1915). (N.T.)

agitada), "não sabe, não sabe" (demonstra a mesma manifestação); ou "o Conde Vitte chegou" (chegou, chegou), "a Petersburgo" (a Petersburgo, Petersburgo etc.).

Essa concentração da atenção, essa fixação a cada sinal, separadamente, significa a ausência de habilidade para direcioná-la, transferindo-a e orientando-a no espaço interno complexo que poderia ser denominado de sistema de relações. O processo que comumente se denomina de compreensão consiste nesse estabelecimento de relações, de destaque do que é mais importante, do agrupamento e da transferência.

Abrangendo toda a história do desenvolvimento da fala escrita da criança, chegamos naturalmente a quatro conclusões práticas extremamente importantes que decorrem dessa análise.

A primeira consiste no fato de que, desse ponto de vista, seria natural transferir o ensino da escrita para a idade pré-escolar. Na realidade, se a descoberta da função simbólica da escrita é possível já nas crianças que estão na primeira infância, como mostraram os experimentos de Hetzer, o ensino da escrita deveria ser de responsabilidade da educação pré-escolar. Realmente, vemos uma série de momentos que apontam que o ensino da escrita, em nosso país, do ponto de vista psicológico, é indubitavelmente atrasado. Todavia, sabemos que, na maioria dos países europeus e americanos, a alfabetização das crianças começa, como regra, aos 6 anos.

As investigações de Hetzer mostraram que 80% das crianças de 3 anos começam a dominar a ligação espontânea do signo com o significado e as de 6 anos já são capazes de realizar essa operação. Segundo suas observações, entre os 3 e 6 anos de idade, não há apenas o desenvolvimento da própria operação de utilização do signo espontâneo, mas também o sucesso que ocorre na criança no campo da atenção e da memória. Para Hetzer, o ensino precoce da escrita guarda relação com o domínio da escrita simbólica; por isso, pode-se ensinar a leitura e a escrita para a maioria das crianças de 3 anos. É verdade que a estudiosa não leva em consideração que a escrita é um simbolismo de segunda ordem e que ela estudou apenas o simbolismo de primeira ordem. Com toda razão ela se refere à educação ortodoxa judaica, que ensina a ler e escrever aos 3 e 4 anos; ao sistema Montessori[16] que, no jardim de infância, ensina leitura e escrita e a muitas outras instituições pré-escolares francesas que fazem o mesmo. Do ponto de vista psicológico, diz ela, isso não é impossível, sendo difícil em função da insuficiência de memória e de atenção da criança. Contudo, levando-se em conta todas as crianças, essa operação torna-se possível apenas após os 6 anos.

Bert[Burt][17] apresenta dados da Inglaterra em que indica que, lá, a obrigatoriedade escolar começa aos 5 anos, mas as crianças de 3 a 5 anos, caso haja vagas, são admitidas nas escolas e alfabetizadas. Aos 4 anos e meio, uma grande maioria de crianças sabe ler. Montessori mostra-se especialmente favorável à transferência da leitura e da escrita para uma idade precoce. Ela ensina leitura e escrita a crianças de 4 anos. No processo de brincadeira, por meio de exercícios prévios, como regra,

---

[16] Maria Tecla Artemisia Montessori (1870-1952) – pedagoga italiana. Fez uma crítica severa à escola tradicional por ser um sistema de adestramento e por ignorar as necessidades naturais da criança. Propôs um sistema original de desenvolvimento sensorial das crianças, em centros pré-escolares especiais e na escola primária. Foi defensora da ideia de educação em liberdade. (N.T.)

[17] Na grafia do texto original, encontra-se Bert. Todavia, supomos que Vigotski refere-se a Cyrill Burt (1883-1971) – psicólogo da educação e estatístico. Publicou seu primeiro artigo em 1909, afirmando que a inteligência era inata e que as diferenças entre as classes sociais dependiam, de algum modo, da hereditariedade. Seu último artigo foi publicado, postumamente, em 1972. Nele, ainda insistia na defesa da ideia de que a inteligência é inata (ver Gould, S. J. *A falsa medida do homem*. Tradução de Válter Lellis Siqueira. São Paulo: Martins Fontes, 1991). (N.T.)

todas as crianças nos jardins de infância da Itália começam a escrever aos 4 anos e, aos 5, leem bem, como uma criança do primeiro ano escolar.

A especificidade de todo o recurso de Montessori consiste em que a escrita surge como um momento natural no processo de desenvolvimento da mão; a dificuldade da escrita para as crianças consiste não no desconhecimento das letras, mas na insuficiência do desenvolvimento da musculatura fina da mão. Por meio de exercícios primorosos, Montessori consegue fazer com que as crianças aprendam a escrita não por meio da escrita, mas via preparação das crianças recorrendo a desenhos traçados. Elas aprendem a escrever antes de começar a fazê-lo efetivamente e, por isso, começam a escrever imediatamente, de repente. Todo o processo de ensino da escrita ocupa muito pouco tempo. Duas crianças de 4 anos, em menos de um mês e meio, aprenderam a escrever de tal forma que conseguiam sozinhas escrever cartas. Pelos estudos acerca do desenvolvimento da criança, sabemos que, em famílias em que é muito comum a utilização de livros, lápis e, principalmente, nas quais há crianças mais velhas que leem e escrevem, as de 4 e 5 anos também começam, de maneira independente, a dominar a escrita e a leitura, assim como dominam a fala oral. A criança começa a escrever, de forma autônoma, separadamente, as letras, os números, a ler os letreiros, a formar palavras e, por via natural, perfazem o que Montessori propõe para o jardim de infância.

Mas o exemplo de Montessori mostra da melhor forma que isso é muito mais difícil do que pode parecer à primeira vista. Se, por um lado, o ensino escolar da escrita está atrasado, uma vez que crianças de 4 e 5 anos já poderiam dominar por completo esses mecanismos, tanto no aspecto muscular-motor quanto no da função simbólica, por outro lado, por mais estranho que possa parecer, o ensino da escrita aos 6 anos ou até mesmo aos

8 é prematuro no sentido de que a técnica da escrita é acessível à criança antes do amadurecimento da necessidade da fala escrita, antes de esta tornar-se necessária. Se a escrita, como uma atividade muscular e uma percepção simbólica de signos, surge muito facilmente da brincadeira, pelo papel que desempenha no comportamento, encontra-se muito aquém da brincadeira.

Assim, estão corretos os críticos que apontam a limitação do entendimento do desenvolvimento que, para Montessori, decorre do anatomismo natural e leva à passividade mecânica. Ao longo de um mês e meio, diz Guessen,[18] crianças de 4 e 5 anos aprendem a escrever com uma caligrafia que nos impressiona, mas, por um tempo, vamos deixar a beleza e a precisão das letras desenhadas pelas crianças e prestar atenção ao conteúdo do que foi escrito. O que escrevem as crianças de Montessori? "Desejamos uma boa Páscoa para o engenheiro Talano e a chefe Montessori". "Desejo bondade para a diretora, a professora e também a doutora Montessori". "A casa da criança, a rua Campanii" etc.

Não vamos negar a possibilidade de ensino da escrita e da leitura na idade pré-escolar. Consideramos isso até mesmo desejável para que a criança chegue à escola sabendo escrever e ler. Contudo, o ensino deveria ser organizado de tal forma que a leitura e a escrita fossem úteis à criança em alguma coisa. Se a escrita e a leitura são utilizadas apenas para escrever felicitações formais para a direção e palavras sopradas pela professora, então, essa atividade será puramente mecânica para as crianças que, rapidamente, podem se enfadar e não demonstrarão sua partici-

---

[18] Serguei Iossifovitch Guessen (1887-1950) – nasceu na Sibéria, em uma família de juristas. Aderiu à Revolução de Outubro. Em 1949, escreveu *Democracia moderna* (Unesco) e, demonstrando empenho pedagógico e civil, escreveu *Pedagogia e mundo econômico*, no qual examina o problema pedagógico de uma sociedade moderna e industrial. (N.T.)

pação ativa, e sua personalidade não se desenvolverá. A leitura e a escrita devem ser necessárias para a criança. Como em nenhum outro momento, aqui manifesta-se a principal contradição que surge não apenas em Montessori, mas também durante o ensino escolar, precisamente, o fato de que a escrita é ensinada como um hábito motor e não como uma atividade cultural complexa. Por isso, junto à primeira questão sobre a transferência do ensino da escrita para a idade pré-escolar, apresenta-se, naturalmente, outra exigência, a saber, a da escrita essencial que pode ser comparada com a exigência da aritmética essencial.

Isso quer dizer que a escrita deve ser significativa para a criança e ser provocada por uma necessidade natural. Deve ser incluída na tarefa essencial e necessária à criança e, apenas depois podemos nos certificar de que se desenvolverá na criança não como um hábito da mão e dos dedos, mas como um tipo realmente novo e complexo de fala.

Muitos pedagogos, como Guessen, que discordam da ideia geral do ensino da leitura e da escrita em Montessori, manifestam-se pela transferência do ensino da escrita da escola para o jardim de infância. Porém aí também se reflete uma abordagem falsa e a subestimação da fala escrita em todo seu significado. Semelhante à fala, dizem eles, saber ler e escrever, no sentido elementar dessa palavra, é mais um hábito de ordem psicofísica. Não há nada mais errado do que essa abordagem à escrita. Vimos a complexa história que a escrita perfaz até o seu desenvolvimento final, quais saltos, metamorfoses, descobertas foram necessários para que se desenvolvesse e se estruturasse. Vimos e sabemos que alteração fundamental a fala introduz no comportamento da criança para considerá-la apenas um hábito psicofísico. O primor requerido por Montessori, até mesmo com os mais precisos e fáceis métodos de alfabetização, é explicado não pelo fato de que o ensino da leitura não possa ser uma disciplina escolar, mas devido a que todos esses métodos não levam em consideração o mais importante e, em vez da fala escrita, oferecem à criança hábitos de escrita sobre os quais o próprio autor diz:

> Na relação entre o saber ler e escrever e o saber falar, saber vestir-se e despir-se sozinha, o saber desenhar de forma elementar não há uma diferença marcante. O mérito de Montessori é que ela mostrou que o saber escrever é significativamente uma capacidade puramente muscular.

Vemos exatamente aí o ponto mais frágil do método de Montessori. Para ela, como vimos acima, a escrita é uma atividade puramente muscular e, por isso, suas crianças escrevem cartas sem sentido. Entre o saber escrever e o saber vestir-se há uma diferença fundamental e isso nós tentamos sublinhar ao longo de todo nosso artigo. O momento motor muscular que, na escrita, desempenha, sem dúvida, um enorme papel, é um momento subordinado e é exatamente isso que explica o fracasso de Montessori.

Stern contesta a opinião de Montessori de que se deve ensinar a leitura à criança aos 4 anos e não considera ocasional que, em todos os países cultos, o início do ensino da leitura e da escrita coincide com o início do sétimo ano de vida da criança. Para reforçar isso, ele se refere à observação de que é exatamente a pobreza das brincadeiras nos jardins de Montessori que desperta as crianças para a escrita e a leitura. Nos jardins organizados pelo sistema de Fröbel,[19] em que as crianças têm bem mais atividades, observações e trabalhos voltados para a fantasia e os interesses de autonomia na brincadeira, raramente

---

[19] Friedrich Wilhelm Fröbel (1782-1852) – pedagogo alemão, considerado um "educador do povo". Trabalhou com Johann H. Pestalozzi, fundou uma casa para educação de crianças e criou o movimento do jardim de infância. Reconheceu que o desenvolvimento das crianças ocorre por etapas e pode ser impulsionado por meio de novos materiais de jogos e de trabalho. (N.T.)

observam-se casos em que crianças dessa idade manifestassem interesse em relação à leitura e à escrita. O mais importante é que essa opinião obtém uma confirmação indireta pela observação de como, sem influências didáticas, a criança chega à necessidade da leitura e da escrita.

Como diz Stern, o amadurecimento dessa capacidade percorre outras vias. Todas as nossas investigações apresentadas acima tinham como objetivo mostrar em que medida o saber ler e escrever diferencia-se de modo marcante do saber vestir-se e despir-se. Tentamos mostrar a peculiar complexidade da via pela qual a criança chega ao ensino da escrita. A grosseira simplificação das tarefas com as quais se depara normalmente, na análise psicológica do processo pedagógico, reflete-se com mais nitidez no exemplo da escrita, quando até os melhores pedagogos são inclinados a analisar os dois hábitos de escrever e de se vestir como semelhantes. Quando lemos as cartas das crianças de Montessori e nos impressionamos com a caligrafia, é impossível desfazer-se da impressão de que, diante de nós, estão crianças que aprenderam a bater nas teclas, mas são surdas para a música provocada por seus dedos.

O terceiro postulado que tentamos apresentar como uma conclusão prática de nossas investigações é a exigência de um ensino natural da escrita. Montessori fez muito a esse respeito. Ela mostrou que o aspecto motor dessa atividade pode realmente ser provocado no processo natural de brincadeira, que não é preciso impor a escrita, mas fazer brotar e, assim, ela apresentou o caminho natural da escrita.

Indo por esse caminho, a criança chega à escrita como um momento natural em seu próprio desenvolvimento e não como um adestramento externo. Montessori mostrou que o fenômeno natural, ao longo do ensino da leitura e escrita, é o jardim de infância. Isso significa que o melhor método de ensino não é aquele com o qual as crianças aprendem a escrever e a ler, mas aquele em que os dois hábitos se configuram como objeto da brincadeira. Para isso, é preciso que a letra se torne elemento da vida infantil como o é, por exemplo, a fala. Da mesma forma que as crianças por si sós aprendem a falar, elas devem sozinhas aprender a ler e escrever. O recurso natural de ensino da leitura e da escrita é a influência do ambiente que cerca a criança. A leitura e a escrita devem se tornar necessárias na brincadeira. Mas, o que Montessori fez em relação ao aspecto motor desse hábito, precisa ser feito também em relação ao aspecto interno da fala escrita, sua assimilação funcional. É preciso também, naturalmente, levar a criança à compreensão interna da escrita, fazer com que a escrita não se caracterize como ensino, mas como desenvolvimento organizado da criança. Para isso, podemos indicar apenas o caminho mais geral. Assim como o trabalho manual e o domínio dos traços são exercícios preparatórios, em Montessori, para o desenvolvimento do hábito da escrita, da mesma forma, os momentos por nós indicados, o desenhar e a brincadeira devem tornar-se etapas preparatórias do desenvolvimento da fala escrita infantil. O pedagogo deve organizar as ações da criança, a passagem complexa de um modo de fala escrita para o outro. Ele deve fazer com que ela passe pelos momentos críticos até a descoberta de que é possível desenhar não apenas objetos, mas a fala.

 Caso quiséssemos resumir todas essas exigências práticas e expressá-las de uma única forma, poderíamos dizer que a análise dessa questão nos leva à exigência de ensinar a fala escrita e não a escrita das letras para a criança.

 Montessori ensinou com seu método não apenas crianças normais, mas também as com retardo mental com a mesma idade intelectual. Assim, como dizem corretamente, desenvolveu o método de Séguin[20] aplicado às crianças com retardo mental.

Diz ela:

> Consegui ensinar a um número pequeno de pessoas com retardo mental a escrever ortográfica e caligraficamente com o mesmo sucesso que podia forçá-las a aceitar a participar do exame com as crianças normais na escola pública. Elas passaram pelo exame muito bem.

Desse modo, obtivemos duas orientações extremamente importantes. Em primeiro lugar, para a criança com retardo mental da mesma idade intelectual, os processos de ensino da leitura e da escrita são acessíveis. Mas, nesse caso, manifesta-se com mais nitidez a ausência da mesma exigência da escrita essencial e do ensino da fala escrita de que falamos acima. É exatamente com base nesses métodos que Heller[21] rejeita o princípio de Montessori, mostrando que, nessa idade, as crianças ainda alcançam a compreensão das palavras escritas, e isso é uma mágica que não tem nenhum valor pedagógico. Com frequência, a capacidade mecânica de ler retarda, em vez de promover o desenvolvimento cultural da criança e, segundo ele, o início do ensino da leitura e da escrita não deveria começar antes de a criança atingir a maturidade psicológica necessária para o domínio da fala escrita.

---

[20] Édouard Séguin (1812-1880) – médico e educador nascido na França. É conhecido por seu trabalho com crianças com deficiência cognitiva. Estudou e trabalhou com Jean Marc Gaspar Itard. Criou a primeira escola privada, em Paris, para educação de indivíduos com deficiência intelectual. Em 1846, publicou *Traitement moral, hygiène et education des idiots* [*Tratamento moral, higiene e educação de idiotas*], considerado o mais antigo texto sistemático sobre as necessidades especiais de crianças com deficiência intelectual. (N.T.)

[21] Theodore Heller (1869-1938) – educador austríaco que descreveu, em 1908, o que hoje é conhecido como Transtorno Desintegrativo da Infância (doença ou síndrome de Heller ou ainda *dementia infantilis*). (N.T.)

No que se refere ao método de ensino, Heller também se manifesta pelos recursos da educação pré-escolar, para que a escrita e a leitura da criança sejam preparadas pelo desenhar e surjam no processo da brincadeira e não do ensino escolar. A importância do domínio da fala escrita como tal e não apenas da escrita, externa e gramaticalmente correta, é tão grande que muitos estudiosos dividem as crianças com retardo mental entre as que leem e as que não leem.

Realmente, ao separar as crianças com retardo mental pelo grau de domínio da fala, é preciso dizer que o idiota é um ser humano que não domina a fala em geral; o imbecil domina apenas a fala oral; o débil é capaz de dominar também a fala escrita. Porém, o mais importante e mais difícil não é ensinar o domínio do mecanismo da leitura e da escrita a um débil, mas ensiná-lo a ler e expressar por escrito suas ideias. Sabemos pelo que já foi dito que uma mesma tarefa exige maior poder criativo de uma criança com retardo mental do que de uma criança normal. Para dominar a fala escrita, a criança com retardo mental precisa empregar mais suas forças criativas; isso para ela é um ato muito mais criativo do que para a criança normal e, realmente, podemos observar, nos experimentos, como as crianças com retardo mental com muita dificuldade e grande consumo de forças criativas perfazem os mesmos momentos importantíssimos e revolucionários no desenvolvimento da fala escrita que observamos nas crianças normais. Assim, pode-se dizer que o ensino da compreensão do que é lido e o próprio desenvolvimento dessa leitura é a coroação de qualquer desenvolvimento cultural de que é capaz a criança com retardo mental.

No exemplo das crianças cegas, vimos como se fosse uma comprovação experimental do grau em que o ensino da leitura e da escrita difere de um simples hábito motor, de uma simples atividade muscular. Seu hábito é completamente outro; o conteúdo da atividade muscular é profundamente diferente, a escrita tem outro aspecto motor, ainda que o seu aspecto psicológico, nessas crianças, permaneça o mesmo. A criança cega não pode dominar a fala escrita como um sistema de signos visuais e, por isso, encontramos um atraso enorme no desenvolvimento de toda sua atividade relacionada aos signos, como tivemos a oportunidade de constatar em relação ao desenvolvimento da fala. A ausência do desenhar atrasa muito o desenvolvimento da fala escrita na criança cega, mas suas brincadeiras fictícias em que o gesto atribui significado e sentido ao objeto levam-na à escrita pelo caminho direto. Os cegos leem e escrevem com a ajuda de pontos em relevo que significam as nossas letras. A grande peculiaridade desse hábito motor (leitura com os dois dedos) explica-se porque toda a percepção tátil se estrutura de forma diferente da visual.

Poderíamos pensar que diante de nós está um hábito motor completamente outro, mas que psicologicamente, diz Delacroix, o processo de ensino à criança cega coincide com o da criança que enxerga. Da mesma forma, a atenção passa gradualmente dos signos para o significado e os processos de compreensão são elaborados e estruturados seguindo o mesmo caminho. No desenvolvimento da escrita das crianças cegas, vemos um exemplo nítido do caminho que segue o desenvolvimento cultural na criança anormal. Ali onde se encontra a divergência entre o sistema de signos elaborado no processo de desenvolvimento histórico e o seu próprio desenvolvimento, criamos uma técnica cultural especial, um sistema especial de signos que, psicologicamente, realiza a mesma função.

A peculiaridade do desenvolvimento da fala escrita no surdo-mudo foi subestimada até hoje. No ensino da fala aos surdos-mudos, há um erro crucial, o de ensiná-los, inicialmente, a fala oral e, depois, a escrita. No entanto, essa relação deve ser inversa. O principal tipo de fala, o simbolismo de primeira ordem para a criança surda-muda deve ser a fala escrita. Ela deve aprender a ler e escrever assim como a nossa criança aprende a falar. A fala oral deve estruturar-se nela como leitura do que foi escrito.

Na Alemanha, Lindner[22] propaga a fala escrita como um recurso fundamental para o desenvolvimento verbal da criança surda-muda e está completamente correto. Ensinar à criança surda-muda a fala escrita, no pleno sentido dessa palavra, e não a caligrafia, torna possível conduzi-la, por um único caminho, a estágios superiores de desenvolvimento a que ela nunca chegaria por meio da relação de convivência com outras pessoas, mas pode chegar por meio da leitura de livros.

---

[22] Gustav Adolf Lindner (1828-1887) – filósofo e pedagogo tcheco, defensor das teorias de Herbart e Spencer. (N.T.)

SOBRE A ANÁLISE PEDOLÓGICA DO PROCESSO PEDAGÓGICO[1]

A análise pedológica abrange tanto o aspecto da educação quanto o da instrução da criança. Neste momento, contudo, concentraremos nossa atenção no problema da análise pedológica dos processos de instrução da criança, já que o outro aspecto exige exame específico.

Apesar de ser unânime a ideia de que a análise do processo pedagógico é o centro do trabalho pedológico na escola, dado o que observamos, nenhum outro aspecto desse trabalho é tão pouco estudado e efetivo quanto esse processo. Parece-nos que isso se explica por duas circunstâncias. Por um lado, pela separação entre a teoria da pedologia e o trabalho prático, o que, infelizmente, persiste até os dias de hoje e manifesta-se pelo fato de as questões teóricas secundárias, não raramente, aparecerem como focos centrais do trabalho pedológico. Por essa razão, o trabalho prático organiza-se de forma mais ou menos espontânea. Por outro lado, as questões da análise pedológica do processo pedagógico não foram elaboradas teoricamente.

---

[1] Estenografia de palestra proferida no Instituto Epstein de Defectologia Experimental, em 17 de março de 1933. (N.E.R.)

Normalmente, problemas secundários relacionados à pedologia, em geral, são elaborados de forma relativamente intensa, porém, os problemas do desenvolvimento intelectual da criança e das relações deste com a instrução escolar, costumeiramente, permanecem pouco explorados do ponto de vista teórico. Como resultado, cria-se uma situação que não satisfaz nem à escola nem aos pedólogos, que são os que têm o direito de esperar algo mais definido e sólido do que realmente recebem.

Na realidade, a que se resume a assim denominada análise pedológica do trabalho pedagógico na escola? Na maioria das vezes, ela tem caráter de pronto-socorro: o pedólogo assiste a uma aula qualquer com lápis e papel em mãos e permanece, durante a aula inteira, registrando tudo detalhadamente. Depois, ele a analisa em termos de considerações gerais: o quanto as crianças estavam interessadas, o quanto estavam atentas etc. Nos melhores casos, o resultado é uma análise metodológica da aula e, quando o pedólogo é relativamente experiente no que diz respeito à análise metodológica, ele assume, diante do pedagogo, o papel de consultor, de instrutor, de ajudante ou, simplesmente, de segundo pedagogo-assistente. Caso ele próprio, como acontece frequentemente, não seja um especialista na metodologia de uma determinada disciplina, a análise pedológica do processo pedagógico resume-se a orientações gerais sobre a metodologia de organização da aula, a saber, toda aula deve provocar o interesse das crianças, atrair sua atenção, desenvolver-se de forma que possibilite a alternância de atividades, possuir certa dinâmica etc.

Antes de tudo, tentaremos definir o conteúdo do conceito que se costuma denominar com o termo "análise pedológica". Essa é a primeira questão.

A segunda questão será sobre os meios, caminhos e métodos para a realização dessa análise. Para responder a essas questões, parece-nos mais correto evitar a sua formulação abstrata e nos apoiar em resultados que a pedologia dispõe sobre as análises pedológicas corretas, realizadas em diferentes áreas da instrução escolar.

Se tentarmos simplificar a questão e imaginá-la esquematicamente, fica claro que existem dois pontos de vista contrários a respeito do conteúdo da análise pedológica. Esses dois pontos de vista embaralham-se na análise pedológica em nosso meio. No entanto, eles não são bem fundamentados e devem ser refutados em prol de um terceiro ponto que tentaremos defender aqui.

Seguindo a ordem cronológica, o primeiro é: supõe-se que a criança passa por certos processos de desenvolvimento que são pré-requisitos para a possibilidade de instrução escolar. Esse desenvolvimento deve preceder a instrução. A instrução apoia-se nos ciclos finalizados do desenvolvimento infantil. A tarefa do pedólogo ou do psicólogo consiste em caracterizar o andamento do desenvolvimento infantil e, posteriormente, a instrução deve ser adaptada às suas leis. Na realidade, muitas vezes, indagam-nos sobre a capacidade pedagógica de determinada idade: deve-se realmente alfabetizar as crianças aos 8 anos, quando chegam à primeira série, ou pode-se ensiná-las aos 5 anos, como se faz em alguns jardins de infância, ou aos 7, como acontece nas classes preparatórias?

Do que realmente depende a solução dessa questão, ou seja, quando se deve iniciar a alfabetização da criança? Isso dependerá do seu processo de desenvolvimento. Para iniciar sua alfabetização, é necessário que suas funções psíquicas amadureçam, atinjam um determinado nível de desenvolvimento. Por exemplo, não seria possível alfabetizar uma criança de 3 anos, pois ela ainda não tem a atenção suficientemente desenvolvida (não consegue se concentrar durante longo tempo numa só atividade), sua memória não está desenvolvida o bastante (não consegue memorizar o alfabeto), seu pensamento não está suficientemente desenvolvido etc.

Os adeptos desse ponto de vista consideram que a memória, a atenção e o pensamento desenvolvem-se por leis próprias como certas forças naturais e devem atingir um determinado nível. Somente então a instrução escolar torna-se possível. Assim, a relação entre instrução e desenvolvimento é interpretada como se estas fossem duas linhas independentes. Uma delas seria o processo de desenvolvimento da criança e a segunda, o de instrução escolar. A solução seria adaptar o processo de ensino escolar ao andamento do desenvolvimento da criança.

Esse ponto de vista é defendido, particularmente, pelo famoso pesquisador Piaget.[2] Para ele, as crianças até 11 anos não dominam o pensamento, ou seja, não dominam o processo de estabelecimento da relação causa/efeito; por isso, é-lhes inútil a instrução em ciências naturais e sociais antes dos 11 anos.

Frequentemente, utiliza-se uma comparação que consiste na ideia de que a pedagogia está para a pedologia assim como a técnica para a física. A física estabelece as leis da natureza como tais e a técnica as utiliza. Da mesma forma, a psicologia e a pedologia estabelecem as leis do desenvolvimento infantil e a pedagogia constrói a instrução da criança sobre os fundamentos dessas leis. Esse ponto de vista, apesar de ser o mais antigo, é o mais atual. Está baseado no fato de uma série de pedólogos, pedagogos e psicólogos, até hoje, supor que o desenvolvimento intelectual da criança depende diretamente da maturação do cérebro. Uma vez que o pensamento é a função principal do cérebro, então, o desenvolvimento do pensamento seria função do desenvolvimento cerebral, havendo uma dependência direta entre diferentes níveis de amadurecimento do cérebro e níveis

---

[2] Sobre Jean Piaget, cf., neste volume, a nota nota 14, p. 97. (N.T.)

de desenvolvimento do pensamento. Então, se uma criança pequena não pensa como uma criança de 7 anos, isso acontece porque seu cérebro não amadureceu. Dessa forma, o processo de desenvolvimento é análisado como um processo de caráter orgânico.

Com relação a esse ponto de vista, na prática das escolas americanas e europeias de vanguarda, foram introduzidas três correções importantes que o reduziram quase a zero.

A primeira correção é a seguinte: se o nível de desenvolvimento da criança, no momento atual, não permite que ela domine a relação causa/efeito, será que isso significa que se deve descartar do material escolar tudo que não corresponda a esse nível de desenvolvimento do raciocínio da criança? Não. O raciocínio de causalidade está pouco desenvolvido e é exatamente por isso que a escola deve ocupar-se do desenvolvimento dessa função com maior atenção, dedicando-lhe mais tempo. A escola não precisa se ocupar do que está suficientemente desenvolvido, por exemplo, as percepções que se desenvolvem antes do período escolar. Na escola, não é preciso ensinar a ouvir, a ver etc. Outro exemplo ocorrido em uma escola auxiliar.[3] Na pedagogia da escola auxiliar, desenvolveu-se o seguinte dogma: se, nas crianças com retardo mental, o pensamento abstrato é mal desenvolvido, então, a instrução deve ser calcada em métodos visuais. Muitas escolas trabalhavam assim até ficar claro que isso paralisava o pensamento abstrato. O novo lema na área da pedagogia da escola auxiliar, particularmente na Alemanha, é exatamente o contrário, mais precisamente: se a criança com retardo mental apresenta o pensamento abstrato

---

[3] Na União Soviética, a escola auxiliar corresponderia ao que, no Brasil, chamamos de escola especial. (N.T.)

pouco desenvolvido, então, a escola tem a obrigação de reforçar o trabalho para o desenvolvimento dessa função.

Essa primeira correção demonstra que o nível de desenvolvimento da criança não deve ser o critério do que se pode ou não explicar à criança.

A segunda correção consiste no que já foi estabelecido: os processos de desenvolvimento infantil representam o estágio superior de processos complexos que não podem, em geral, ser bem caracterizados por um único nível. Foi daí que surgiu a teoria que recebeu a denominação de teoria de nível duplo, nos trabalhos americanos. Ela tem um importante significado porque demonstra, na prática, o quanto é capaz de reconstruir o trabalho pedológico ou psicológico do processo escolar.

A ideia consiste no seguinte. O desenvolvimento da criança é um processo ininterrupto de mudança. Pergunta-se: ele pode ser definido apenas pelo nível presente, ou seja, pelo nível do que a criança pode fazer no momento atual e do que a criança sabe? Isso significaria admitir que o desenvolvimento acontece sem qualquer preparação; significaria considerar que o desenvolvimento começa apenas quando se torna visível. Na realidade, é claro que a preparação existe sempre, que o desenvolvimento da criança e os seus processos têm um período embrionário específico. Da mesma forma que o nascimento da criança não começa no momento em que ela nasce, mas na concepção, assim, na verdade, o seu nível de desenvolvimento também é preparado. Falando de forma mais concreta: determinar o desenvolvimento infantil pelo nível do que já amadureceu até o dia de hoje significa recusar-se a entendê-lo. Para eliminar essas falhas, Meumann[4] e outros pesquisadores introduziram

---

[4] Sobre Ernst Meumann, cf., neste volume, a nota 9, p. 93. (N.T.)

alterações que levaram à correção no campo da teoria e da prática da análise pedológica.

Essencialmente, de acordo com essa ideia, supondo que, se no dia de hoje, a criança manifeste certos conhecimentos e capacidades amadurecidas, logo, algumas funções estariam, de forma imatura, no fluxo de desenvolvimento e o impulsionariam para frente. Então, a tarefa da investigação pedológica não seria apenas definir o que deu frutos no dia de hoje, mas também o que foi semeado, o que ainda está brotando e somente amanhã trará alguns frutos, ou seja, deve-se abordar a questão da determinação do nível de desenvolvimento de forma dinâmica. Pesquisas permitiram aos pedólogos pensar que, no mínimo, deve-se verificar o duplo nível do desenvolvimento infantil, ou seja: primeiramente, o nível de desenvolvimento atual da criança, isto é, o que hoje já está amadurecido e, em segundo lugar, a zona de seu desenvolvimento iminente, ou seja, os processos que, no curso do desenvolvimento das mesmas funções, ainda não estão amadurecidos, mas já se encontram a caminho, já começam a brotar; amanhã, trarão frutos; amanhã, passarão para o nível de desenvolvimento atual.

Pesquisas mostram que o nível de desenvolvimento da criança define-se, pelo menos, por essas duas grandezas, e que o indicador da zona de desenvolvimento iminente é a diferença entre esta e o nível de desenvolvimento atual. Essa diferença apresenta um grau muito significativo no processo de desenvolvimento de crianças com retardo mental em relação ao de crianças normais. A zona de desenvolvimento iminente em cada uma delas é diferente. Crianças de diferentes idades possuem diferentes zonas de desenvolvimento. Assim, por exemplo, uma pesquisa mostrou que, numa criança de 5 anos, a zona de desenvolvimento iminente equivale a dois anos, ou seja, as funções, que, na criança de 5 anos, encontram-se em fase embrionária, amadurecem aos 7 anos. Uma criança de 7 anos possui uma zona de desenvolvimento iminente inferior. Dessa forma, uma ou outra grandeza da zona de desenvolvimento iminente é própria de etapas diferentes do desenvolvimento da criança.

Do que se investigou sobre a zona de desenvolvimento iminente, concluiu-se que a instrução deve ajustar-se não ao nível do desenvolvimento atual, mas à zona de desenvolvimento iminente.

Finalmente, foi introduzida a terceira correção essencial que, junto às anteriores, praticamente não anula a ideia a respeito do que falamos antes. Ela consiste no seguinte: apesar de ser necessário levar em conta o desenvolvimento das funções da criança, como ocorrem segundo suas próprias leis, deve-se considerar, ao mesmo tempo, que essas leis adquirem diferentes expressões dependendo do fato de a criança estar ou não sendo instruída.

Seguindo nesse sentido, somos levados a concluir que o que descrevemos anteriormente é inconsistente do ponto de vista teórico. Foi posto em dúvida o postulado de que o processo de desenvolvimento caminha por si só, independentemente da instrução da criança, embora tal instrução empregue e utilize tecnicamente aquele processo. Passou-se a afirmar que a própria instrução é um fator poderoso, ou seja, uma força eficaz que direciona, acelera, freia, agrupa os processos de desenvolvimento infantil. O primeiro a dizer isso foi Thorndike,[5] no livro sobre

---

[5] Edward Lee Thorndike (1874-1949) – psicólogo estadunidense. Iniciou seus estudos de Psicologia na Universidade Harvard, Estados Unidos, onde foi discípulo de William James. Um dos aspectos da psicologia que particularmente o fascinava, era o estudo do aprendizado dos animais. Posteriormente, passou a estudar com Cattell, na Universidade Columbia, para onde se transferiu, a fim de prosseguir seus estudos. Thorndike esteve na origem do surgimento do condicionamento operante, pois foi baseando-se nas suas primeiras experiências (descobriu que um ser vivo em resposta a uma consequência agradável tende

a psicologia da aritmética, em que afirma que instrução é desenvolvimento. Não existiriam duas linhas – desenvolvimento e instrução –, mas a instrução seria ela própria o processo de desenvolvimento. Este se expressaria por meio da aquisição de novos hábitos, pela possibilidade de resolução de problemas conhecidos etc.

Quando Meumann se refere à memória, à percepção e à definição do nível de desenvolvimento, alude à adaptação, à divisão do ensino de aritmética em diferentes processos; Thorndike, por sua vez, diz que o ensino de aritmética é o caminho do desenvolvimento que a criança deve percorrer sob a orientação da escola. Por isso, seria preciso escolher, antes de tudo, um sistema racional por meio do qual a criança adquirisse, consecutivamente, um sistema definido de saberes e habilidades, pois a aquisição destes seria o processo de desenvolvimento, ou seja, um coincidiria com o outro.

Foi Koffka[6], o representante da psicologia estrutural alemã, que resolveu conciliar esses dois pontos de vista radicais em seu trabalho sobre o desenvolvimento infantil. Contudo, ao que nos parece, foi infeliz. Segundo ele, o processo de desenvolvimento infantil constitui-se de processos de maturação – assim como supunha o velho ponto de vista – e de processos de instrução. Ou seja, a instrução é um processo de desenvolvimento. Dessa forma, o desenvolvimento possuiria dois caminhos: desenvolvimento como maturação e desenvolvimento como instrução. No seu percurso, esses processos seriam diferentes, mas pelos

---

a repetir o comportamento e faz exatamente o contrário quando recebe uma consequência desagradável) e B. F. Skinner desenvolveu a sua teoria sobre este processo de aprendizagem. O termo empregado em aprendizagem pode ser mantido proveitosamente no seu abrangente sentido tradicional para descrever a redisposição de respostas em uma situação complexa.

[6] Sobre Kurt Koffka, cf., neste volume, a nota 13, p. 96. (N.T.)

resultados seriam a mesma coisa. Os dois pontos de vista encontram seguidores para utilizá-los e unificá-los.

Parece-nos que, na base da análise pedológica do processo pedagógico, em geral, encontram-se mesclados exatamente esses dois pontos de vista. Quando se analisa o processo pedagógico numa aula, adota-se o mesmo ponto de vista, o de que desenvolvimento é instrução, ou seja, que o desenvolvimento da criança caminha passo a passo, paralelamente à instrução escolar, como a sombra projetada pelo objeto. Esse é o ponto de vista de Thorndike. Ao mesmo tempo, diz-se, por exemplo, que um determinado programa não serve para crianças de uma determinada idade; assim sendo, supõe-se que os próprios processos de maturação precisam atingir um determinado nível para ser possível realizar um certo programa com crianças de certa idade. Em sua fusão mais grosseira, eis os dois pontos de vista que formam a base do trabalho teórico usual sobre a análise do processo pedagógico, em nosso país.

Os dois pontos de vista que descrevemos não são sustentáveis. Com base nas etapas já percorridas do desenvolvimento do pensamento pedológico, a ideia deve ser formulada de outro modo. Vamos descrever essa fórmula, agora, de modo abstrato e esquemático para, posteriormente, preenchê-la com conteúdo concreto. Em primeiro lugar, seria incorreto identificar os processos de instrução com os processos de desenvolvimento da criança. Não são a mesma coisa. Não é a mesma coisa se, hoje, eu tiver aprendido como escrever à máquina ou tiver desenvolvido a compreensão das relações e interdependências de causa-efeito. Parece-me que não é a mesma coisa eu ter apenas adquirido conhecimentos por meio de um determinado curso de anatomia humana ou ter avançado o meu pensamento abstrato. Existe diferença entre os processos de instrução e os processos de desenvolvimento. Por isso, é incorreto identificá-los, como também supor que o processo de desenvolvimento da criança ocorre de forma independente dos processos de instrução.

Na escola, lidamos com dois processos diferentes – o de desenvolvimento e o de instrução. Tudo está na relação entre esses dois processos.

Agora, depois de destacarmos os pontos de vista fundamentais sobre a relação entre instrução e desenvolvimento, passamos a discorrer sobre os principais resultados da análise da instrução escolar para chegar a uma conclusão geral, armando-nos com material concreto. Ou seja, estabelecer qual é a relação entre o processo de instrução e o processo de desenvolvimento e o que deve fazer o pedagogo para apoiar este último processo. Iniciemos pelo ensino da língua como o mais geral: se considerarmos o processo de ensino da língua na idade escolar, veremos que a tarefa principal é que a criança domine a fala escrita e a oral. A criança que chega à escola já sabe a língua materna, mas aí ela adquire conhecimentos da língua culta. Qual seria o caminho correto para avaliarmos o processo de ensino da leitura e escrita pelo qual passa a criança? Pode-se pensar que o desenvolvimento da escrita é um mero processo de instrução, assim como o jogo de tênis e o andar de bicicleta, ou seja, são hábitos motores que não se assemelham ao desenvolvimento. Podemos analisar de forma diferente, mais precisamente, que esse processo de estabelecimento de hábitos ligados à leitura e à escrita, ou seja, que o estabelecimento de associações entre a letra e o som, na escrita e na leitura, é o próprio processo de desenvolvimento. Assim, surgiu a fórmula clássica contra a qual, agora, estão voltadas as pesquisas que se orientam para uma nova direção. Esse ponto de vista diz que a leitura e a escrita não representam nada de novo para a criança, que a fala escrita não é nada mais que a tradução da fala oral para os sinais escritos. Na leitura, seria o contrário, os sinais escritos são traduzidos para a fala oral. Entretanto, a pesquisa depara-se com um problema central cuja análise fomentou uma série de trabalhos sobre a psicologia da escrita e da leitura na escola. Verificou-se que uma regra comum para as crianças em diferentes países é que, em relação ao desenvolvimento da fala escrita, ou seja, da compreensão do texto e do saber escrever um texto, a criança de 9 anos que aprendeu a ler e escrever está significativamente atrasada em relação ao desenvolvimento de sua fala oral. Um menino de 9 anos que passou por dois anos de ensino escolar escreve como [fala][7] um menino de 2 anos, ou seja, a divergência entre a fala oral e a fala escrita é uma distância colossal de 7 anos. Posteriormente, essa distância muda um pouco, mas, durante todo o primeiro ciclo escolar, ela permanece significativa.

Pergunta-se: por que a criança de 9 anos que aprendeu a ler e escrever fala como uma de 9 e escreve como [fala] uma de 2 anos? Por que ela entende o conto que lhe foi transmitido por meio da fala oral como uma criança de 9 anos, mas compreende o conto impresso na cartilha da mesma forma que uma criança de 2 anos entende a fala oral? O que explica essa divergência colossal entre o nível da fala escrita e o da oral? Repito que as observações mostraram que crianças que dominam bem a fala oral escrevem com frases curtinhas compostas de duas palavras, ou seja, assim como fala uma criança com menos de 2 anos; na fala oral, essa mesma criança de 9 anos expressa-se com frases longas, com frases subordinadas etc.

Na fala escrita da criança de 9 anos, podemos ver substantivos e verbos; raramente adjetivos. Bem, na fala escrita

---

[7] Apesar de a palavra *fala* não aparecer no original russo, optamos por acrescentá-la na tradução para o português, pois, pelo sentido da frase, subtende-se que o autor refere-se à fala. (N.T.)

desta criança, a gramática e a sintaxe estarão grosseiramente deformadas.

Pesquisas realizadas por uma série de pedólogos apresentaram outra teoria (aqui, em nosso país, é o ponto de vista de Blonski[8]) – a teoria do deslocamento, de acordo com a qual, durante qualquer aquisição de uma nova função pela criança, repetem-se as dificuldades que ela encontrou ao dominar outra, uma função de mesmo gênero, quando tinha menos idade.

Assim, durante a aquisição da fala oral, a criança passou por etapas conhecidas de desenvolvimento e, de acordo com a teoria do deslocamento, durante a aquisição da fala escrita, ela deverá percorrer as mesmas etapas. Sob o prisma factual, não há como discordar dessa teoria. É certo que existe uma semelhança formal entre as etapas da instrução escolar da escrita e as etapas de domínio da fala oral pela criança.

Mas isso não explica nada. Isso somente apresenta um problema: por que isso acontece? Basta formular a pergunta – "por quê?" – para demonstrar toda a inconsistência de tal explicação. Por que a criança de aproximadamente 2 anos fala mal? Isso nós podemos entender: a criança de 2 anos tem um vocabulário pequeno, ainda é pouco desenvolvida, e não domina muitas formas sintáticas. Porém, para nós, é incompreensível o fato de a criança de 9 anos ainda escrever com um vocabulário tão pobre, posto que seu vocabulário para a fala escrita é o mesmo que o da oral e ela conhece as construções sintáticas. Seria fácil compreender essa diferença se os motivos desse fenômeno fossem os mesmos nos dois momentos. Mas o problema todo é exatamente esse: os motivos não são iguais. Pelo visto, ocorre o seguinte: após dois anos de instrução, na escola, a criança consegue dominar suficientemente as palavras, a leitura, a sintaxe, o mecanismo

---

[8] Sobre Pavel Petrovitch Blonski, cf., neste volume, a nota 15, p. 99. (N.T.)

de leitura e de escrita, mas ela usa a mesma sintaxe e o mesmo vocabulário da fala escrita de modo diferente do que emprega na fala oral. Pelo visto, tem lugar uma utilização totalmente diferente de tudo isso.

Então, surge a pergunta: será que, realmente, a fala escrita representa uma simples tradução da fala oral para sinais escritos? Os fatos dizem que a criança que narra animadamente suas impressões, escreve de forma incipiente, indolente e tola. O pesquisador alemão Busemann[9] chamou a atenção para o modo como a criança, que relata oralmente uma história de forma rica e animada, comporta-se de maneira totalmente diferente quando escreve uma carta. Ela escreve: "Querido, destemido Franz, escrevo uma carta para você. Seu Hans." A impressão é a de que, quando a criança passou da fala oral para a escrita, ficou mais boba. Numa conhecida pesquisa, pediu-se às crianças que descrevessem um quadro. Uma criança descreveu-o oralmente como algo completo, inclusive, as relações das partes entre si, porém quando começou a descrevê-lo, por escrito, revelou encontrar-se no primeiro ou segundo estágio (de denominação dos objetos e das ações). Se não nos detivermos nessas pesquisas, mas levarmos em conta apenas suas conclusões, poderíamos dizer que a fala escrita é muito difícil para o escolar e reduz sua atividade mental a um nível baixo, não porque contenha dificuldades que existiam em sua fala oral (precisamente, isso não existe), mas devido a outras circunstâncias.

Vejamos a primeira circunstância. Uma série de pesquisadores demonstrou que a fala escrita é mais abstrata que a oral.

---

[9] Adolf Busemann (1887-1967) – psicólogo alemão dedicado ao estudo da adolescência. Seus trabalhos contêm estudos comparativos de adolescentes de diferentes classes sociais, em áreas urbanas e rurais (Cf. nota à edição soviética Vigotski, L.S. *Sobranie sotchineni*. Moskva: Pedagoguika, 1984, p. 412, nota 95). (N.T.)

Fundamentalmente, é mais abstrata porque é uma fala sem entonação. A criança começa a perceber a entonação antes que a própria fala. Nós, adultos, entendemos a fala, em geral, ouvindo não as palavras em separado, mas frases inteiras. Para a criança pequena, passar da fala concreta à fala sem entonação musical, ou seja, à fala abstrata, à sombra da fala, é bem mais difícil do que passar dos objetos para a palavra. A criança pequena fala dos objetos que estão diante de seus olhos, mas não consegue falar deles quando não os tem diante de si. Por isso, passar de objetos concretos para a conversa traz para ela uma grande dificuldade. Uma dificuldade ainda maior, como demonstra Beringer,[10] é a passagem para a fala escrita que, nesse aspecto, é mais abstrata.

Passando à segunda circunstância, observamos que a fala escrita é abstrata, também no sentido de se realizar sem o interlocutor. Toda fala viva pressupõe uma situação em que eu falo e alguém me ouve ou em que alguém fala e eu o ouço. A criança está acostumada ao diálogo, ou seja, a uma situação em que ela fala e, na mesma hora, recebe uma resposta. Falar fora de uma situação implica um grande grau de abstração, pois é preciso imaginar o ouvinte, é preciso se dirigir a uma pessoa que não está ali naquele momento, é preciso imaginar como seria se outra pessoa estivesse ali. Novamente, isso exige uma certa abstração que ainda se mostra pouco desenvolvida na criança dessa idade. São muito interessantes as observações de Charlotte Bühler:[11] as crianças pequenas falam ao telefone de uma forma bem mais tola do que numa conversa comum.

---

[10] Sem informações sobre o autor citado. (N.T.)
[11] Charlotte Bühler (1893-1974) – psicóloga alemã que participou da fundação da Sociedade Americana de Psicologia Humanista (Cf. Werner F. Bonin *Diccionario de los grandes psicólogos* [*Dicionário dos grandes psicólogos*] México: Fondo de Cultura Económica, 1991, p. 74-75). (N.T.)

Mesmo depois que já a ensinaram a falar ao telefone, a estrutura de sua conversa é ainda mais primitiva do que a da conversa ao vivo, pois é bem mais difícil para ela falar com uma pessoa que não está vendo. Sabemos por observação que, mesmo entre nós, adultos, existe uma certa diferença.

Se atentarmos para esses momentos, ou seja, para uma fala sem sonoridade real, separada de toda a atividade que temos de fala e que acontece em silêncio, veremos que não é uma fala em seu sentido direto, mas uma simbolização sonora de símbolos, ou melhor, uma abstração dupla. Podemos dizer que a fala escrita está para a fala oral assim como a álgebra para a aritmética.

A fala escrita se diferencia da oral também pela motivação que se encontra no início do desenvolvimento da fala da criança. Como já se mostrou, a necessidade é uma condição prévia indispensável no desenvolvimento da fala oral, e uma série de crianças frequentemente não a desenvolve quando muito pequenas porque essa necessidade não surgiu. Em bebês normais, qualquer atividade está entrelaçada a uma situação social: o bebê é muito dependente e faz tudo com a ajuda dos outros – não pode comer sem a mãe, não pode vestir-se sozinho etc. Então, desenvolve-se a necessidade da fala ao mesmo tempo em que a fala oral ainda está ausente e é substituída por diversos recursos de imitação: gritos expressivos, balbucio, sinais etc. Assim, o desenvolvimento das necessidades da fala está à frente do desenvolvimento da fala oral.

Toda atividade precisa de uma fonte de energia que a alimente.

A fala sempre tem determinados motivos graças aos quais o ser humano fala.

No curso da fala oral, não é preciso inventar motivos: a cada novo meandro da conversa, surge a próxima frase necessária e, depois, a próxima que a complementa e assim por diante.

Dessa forma, a fala oral gera a motivação. Na fala escrita, nós mesmos precisamos criar a situação, criar os motivos da fala, ou seja, temos que agir de forma mais livre do que na fala oral. Wundt[12] já chamava a atenção para o modo como a fala escrita, desde o início, está ligada à consciência e à intenção, às funções volitivas. Uma série de pesquisas demonstra que, na fala escrita, a criança tem que ter um alto grau de consciência dos processos do falar. Ela aprende a dominar a fala oral sem essa consciência completa. A criança pequena fala, mas não sabe como fala. Na fala escrita, ela tem que tomar consciência do próprio processo de expressão das ideias em palavras.

Vamos nos deter nessa questão um pouco mais detalhadamente e, em função disso, abordaremos uma série de pesquisas relacionadas à gramática. Essas pesquisas nos parecem mais interessantes do que aquilo que é oferecido pela pedologia na área dos processos de instrução. Apresentamos, aqui, uma questão cardinal sobre a natureza do desenvolvimento mental da criança no processo de instrução escolar.

A gramática ocupa um lugar especial no processo de instrução da criança. Herbart[13] já chamava a atenção para o modo como a gramática representava uma exceção monstruosa no sistema geral das disciplinas escolares. Normalmente, essas disciplinas, e um exemplo pode ser a aritmética, diferenciam-se em função do resultado do processo de instrução que propicia à criança saberes e habilidades que ela não dominava ante-

---

[12] Sobre Wilhelm Wundt, cf., neste volume, a nota 8, p. 92. (N.T.)
[13] Johann Friedrich Herbart (1776-1841) – filósofo, psicólogo e pedagogo alemão, um dos fundadores da pedagogia científica. Autor da teoria clássica do ensino, que conferia primazia ao ensino das línguas clássicas (latim, grego) e das matemáticas. Essa teoria foi objeto de crítica ainda no século XIX, elaborando-se, em contraposição, a denominada teoria do ensino técnico. Nas décadas de 1920 e 1930, essa teoria foi bastante criticada pela pedagogia soviética. (N.T.)

riormente. A criança chega à escola sem saber multiplicar e dividir e, ao sair dela, domina essas habilidades. Porém, como diz Herbart, com o ensino da gramática, não propiciamos novos saberes, pois, antes de chegar à escola, a criança já sabe conjugar, declinar, formar orações sintaticamente corretas; a gramática não lhe ensina nada de novo que não soubesse fazer antes. Quando nós, adultos, estudamos línguas estrangeiras, de fato, começamos pela conjugação e declinação para aprendermos a falar corretamente. Mas a criança de 3 anos já domina a fala e, aos 5 anos, a conjugação e a declinação. Por isso, surgiu a ideia de que a gramática é uma coisa vazia e desnecessária, que obriga dogmaticamente a criança a bancar o sábio. No entanto, uma característica maravilhosa no ensino da gramática é que é possível dominar algum saber, valer-se dele sem se saber que se sabe. Pode-se conjugar sem se saber que se está conjugando etc. Em uma comédia de Molière, ocorre o seguinte: o personagem principal soube que falava em prosa pelo professor e que, diferentemente dos poemas, tal recurso denomina-se prosa. A criança pode falar em prosa, mas não sabe que fala assim. Quando se apresenta a questão sobre o que de novo ela adquiriu graças ao estudo da gramática e sobre por que ela é necessária, constata-se que a gramática tem um papel substancial. Se domino algum saber, não sei que o domino, emprego esse saber automaticamente. Mas quando é necessário fazer deliberadamente algo que faço de forma espontânea, fora de uma situação definida, torna-se difícil fazê-lo.

 Permitam-me apresentar experimentos feitos com crianças e com doentes. Muito frequentemente, em alguns distúrbios da fala, verifica-se que alguns doentes sabem dizer alguma coisa, mas não sabem que sabem fazê-lo. Nesse caso, quando precisam falar deliberadamente, não conseguem. Isso é demonstrado no experimento de Head.[14] Quando se pergunta ao doente: "Como se chama isto?" – e ele responde: "Eu não sei como se chama esta caixa", a experiência mostra que crianças reagem, primeiro, à semelhança e, depois, à diferença. A razão desse fenômeno consiste em que as crianças reagem, inconscientemente, à semelhança, mas para reagir à diferença é preciso fazê-lo conscientemente. Daí Claparède[15] extraiu uma lei segundo a qual a inadaptação obriga-nos a tomar consciência daquilo que fazemos.[16]

O mesmo ocorre no ensino da gramática. A criança conjuga e declina ao conversar, mas não sabe o que faz e como faz. Por isso, quando precisa fazer, deliberadamente, o que fazia de modo espontâneo, mostra-se incapaz. Vamos explicar isso com mais um exemplo: uma série de pesquisas experimentais mostrou o que se denomina de "teoria do vidro", segundo a qual, quando se olha para um objeto através de um vidro transparente, não se percebe o vidro. Da mesma forma, quando a criança fala, está tão absorvida pelo objeto e pela ideia que se encontra por trás de suas palavras e ações que não percebe as palavras que emprega, do mesmo modo que não percebemos o vidro transparente. Toda a atenção da criança está direcionada para o que está por trás das palavras. Por isso, ela não sabe como fala. Tomemos outro exemplo: quase ninguém consegue descrever como dar um nó num barbante, mas qualquer um sabe dar o nó. Algo

---

[14] Henry Head (1861-1940) – conhecido por seus trabalhos sobre sensibilidade cutânea e afasia. Seu principal livro é *Aphasia and kindred disorders of speech* [*Afasia e desordens similares da fala*]. New York: Cambridge University Press, 1926 (N.T.)

[15] Édouard Claparède (1873-1940) – neurologista e psicólogo suíço, estudioso da psicologia infantil. (N.T.)

[16] Provavelmente, ao ser feita a transcrição da palestra, não se atentou para a paragrafação, ou fez-se a elipse de algum termo ou expressão que permitisse estabelecer, com clareza, a relação entre as três últimas frases. (N.T.)

semelhante acontece à criança em relação à língua. Ela não percebe como fala. Por isso, quando fala, sabe fazê-lo mais ou menos automaticamente. Mas a fala escrita exige da criança, como mostrado anteriormente, uma construção deliberada. A criança deve prestar atenção ao modo como constrói a sua fala; ou seja, na fala escrita, ela deve perceber o vidro transparente.

A grande divergência entre a fala oral e a escrita ocorre porque, nesta última, a criança deve fazer, deliberadamente, o que faz, involuntariamente, na fala oral. Na fala escrita, ela deve direcionar a atenção não para a própria fala, mas para o que está por trás das palavras, por trás do vidro. A atenção da criança está tão absorvida pela estruturação deliberada do que ela sabe fazer espontaneamente que o sentido sofre demasiadamente. A criança mostra-se incapaz de fazer as duas coisas ao mesmo tempo. Vemos que entre o desenvolvimento da fala escrita e o ensino da gramática existe uma relação muito forte, pois um dos motivos particulares do mau desenvolvimento da fala escrita é o desconhecimento da gramática. Alguns pesquisadores interessados no assunto e que caminham nessa direção dizem que, na criança com retardo mental, o problema do domínio real da escrita é um problema real de domínio da gramática. Em todo caso, seja ou não assim, entre o desenvolvimento da compreensão gramatical e o da fala escrita, ou seja, entre a consciência da criança a respeito do que faz sozinha e a estruturação deliberada da fala escrita, há uma dependência enorme e direta.

Seria equivocado pensar que somente a fala escrita exige ação voluntária. Qualquer transmissão de ideias que carrega um determinado objetivo exige ação voluntária. Qualquer discurso, mesmo que feito de forma oral, representa um exemplo de fala não situacional, mas voluntária. A atenção daquele que fala deve estar amplamente direcionada ao próprio processo de estruturação da fala, diferentemente daqueles processos em que não pensamos sobre a fala, e esta se estrutura dependendo da situação. Muitas crianças com bom desenvolvimento mental encontram dificuldades para fazer o relato oral de uma simples história, ou seja, é a estruturação deliberada que é difícil para elas. Vamos adiante. A fala escrita encontra-se em outra relação, diferente da oral, no que concerne à fala interna. Na história do desenvolvimento da criança, a fala oral é a precursora da fala interna. A criança começa a falar em voz alta e, depois, a pensar em silêncio. A fala escrita desenvolve-se logo depois da fala interna e depende diretamente dela.

Passemos para uma série de pesquisas que apresentam, no plano genético, para a idade escolar, o fato que foi estabelecido na psicopatologia. Segundo Jackson,[17] corroborando a opinião de Head, a fala escrita é a chave para a fala interna. Realmente, a fala escrita supõe certa reflexão a respeito do que queremos dizer, ou seja, a gestação, na cabeça, do que queremos falar. Sabemos que a fala oral nunca acontece em duas linhas, isto é, inicialmente, formulamos a frase em silêncio e, depois, manifestamos a frase oralmente. A fala escrita exige o funcionamento ininterrupto da fala interna, depende diretamente dela.

Quando a criança escreve uma carta a um amigo que está em outra cidade, precisa movimentar-se na situação que criou. Ela vê diante de si uma folha de papel e um lápis. Para escrever, precisa ter motivos muito abstratos, internos; a situação não dita para ela o que deve dizer. Isso exige certa liberdade e um desdobramento da tessitura do sentido da carta. Além disso, graças à relação com a fala interna, surge, na fala escrita, outra sintaxe diferente da oral. Vamos explicar isso em algumas palavras.

---

[17] John Hughlings Jackson (1835-1911) – neurologista e fisiologista inglês, um dos fundadores da neurologia moderna (N.T.)

A fala interna é mais concisa, estenográfica, do que a fala oral e se estrutura de modo diferente. Por sua estrutura sintática, utiliza mais o estilo telegráfico. As conversas com troca de turnos são, como se sabe, agramaticais, quase exclusivamente compostas de predicados. Mas se devo narrar algo, minhas frases têm que ter o sujeito e o predicado e, algumas vezes, os complementos etc. Com relação à fala interna, sei qual é a minha ideia, sei sobre o que estou pensando, por isso, a minha fala interna é composta de uma corrente de predicados.

A fala escrita é desdobrada ao máximo, enquanto, na oral, podemos nos expressar de modo bem mais conciso e sintaticamente desconexo. Vocês sabem que existem muitas pessoas que falam da mesma forma que escrevem, ou seja, introduzem na fala oral uma abstração excessiva, como o fazem na escrita. A fala oral admite frases breves e resumidas. Se nos perguntam: "Quer um copo de chá?" – nunca iremos responder: "Não, obrigado, eu não quero um copo de chá"; responderemos de modo bem mais conciso. Assim sendo a fala oral ocupa um lugar intermediário entre a fala escrita e a interna. A escrita é uma fala sintaticamente organizada ao extremo, e a outra é uma fala concisa e resumida ao extremo. O escolar que deve dominar a fala escrita está diante de uma tarefa – passar da fala concisa ao extremo para a fala desdobrada ao extremo – que comporta tamanha dificuldade que não pode ser comparada ao domínio da fala oral.

O processo de transição da fala interna para a escrita é especialmente difícil porque a fala interna é fala para si, e a fala escrita é estruturada ao máximo para o outro que deve me entender e que não me vê no momento em que escrevo. Estamos nos referindo à combinação de atividades que, por sua natureza, são contraditórias na criança.

Se somarmos tudo que foi dito, torna-se compreensível a enorme divergência entre a fala oral e a escrita do escolar, já que devemos analisar esta última como um processo de surgimento de uma nova forma de fala, que se baseia em outras relações estruturais e funcionais, em comparação a outras formas de fala, que, por sua vez, possuem suas próprias leis de desenvolvimento.

Agora, nos deteremos em algumas conclusões da pesquisa sobre a leitura para, lançando mão delas, chegar a conclusões gerais. A principal conclusão a que nos levam as pesquisas contemporâneas na área da leitura é expressa em três posições. Primeiramente, uma posição geral, ou melhor, as duas posições negativas são as seguintes: assim como a fala escrita não é uma simples transição da fala oral para os sinais escritos, mas uma nova forma de fala que deve se concretizar por meio de sua aquisição pela criança, a leitura não é uma simples tradução de sinais escritos para a fala oral, mas um processo muito complexo. A terceira posição consiste no fato de que a leitura não é um processo inverso, como se supunha, em comparação à fala escrita. Binet[18] apresentava, de forma metafórica, a relação entre a leitura e a escrita como um movimento inverso de um mesmo processo. Ou seja, quase a mesma coisa que a relação entre duas viagens quando, na primeira, compro uma passagem de Paris para Lyon e, na segunda, compro a passagem de Lyon para Paris. Na realidade, essa posição não se justifica. Em comparação à fala escrita, a leitura é um processo de ordem completamente diferente, que a criança, independentemente da escrita, deve dominar.

Antes de mais nada, nos deteremos na natureza da leitura. Existem três particularidades nas quais é preciso concentrar nossa atenção. A primeira consiste em que a leitura não é o estabelecimento de uma simples associação entre sinais escritos e sons que correspondem àqueles. Ela é um processo complexo em que estão presentes, diretamente, processos

---

[18] Sobre Alfred Binet, cf., neste volume, a nota 18, p. 68. (N.T.)

psíquicos superiores, em particular, o pensamento. A leitura desenvolvida e a pouco desenvolvida guardam relação íntima com o desenvolvimento do pensamento. Essa tese foi comprovada em modelos experimentais de Thorndike. A ideia principal, segundo esse autor, consiste em que a leitura é um processo muito complexo que exige a ponderação de cada um dos muitos elementos da oração, sua organização em relações correspondentes entre si, a escolha de alguns significados possíveis e a recusa de outros, além da ação conjunta de muitas forças que definem a resposta final. Realmente, diz Thorndike, veremos que o ato de resposta a uma simples pergunta sobre um simples texto inclui todos os traços que são característicos de uma típica reflexão.[19]

Muitas crianças, diz Thorndike, não fracassam, em alguns momentos da leitura, em razão de não entenderem nem memorizarem fatos e princípios sem conseguir organizá-los e empregá-los, nem tampouco em razão de os entenderem e não conseguirem memorizá-los, mas fracassam porque não os entenderam de fato.[20]

Thorndike dava a crianças de várias turmas de escolas estadunidenses uma série de textos simples; depois, formulava perguntas que testemunhavam em que medida as crianças haviam entendido o texto oferecido. A pesquisa mostrou que, num estágio avançado de desenvolvimento, as crianças que entendem maravilhosamente bem a fala oral mostram-se demasiadamente atrasadas na compreensão de um texto simples, durante o processo de leitura.

Não vamos transcrever aqui os resultados da pesquisa, mas nos deteremos somente nas conclusões que demonstram que um

---

[19] Thorndike. *"Tchtenie kak michlenie"* [*Leitura como pensamento*]. (N.A.)
[20] *Id*. (N.A.)

texto simples se torna de difícil compreensão para a criança se ela atribui um significado muito amplo a uma determinada palavra e subestima o significado de outras, numa frase e no texto como um todo. Na fala oral, o auxílio para isso é a entonação. Acompanhando a lógica das acentuações e o desdobramento da entonação, a criança destaca o assunto do texto. Na leitura, a criança deve perfazer tudo isso de modo deliberado com relação à situação abstrata que se apresenta no texto impresso. Tudo isso demonstra que a compreensão do texto pressupõe a conservação do peso proporcional correspondente às palavras ou à alteração das proporções até que se apresente um resultado que atenda ao objetivo da leitura. A compreensão de uma história é semelhante à resolução de problemas de matemática. Ela consiste na seleção de elementos corretos das situações e da sua junção em correlações corretas, assim como na atribuição de um peso correto de influência ou grau de importância a cada um deles. A leitura de contos ou descrições, prossegue Thorndike, pressupõe a atividade analítica do pensamento que tem o mesmo tipo e a mesma organização que demarcam os processos intelectuais superiores.[21] Por isso, a correlação entre a leitura e a resolução de testes de complementos verbais, por analogia com os testes de Binet e outros, mostra-se demasiadamente alta.

Segundo Thorndike, a leitura incorreta ou inadequada ocorre devido ao fato de não se saber como refletir sobre as respostas, como analisá-las, aceitá-las ou negá-las, numa leitura rápida, assim que surgem. Muitos dos alunos que apresentam respostas erradas às perguntas sobre o que leram responderiam corretamente caso se conversasse com eles da seguinte forma: "Isso está certo ou não: o dia em que a menina não precisa ir à escola é o dia em que a escola funciona [?]. O dia em que a

---

[21] *"Tchtenie kak michlenie"* [*Leitura como pensamento*]. (N.A.)

menina não precisa ir à escola é no início do semestre?", e assim por diante.[22]

Sabemos que se pode ler deslizando pelas linhas e sentindo, aproximadamente, o assunto, sem, no entanto, fazer uma correspondência total com cada nuance de pensamento contido em cada frase e sem relacionar uma frase com a outra. Mas pode-se ler de tal forma que isso seja feito. Esse segundo processo é mais intimamente ligado à atividade intelectual superior. Se fizermos uma analogia com a fala escrita, podemos dizer que a criança não entende a leitura assim como entende a fala oral. Mas, durante a leitura, ela deve entender, deliberadamente, de tal forma que possa perfazer ativamente os processos que perfaz de modo mais ou menos espontâneo, durante a compreensão comum da fala oral. Por isso, diz Thorndike, na teoria da instrução, não devemos analisar a leitura do livro como um trabalho mecânico, passivo, estereotipado e que está num nível totalmente diferente do trabalho de cálculo ou de utilização do que foi lido.[23] Verifica-se que a leitura exige atividade intelectual; a leitura é mais intelectual, mais consciente, mais deliberada do que a compreensão da fala oral. Outras pesquisas também demonstram que o processo de leitura, o ensino da leitura está íntima e internamente ligado também ao desenvolvimento da fala interna e que, sem o desenvolvimento desta, ou seja, sem atribuir em silêncio nuances às palavras lidas, sem saber atribuir-lhes uma entonação interna, esse processo torna-se impossível.

Com essas considerações terminamos o relato sobre o material factual e chegaremos a algumas conclusões. Elas seriam mais convincentes e claras caso permitissem analisar substancialmente também outros aspectos, mas, em termos gerais,

---

[22] *Id.* (N.A.)
[23] *Id.* (N.A.)

conservam sua força ainda hoje. O que desvendamos com a análise da leitura, com a análise da escrita? Já sabíamos algo a esse respeito pela análise das ciências naturais, da aritmética, mas esse é outro lado do desenvolvimento da criança. Descobrimos algumas coisas importantes. Vamos formulá-las para analisá-las por partes e esclarecer o correto e o incorreto de cada uma.

Primeiramente, vimos que o processo de ensino da leitura não expressa o estabelecimento de uma corrente mecânica de habilidades análogas àquelas que acontecem quando aprendemos a escrever à máquina, a nadar ou a jogar tênis. As habilidades de leitura não expressam processos de treinamento e, ao mesmo tempo, já sabemos que elas não são um processo de desenvolvimento que coincide com o de instrução. Vimos que o conteúdo do desenvolvimento percorrido pela criança que está aprendendo a escrita não coincide com o caminho por que passa na escola durante as aulas. Nas aulas, mostram-lhe uma série de letras; no dia seguinte, cinco palavras; e, no outro dia, leem essas palavras. Pergunta-se: a marcha do desenvolvimento segue esses elos da instrução, assim como a sombra segue os objetos?

Mostramos, baseando-nos em pesquisas, que a fala escrita é mais abstrata do que a oral. Mas será que, durante o processo de instrução escolar da escrita, ensinamos a abstração? Será que ensinamos a intencionalidade, será que ensinamos a fala interna? Todavia, a criança precisa adquirir tudo isso para que a fala escrita se transforme em um patrimônio pessoal. Nesse ponto, os processos de desenvolvimento mostram-se não coincidentes com os de instrução.

O mesmo ocorre com a leitura. Se a leitura exige a compreensão de cada palavra em separado, será que ensinamos isso à criança nas aulas? Não. Nosso ensino possui um conteúdo totalmente diferente. Dessa forma, as pesquisas demonstram que os processos de desenvolvimento que a criança deve percorrer para conseguir dominar a leitura ou a fala escrita não podem, de forma alguma, ser identificados e fundidos com os processos de instrução no sentido estrito dessa palavra. Os processos de desenvolvimento da criança, os seus processos de domínio da fala escrita e da leitura não se movem como a sombra em relação ao objeto.

Consequentemente, com relação às questões sobre as quais falamos até agora, podemos dizer que não é correta a tese de que os processos de desenvolvimento são uma marcha definida que depende diretamente da maturação do cérebro, a de que o processo de desenvolvimento é também o processo de instrução e tampouco a que diz que o desenvolvimento é maturação *plus* instrução. Chegamos a outra compreensão das relações entre instrução e desenvolvimento. Parece que os processos de instrução despertam na criança uma série de processos de desenvolvimento interno, despertam no sentido de que os incitam à vida, os põem em movimento, dão partida a eles. No entanto, entre o curso desses processos de desenvolvimento interno despertados pela instrução e o dos processos de instrução escolar, isto é, entre a dinâmica de ambos, não existe paralelismo. Por isso, a primeira tarefa da análise pedológica do processo pedagógico parece ser o esclarecimento do curso dos processos de desenvolvimento mental que são despertados e incitados à vida pelo andamento da instrução escolar. Consequentemente, a base para que a criança se torne capaz de apreender as matérias escolares não é a constatação, passo a passo, de como se desenvolveram a sua atenção e a sua memória e sim o esclarecimento dos processos internos de desenvolvimento, como se estes fossem raios X dos processos de desenvolvimento que são incitados à vida pela instrução escolar. Em geral, o objeto de estudo da pesquisa pedológica, claro, não é a análise metodológica, mas a análise do desenvolvimento. Se o que as pesquisas mostram é correto, ou seja, que a criança que aprendeu a dominar a fala escrita domina uma forma de fala totalmente nova e relacionada a novas formas complexas de atividade, e que essa forma nova de atividade deve ser estabelecida e desenvolvida durante o processo de ensino da fala escrita, então, pelo visto, a tarefa da análise pedológica do processo pedagógico não é o esclarecimento, passo a passo, do ato de instrução, mas a análise dos processos de desenvolvimento interno que são despertados e incitados à vida pelo andamento da instrução escolar e dos quais depende a eficácia ou não eficácia dos processos de instrução escolar.

Já dissemos que, na escola, não ensinam propriamente nem a abstração nem a ação deliberada. No entanto, se com o auxílio da análise fosse possível mostrar como o andamento do ensino da fala escrita incita à vida esse processo de desenvolvimento em nossas crianças, isso significaria esclarecer para o professor o que acontece na cabeça da criança a quem está sendo ensinada a leitura. Isso lhe mostraria o que pode julgar não só pelas operações finalizadas, mas pelo que acontece na consciência do próprio aluno, no decorrer do tempo em que lhe são ensinadas a língua, a aritmética ou as ciências naturais. Consequentemente, a tarefa da análise pedológica do processo pedagógico é exatamente mostrar o que ocorre na cabeça da criança durante o processo de instrução de cada matéria e de cada segmento da instrução. Analisar pedologicamente o ensino da aritmética não significa que se deva explicar a lição, explicar as regras da soma etc., mas analisar o que não está na disciplina aritmética, por exemplo, verificar se a criança sabe subtrair e somar no sistema decimal e, ao mesmo tempo, não ter noção desse sistema (esse é o ponto central).

Costuma-se achar que a criança pode compreender qualquer conceito amplamente conhecido, por exemplo, das ciências sociais ou das ciências naturais (por exemplo, o que é o estado gasoso da solução e saber responder a essa pergunta), quando já é, para ela, uma palavra que faz sentido. Pensava-se que, no momento em que a criança soubesse expressar sua ideia, o processo de desenvolvimento estava finalizado. Contudo, pesquisas mostram que, nesse momento, o processo de desenvolvimento apenas começou, esse é o ponto de partida do desenvolvimento seguinte do conceito.

Somente após resultados de observações podemos dizer como se desenvolve o conceito na criança. A pesquisa mostra que o desenvolvimento dos conceitos científicos na criança coincide, em parte, com os conceitos cotidianos, porém se diferencia deles. Consequentemente, durante a análise das ciências naturais, a tarefa do pedólogo não consiste em verificar, numa aula concreta, o que a criança conseguiu ou não entender, mas mostrar quais são os caminhos fundamentais do processo interno de desenvolvimento dos conceitos que a criança deve percorrer, num determinado campo, sob a influência do ensino das ciências naturais, das ciências sociais etc. Parece-nos que uma definição diferente da análise pedológica do processo pedagógico leva a outras conclusões prático-metodológicas. Ela esclarece o que o pedagogo deve esperar da análise pedológica e o que é preciso fazer em relação a ela. É essa a ajuda que deve ser construída de forma um pouco diferente da que é estruturada, simples e diretamente, a serviço de cada segmento destacado ou de parte do processo pedagógico.

Vamos, agora, apresentar a hipótese principal que o resultado de pesquisas parece estabelecer como as reais relações que existem entre o processo de instrução e os processos de desenvolvimento da criança. Conhecemos duas teses: a primeira, que a fala escrita é, por assim dizer, uma aquisição nova, ou seja, uma determinada função nova que a criança precisa dominar e que não é alcançada senão no processo de desenvolvimento. No processo nu e cru de instrução ela não pode ser alcançada.

A segunda tese é que sabemos que a fala escrita não pode se desenvolver em qualquer idade, mas que todas as áreas de instrução sobre as quais falei – a fala escrita, a leitura, a gramática – giram o tempo todo em torno do próprio eixo, em torno de neoformações da idade escolar. Sabemos, não por acaso, que, na idade escolar, surge a fala interna, e se verifica que a leitura e a fala escrita giram em torno desse polo da fala interna. Sabemos que é central para a idade escolar o desenvolvimento das funções psíquicas superiores e, não por acaso, as funções novas de leitura e escrita giram em torno da intencionalidade. Sabemos que, na idade escolar, a criança passa para um novo estágio no desenvolvimento dos significados das palavras, ou seja, dos conceitos. Não por acaso, a assimilação dos conceitos das ciências sociais e naturais torna-se possível para a criança exatamente nesse estágio.

Dessa forma, não por acaso, a natureza de todos esses processos de instrução escolar exige processos de desenvolvimento que giram em torno do eixo das neoformações da idade escolar, ou seja, das mudanças centrais que têm lugar na idade escolar.

A tese seguinte é que a instrução somente é autêntica quando está à frente do desenvolvimento. Se ela utiliza apenas as funções já desenvolvidas, temos diante de nós um processo semelhante a ensinar a escrever à máquina. Vamos esclarecer bem a diferença entre ensinar a escrever à máquina e ensinar a escrita à criança. A diferença é que, se começo a escrever à máquina, não ascendo a um estágio superior da fala escrita, apesar de poder receber uma qualificação profissional. A criança, por sua vez, alcança um saber, e toda a estrutura de suas relações e da fala se altera: de inconsciente torna-se consciente, de um mero saber transforma-se em saber para si. Somente é boa a instrução que ultrapassa o desenvolvimento da criança.

Iniciamos dizendo que a fala escrita de um escolar é muito pobre, que um aluno de 9 anos escreve como fala uma criança de 2 anos. Um aluno com domínio da gramática é diferente do que não possui esse domínio, não porque não saiba escrever, mas porque se move numa estrutura diferente de conhecimentos. Ele tem uma relação totalmente diferente com a própria fala e, consequentemente, com o principal recurso de formação de ideias, que é a fala. A fala escrita exige funções que amadureceram pouco na criança. Essas funções se formam ao longo do processo de instrução da escrita. Para a humanidade, isso se tornou possível apenas quando foi inventada a língua escrita. Consequentemente, é boa a instrução que ultrapassa o desenvolvimento.

Existem fundamentos para supor que o papel da instrução para o desenvolvimento da criança consiste em criar a zona de desenvolvimento iminente.

Durante o processo de instrução, o professor cria uma série de embriões, ou seja, incita à vida processos de desenvolvimento que devem perfazer o seu ciclo para dar frutos. Não se pode inculcar na criança, no sentido direto da palavra, quaisquer ideias novas, ignorando os processos de desenvolvimento. Pode-se somente criar hábitos para sua atividade externa, por exemplo, escrever à máquina. Para criar a zona de desenvolvimento iminente, ou seja, para gerar uma série de processos internos de desenvolvimento, são necessários processos de instrução escolar corretamente estruturados.

A DINÂMICA DO DESENVOLVIMENTO MENTAL DO ESCOLAR E A INSTRUÇÃO[1]

Na exposição de hoje, gostaria de me deter em algumas questões estudadas pela pedologia nos últimos anos e relacionadas ao problema do desenvolvimento mental da criança no processo de ensino. São questões a respeito do modo como o curso do desenvolvimento mental liga-se ao êxito da criança nas aulas escolares.

No passado, essa questão era resolvida muito facilmente, assim como é solucionada por qualquer pessoa ingênua que percebe a relação, observada de maneira puramente empírica, entre o desenvolvimento mental da criança e a possibilidade de ensiná-la. Qualquer pessoa sabe que o ensino deve ser conciliado com certas etapas etárias pelas quais passa a criança em seu desenvolvimento mental. Não se pode ensinar aritmética a uma criança de 3 anos e, da mesma forma, parece ser tarde para se iniciar o ensino de aritmética a uma criança de 12 anos. Todos sabem que a melhor idade para se ensinar aritmética oscila entre, aproximadamente, 6 e 8 anos. Desse modo, pela

---

[1] Estenografia da exposição na reunião da cátedra de Defectologia do Instituto Pedagógico Bubnov, proferida em 23 de dezembro de 1933.

enorme experiência pedagógica, por simples observações empíricas e também por uma série de investigações, sabe-se que o desenvolvimento mental e o curso do ensino estão intimamente ligados entre si e devem ser conciliados.

No entanto, essa mesma relação era imaginada de forma muito simples. Ao resumirmos o que foi realizado em relação a essa questão em diferentes países, nos últimos dez anos, podemos dizer, sem exagero, que ocorreu uma mudança radical no ponto de vista de estudiosos no que tange à relação mútua entre desenvolvimento mental da criança e curso do ensino.

Como os fundadores da literatura clássica, Binet,[2] Meumann[3] e outros, imaginavam essa relação, anteriormente? Eles supunham que o desenvolvimento é uma condição necessária para o ensino. Se as funções mentais – operações intelectuais – da criança não amadurecessem para que ela fosse capaz de iniciar o estudo de alguma disciplina, o ensino seria infértil. Eles supunham, consequentemente, que o desenvolvimento deve anteceder o ensino. O ensino deve se apoiar no desenvolvimento. Deve valer-se das funções amadurecidas, pois somente então se torna fértil e possível. De modo geral, temiam o ensino precoce, temiam iniciar o ensino de alguma disciplina para a criança muito cedo, quando ela ainda não estivesse amadurecida. Todos os esforços dos estudiosos eram direcionados para encontrar o limite inferior da atividade de ensino, ou seja, a idade em que se torna possível.

Como era definida essa idade? Definiam, e o fazem até hoje, de maneira geral, com ajuda de uma série de investigações fundamentadas em testes e resolução de tarefas que exigem da criança o emprego de certas operações mentais. Se a criança

---

[2] Sobre Alfred Binet, cf., neste volume, a nota 18, p. 68. (N.T.)
[3] Sobre Ernst Meumann, cf., neste volume, a nota 9, p. 93. (N.T.)

resolve esse tipo de tarefa autonomamente, apenas por isso julgamos que amadureceram nela as características necessárias para essa resolução e, se as funções amadureceram, conclui-se que o ensino pode começar. Se não, significa que a criança não está pronta para o ensino escolar.

Pode-se afirmar, sem exagero, que o diagnóstico do desenvolvimento mental nesse período era utilizado em relação à instrução escolar da mesma forma que se faz o diagnóstico da investigação das características intelectuais na seleção profissional. Quando se seleciona uma pessoa para uma profissão, pensa-se da seguinte forma: para que um bom profissional seja formado na área, seria necessário possuir tais e tais características. Em seguida, investiga-se se a pessoa em processo de seleção apresenta essas características de modo satisfatório; se não as tem ou se elas não estão suficientemente desenvolvidas, diz-se que a pessoa não serve para determinada profissão. Assim agiam ao admitirem as crianças na escola, supondo que, se possuíssem funções já amadurecidas, necessárias à profissão de escolar, então, elas se adequariam ao ensino escolar. Se essas funções estivessem mais amadurecidas em alguma criança, ela se adequaria mais do que outra ao ensino escolar.

Esse ponto de vista foi abalado quando se estabeleceu uma lei bastante importante que, infelizmente, é muito pouco utilizada na teoria e na prática e, em geral, pouco discutida nos livros didáticos. Todos conhecem a simples verdade de que não se pode ensinar a alguém uma matéria numa idade precoce, mas poucos ouviram, até mesmo no curso de pedologia, que não se pode ensinar qualquer matéria tardiamente, existindo sempre o melhor período etário para a instrução e não apenas o mínimo ou o máximo. A variação acima ou abaixo desses marcos favoráveis mostra-se igualmente desastrosa, assim como existe a temperatura ideal de 37º para o organismo humano, a variação para mais ou para menos, igualmente, ameaça desregular as funções vitais, podendo, no final das contas, levar à morte. Do mesmo modo, em relação ao ensino, existe a "temperatura ideal" para cada matéria.[4] Se iniciarmos muito cedo ou muito tarde, o ensino é dificultado da mesma forma.[5]

Tomemos um simples exemplo. A criança começa a assimilar a fala com 1 ano e meio ou até mesmo antes. Para que comece essa assimilação é necessário que amadureçam algumas condições, certas funções. Contudo, se ela tem retardo mental, começa a falar mais tarde porque essas funções amadurecem mais tarde. Se começa a assimilar a fala aos 3 anos, pode parecer que essas funções teriam amadurecido em maior grau do que na idade de 1 ano e meio. Entretanto, vê-se que aos 3 anos ela assimila a fala com maior dificuldade e de um modo pior do que com 1 ano e meio. Assim, é infringida a principal lei em que se fundamentam Binet, Meumann e outros representantes da psicologia clássica, mais precisamente, a lei da maturação das funções, que afirma que o amadurecimento de certas funções é condição necessária para o ensino.

---

[4] É claro que é impossível concordar com a opinião do autor de que "não se pode ensinar qualquer matéria tardiamente", pois "mostra-se igualmente desastroso". Se entendermos a ideia do autor literalmente, podemos chegar à conclusão de que não se deve ensinar os adultos, pois seria muito tarde e, por isso, nocivo. O equívoco de tal afirmação foi ferrenhamente rechaçado por toda nossa prática de ensino de adultos. Ao que tudo indica, a opinião do autor pode ser aceita apenas no sentido de que o início tardio da instrução, de certa forma, dificulta a possibilidade do trabalho e a ausência de instrução, durante certo tempo, de algum modo, não se reflete beneficamente no desenvolvimento mental. A comparação do autor entre a temperatura e a instrução é puramente figurativa, pois são coisas de ordens diferentes. (N.E.R.)

[5] Não é possível concordar com a afirmação da nota anterior do redator da edição russa, pois Vigotski discute aqui aspectos do desenvolvimento da criança, período em que aparecem as neoformações. Vigotski não apresenta, até onde sabemos, análises sobre a emergência de neoformações na vida adulta. (N.T.)

Se isso fosse verdadeiro, então, quanto mais tardiamente se iniciasse o ensino, mais fácil seria ensinar à criança. Por exemplo, para ensinar a fala são necessárias condições como atenção, memória e intelecto. Aos 3 anos, algumas dessas condições estão mais amadurecidas do que numa criança de 1 ano e meio. Por que, então, aos 3 anos, é mais difícil ensinar a fala do que com 1 ano e meio? Novas investigações que, na verdade, são unidirecionadas porque originam-se de determinada tendência pedagógica, demonstram que o ensino da fala escrita aos 5 ou 6 anos ocorre com mais facilidade do que aos 8 ou 9. Aparentemente, a fala escrita pressupõe algum amadurecimento das funções. Aos 8 ou 9 anos, elas já estão mais amadurecidas do que aos 5 ou 6 anos. Se é verdadeiro que para o ensino é necessário o amadurecimento dessas funções, então, torna-se incompreensível o fato de ele ser mais difícil numa idade maior.

Além disso, quando se começou a comparar a instrução com o fluxo do desenvolvimento mental em idades precoces e tardias, verificou-se que ele segue caminhos diferentes. Quando, na escola, se compara a assimilação de línguas estrangeiras com a assimilação da língua materna numa mesma criança quando tinha 1 ano e meio ou 2 anos de idade, seria esperado que, aos 8 anos, a assimilação fosse mais rápida, uma vez que todas as funções para o domínio da língua estão mais desenvolvidas nesta idade. Ou seja, a memória, a atenção, o intelecto estão mais desenvolvidos aos 8 anos. Porém, percebe-se que a assimilação de língua estrangeira para a criança de 8 anos é muito difícil e apresenta resultados inferiores ao da criança de 1 ano e meio, quando ela assimila com facilidade uma, duas ou até três línguas estrangeiras sem que isso iniba a assimilação de outras disciplinas.

As investigações não demonstram apenas que é mais difícil ensinar uma língua à criança aos 8 anos do que quando ela tem

1 ano e meio, como também que, aos 8 anos, ela estuda línguas estrangeiras de forma totalmente diferente, apoiando-se em outras funções psíquicas distintas daquelas em que se apoia na primeira infância. Desse modo, o estudo do período pedológico ideal abalou a lei da maturação das funções como condição necessária para o ensino escolar.

As investigações demonstraram também que as relações entre o andamento do desenvolvimento mental da criança e o do ensino são incomensuravelmente mais complexas do que se imaginou quando da primeira solução da questão. Gostaria, agora, de me deter em algumas investigações, resumindo-as sistematicamente em torno de um mesmo problema e demonstrar isso com base no desenvolvimento mental de crianças na escola comum e na escola auxiliar. Para tanto, vou me deter na questão da dinâmica do desenvolvimento mental da criança na escola. Vocês sabem que as crianças que ingressam na escola são divididas, segundo seu desenvolvimento mental, em quatro categorias. Entre essas crianças sempre encontraremos um grupo que não amadureceu mentalmente, de modo que não podem estudar na escola normal e ingressam em instituições especiais. Deixaremos essas crianças de lado. Entre as que atravessam a soleira da escola, poderemos sempre selecionar três grupos: crianças com o desenvolvimento mental alto, médio e baixo.

Normalmente, isso se reflete na definição do chamado coeficiente de desenvolvimento mental ou, como é convencionalmente definido, as duas letras latinas QI. O coeficiente de desenvolvimento mental é a relação entre a idade mental da criança e a idade cronológica, idade da certidão de nascimento, ou seja, se uma criança tem 8 anos de idade e é mentalmente desenvolvida como uma criança de 8 anos, seu coeficiente será equivalente a 1 ou 100%; mas, se ela tem um desenvolvimento mental de 12 anos, então, seu coeficiente de desenvolvimento mental será equivalente a 150 ou 1,5. Se, ao contrário, ela tem 8 anos de idade e desenvolvimento mental de 6 anos, logo, seu coeficiente será equivalente a 75 ou 0,75.

Ao longo das investigações das crianças que ingressam na escola, vamos admitir dividi-las em três grupos. No primeiro grupo, encontram-se as que têm QI, isto é, o coeficiente de desenvolvimento mental, acima de 110; são crianças que ultrapassaram em 10% o desenvolvimento mental de sua idade cronológica. No segundo grupo, acham-se as que têm QI que oscila entre 90 e 110. Uma pequena oscilação acima ou abaixo de 100 pertence a crianças medianas. Finalmente, no terceiro grupo, encontram-se as que têm o coeficiente de desenvolvimento mental menor que 90, mas não abaixo de 70, pois, depois, vem a quarta categoria. Quais dessas crianças saem-se melhor ou pior nos estudos? Todo o sentido da mensuração do desenvolvimento mental da criança que ingressa na escola consiste na pressuposição da existência de uma relação entre o nível de desenvolvimento mental e o aproveitamento escolar. Essa suposição se baseia em observações simples e investigações teórico-estatísticas em que se demonstra a forte relação existente entre sucesso escolar e coeficiente de desenvolvimento mental. No limiar do ingresso à escola, qualquer pedagogo admite que crianças da primeira categoria devem ficar em primeiro lugar no aproveitamento escolar; as da segunda, com o QI médio, em segundo lugar e as com o QI baixo, em terceiro lugar. Escolas do mundo inteiro se valem dessa regra, no momento, e nisso consiste a sabedoria de todas as investigações pedológicas realizadas no limiar do ingresso à escola.

A mesma regra existe na escola auxiliar. Quando as crianças chegam à escola auxiliar, elas são classificadas, alinhadas;

em primeiro lugar, são colocadas aquelas com intelecto normal, acreditando-se que o ensino terá melhores resultados entre as que não são atrasadas; em segundo lugar, encontram-se crianças medianas e, em terceiro, as fracas. Quando começaram a examinar se essa suposição se justificaria no curso do desenvolvimento escolar da criança, quando, como sempre ocorre na ciência, não acreditaram na palavra da simples observação e do bom senso e procuraram verificar esse fato, constatou-se que, na prática, ele não se confirma. Uma série de estudiosos, Terman,[6] nos [Estados Unidos da] América, Bert [Burt],[7] na Inglaterra e, aqui, Blonski,[8] demonstrou que ao se acompanhar a dinâmica do QI na escola a fim de se verificar se a meninada que tem o QI alto conserva-o ou não, se o QI baixo se eleva ou diminui entre crianças fracas, no ensino escolar, verifica-se que as que chegam à escola com QI alto, em sua maioria, têm tendência a diminuí-lo.

O que isso significa? Isso significa que, pelos indicadores absolutos, ou seja, em comparação a outras crianças, as que têm o QI alto podem estar à frente, mas em comparação consigo próprias, seu QI alto diminui ao longo do ensino escolar. O inverso também ocorre. As crianças com QI baixo têm a tendência, em sua maioria, a elevá-lo, ou seja, novamente, segundo os indicadores absolutos, elas podem perder em termos de inteligência para o primeiro grupo, mas, em relação a si mesmas, elevam-na. As crianças com o QI médio têm a tendência a conservá-lo (Quadro I).

---

[6] Lewis Madison Terman (1877-1956) – psicólogo estadunidense que adaptou e publicou os testes de Binet-Simon, popularizando o teste de QI sob a forma amplamente conhecida e empregada denominada de Stanford-Binet. (N.T.)

[7] Sobre Cyrill Burt, cf., neste volume, a nota 17, p. 132. (N.T.)

[8] Sobre Pavel Petrovitch Blonski, cf., neste volume, a nota 15, p. 99. (N.T.)

Quadro I

QI	Dinâmica do QI	Aproveitamento absoluto	Aproveitamento relativo
1. Alto	III	I	II
2. Médio	II	II	III
3. Baixo	I	III	I

Desse modo, segundo a dinâmica do QI, em primeiro lugar, encontram-se as que demarcamos com o algarismo romano III; em segundo lugar, as que demarcamos com o II e, em terceiro, as indicadas com I. A sucessão inverte-se. Terman, com a sua investigação da dinâmica do desenvolvimento mental na escola, engana nossas esperanças fundamentadas no bom senso e na teoria psicológica antiga. Esperávamos que a criança com alto desenvolvimento se desenvolvesse ao longo do ensino escolar melhor que todas.[9] Verifica-se que ela será a última, a escola não tem uma ação benéfica para seu desenvolvimento mental, reduzindo seu ritmo. Quem mais ganha nas condições do ensino escolar é a criança com QI baixo; a que está na média conserva seu ritmo.

Esse postulado paradoxal provocou uma série de investigações que tentou explicar como a criança que chega à escola com o melhor desenvolvimento mental aparece, no decorrer do ensino escolar, em último lugar. O paradoxo se complica ainda mais se compararmos esses dados com os do aproveitamento escolar. Como ficam esses três grupos de crianças em relação ao aproveitamento escolar? Sabe-se que existe uma correlação entre QI alto e aproveitamento. Quem, na escola, se sai melhor nos estudos, quem será o primeiro? Verifica-se que, em primeiro lugar, encontram-se os que estão em primeiro lugar pelo QI; em segundo, os segundos e em terceiro, os terceiros, ou seja, a

---

[9] No contexto do assunto tratado, percebe-se que não cabe falar de alto desenvolvimento, mas de alto QI. (N.T.)

nossa coluna novamente se inverte, retornando para a situação que existia no limiar do ingresso à escola. Assim, no limiar da escola, pode-se ser o primeiro quanto ao desenvolvimento mental, o último pelo ritmo do desenvolvimento, no decorrer do ensino escolar e, novamente, o primeiro em aproveitamento.

Essa relação, estabelecida de forma puramente empírica, nos leva a dificuldades insolúveis e mistérios incompreensíveis; ao mesmo tempo, indica que, pelo visto, as relações que existem entre o andamento do ensino escolar e o do desenvolvimento mental da criança são bem mais complexas do que se imaginou anteriormente.

Foi possível encontrar a saída para essa dificuldade quando se investigou uma quarta grandeza que permitiu solucionar as contradições presentes nesse caso, até certo ponto. Estou falando da investigação dedicada ao problema extremamente importante, do meu ponto de vista, para os objetivos práticos da escola e que poderia ser denominado de problema do aproveitamento relativo. Vou esclarecer o que quero dizer. Imaginem que algum de vocês, adultos, fosse colocado em uma das classes escolares, por exemplo, na segunda ou na quarta. Penso que cada um de nós iria ser o primeiro nessa classe pelo aproveitamento absoluto, ou seja, as exigências da escola, aparentemente, seriam executadas de modo melhor por nós do que pelas crianças dessa classe e, sem dúvida, seríamos colocados em primeiro lugar pelo aproveitamento escolar absoluto. Porém, será que iríamos adquirir algo na escola, aprenderíamos alguma coisa? Claro está que sairíamos com os mesmos conhecimentos com os quais ingressamos. Assim, do ponto de vista do aproveitamento relativo, ou seja, do que adquirimos em um ano, não estaríamos em primeiro lugar, mas em último. Podemos dizer com convicção que o último entre todos os alunos sem aproveitamento nessa classe, pelo aproveitamento relativo, estará acima de nós.

Desse modo, vemos com esse exemplo que o aproveitamento absoluto nada diz sobre o relativo.

Começaram a estudar a situação, por exemplo, pela fluência na leitura. Sabemos que as crianças entram na escola com diferentes níveis de conhecimento – umas leem 20, outras sabem ler 5 palavras por minuto. As primeiras, após terminar um ano de ensino, sabem ler 30 palavras por minuto e as segundas, 15. Pelo aproveitamento absoluto o professor irá considerar como melhor aluno, é claro, o aluno da primeira categoria. Mas, pelo aproveitamento relativo, esses alunos conseguiram aumentar a fluência da leitura uma vez e meia, enquanto os do segundo grupo, três vezes. Ou seja, o aproveitamento relativo das crianças do segundo grupo, em comparação com as do primeiro, é maior, enquanto o aproveitamento absoluto do segundo grupo é duas vezes menor que o do primeiro. Essa não coincidência entre o aproveitamento absoluto e o relativo evidenciou uma série de problemas muito importante.

Em nenhum outro lugar, o aproveitamento relativo adquire tamanho significado como na escola para crianças com retardo mental, pois lá lidamos com crianças que têm insucesso absoluto. Em relação a essas crianças, é sempre importante considerarmos seu aproveitamento relativo. Em nenhum outro lugar, esse problema aplica-se tão amplamente como nas duas direções que se seguem. Primeiramente, nas escolas para crianças com retardo mental e também em relação ao problema do aproveitamento insuficiente. Na escola, uma série de crianças obtém zero, dia após dia; os zeros são dados nos bimestres e até mesmo nas notas anuais finais. Ou seja, há um grupo especial de alunos que obtém zero. Esse grupo é formado por crianças sem aproveitamento, sob o ponto de vista do aproveitamento absoluto. Porém, o zero é apenas uma descrição negativa do estado dos conhecimentos do programa pelas crianças, mas nada diz sobre o que aprenderam na escola. Quando comecei a estudar essas crianças, percebi que elas se dividem em dois grupos diferentes. Alguns alunos com zero não conseguem acompanhar e também têm problemas com o aproveitamento relativo, e outros não têm aproveitamento absoluto, embora tenham um aproveitamento relativo médio e, até mesmo, ainda que raramente, alto. Deve-se diferenciar as crianças que não têm absolutamente qualquer aproveitamento daquelas que, relativamente, não têm aproveitamento. Isso é importante do ponto de vista prático. Em algumas escolas e laboratórios pedológicos, instituiu-se a regra prática de que se deve transferir para a escola auxiliar o aluno que, sistematicamente, evidencia tanto o não aproveitamento absoluto como também o relativo. Por sua vez, o aluno que evidencia o não aproveitamento absoluto, mas tem algum aproveitamento relativo em comparação com a classe precisa de mudanças nas condições no interior da escola e não a sua exclusão da instituição. Tentarei explicar mais à frente essa regra prática importante, tanto do ponto de vista teórico quanto do ponto de vista da análise experimental.

O registro do aproveitamento relativo adquire um significado de primeira ordem para o movimento escolar de alunos que não têm aproveitamento na escola comum e para a promoção de alunos na escola auxiliar. O aproveitamento relativo não é tampouco menos importante para qualquer escola comum em relação a todos os alunos, pois, frequentemente, percebe-se um aproveitamento relativo pequeno do aluno que está à frente da turma em termos de aproveitamento absoluto. Desse modo, o aproveitamento escolar relativo, pela primeira vez, abre os olhos do professor para o quanto cada um de seus alunos assimila e, assim, verifica-se que, entre todos os grupos de crianças com desenvolvimento mental alto, médio e baixo, há aquelas com aproveitamento relativo alto e baixo. Surge daí o problema: do que depende o aproveitamento relativo?

Para responder a essa pergunta, apontarei para a última coluna do quadro. As investigações demonstraram que, se dispusermos as crianças desses três grupos numa ordem vertical, segundo o aproveitamento relativo, obteremos o seguinte panorama extremamente interessante. Em primeiro lugar, conforme o aproveitamento relativo, estarão as crianças do terceiro grupo; em segundo, as do primeiro e, em terceiro, as do segundo. Apesar de não termos, aqui, uma correspondência simétrica como nos três primeiros casos, se deixarmos de lado, por um minuto, as do segundo caso, que são as crianças mais complexas e pouco estudadas, focalizando as do primeiro e do terceiro grupos, veremos que as do primeiro e do terceiro mudaram de lugar. Se, conforme o aproveitamento absoluto, as do primeiro estavam à frente e as do terceiro, ao final, de acordo com o aproveitamento relativo, as do terceiro caminham à frente e as do primeiro, ao final.

Podemos observar dependências interessantes entre os níveis de desenvolvimento mental da criança no limiar da escola e seu aproveitamento absoluto e entre a dinâmica do desenvolvimento mental e seu aproveitamento relativo.

Passemos para as investigações que permitiriam responder à pergunta sobre essas relações muito complexas. É claro que não é possível esgotar a diversidade de questões que surgem, pois seria necessário um livro inteiro para descrever todos os problemas e resultados relacionados a esse assunto. Nossa tarefa é indicar dois ou três momentos básicos que explicam o aspecto mais importante dessas relações e indicam o caminho pelo qual se deve caminhar para utilizar na prática o diagnóstico do desenvolvimento mental a favor do trabalho escolar, o que pode ter um significado direto e atual para nossa escola normal e especial, literalmente, nos dias de hoje e de amanhã.

À primeira questão que surgiu, a solução que apresenta pelo menos uma resposta aproximada a essa relação mútua importante é a denominada zona de desenvolvimento iminente. Ao investigar o desenvolvimento mental da criança, é comum considerar que um indicativo de sua mente é apenas o que ela faz sozinha. Apresentamos à criança uma série de testes, de tarefas de diferentes dificuldades. Pelo modo e grau de dificuldade com que ela resolve a tarefa, julgamos o maior ou menor desenvolvimento de sua mente. Sabe-se que é indicativo do grau de desenvolvimento da mente infantil a resolução autônoma de tarefas, sem ajuda externa. Caso sejam dirigidas à criança perguntas orientadoras ou mostrado como é possível resolver a tarefa e, após essa demonstração, ela a solucionar ou, ainda, se o professor começar a resolver a tarefa e ela finalizar ou resolvê-la em colaboração com outras crianças, em resumo, se a criança se desviar minimamente da resolução autônoma da tarefa, sua resolução não é indicativa do desenvolvimento da sua mente. Essa verdade tornou-se tão conhecida e arraigada no senso comum que, ao longo de dez anos, não passou pela cabeça dos mais destacados cientistas questionar a veracidade da suposição de que é indicativo da mente infantil e de seu desenvolvimento apenas o que a criança pode fazer sozinha, sendo que o que ela pode fazer com a ajuda de outros nada demonstraria.

Imaginemos um caso simples que tomo das investigações e que é protótipo de todo o problema. Estudo duas crianças no limiar da idade escolar. As duas têm 10 anos de idade e 8 anos de desenvolvimento mental. Posso dizer que essas crianças são coetâneas por sua idade mental? Claro. O que isso significa? Isso significa que elas resolvem, autonomamente, tarefas com grau de dificuldade compatível com o padrão de 8 anos de idade. O estudo termina aí e as pessoas imaginam que o destino do desenvolvimento mental dessas crianças e do seu ensino na escola será igual, já que depende da mente. É claro que, se ele depende de outros motivos, por exemplo, se durante seis meses uma criança permaneceu doente enquanto a outra frequentava a escola sem faltar, o negócio é outro; mas, no geral, o destino dessas crianças deverá ser igual. Agora, imaginem que eu não interrompa o estudo no momento em que recebi esse resultado, mas apenas o inicie. Isso quer dizer que, no meu estudo, as crianças apresentaram-se com 8 anos de idade e resolveram tarefas até essa idade, não conseguindo resolver tarefas de idades posteriores. Nas resoluções futuras, apresento-lhes variados modos de resolução. Diferentes autores e estudiosos utilizam meios diversos de demonstração em casos distintos. Ora demonstram por completo como o problema deve ser resolvido, propondo às crianças repetir, ora começam a resolvê-lo, propondo-lhes que finalizem ou, ainda, dirigem-lhes perguntas orientadoras. Em resumo, por caminhos diversos, propomos à criança resolver a tarefa com a nossa ajuda. Nessas condições, verifica-se que a primeira criança resolve tarefas de até 12 anos e a segunda, até 9 anos. Após esse estudo complementar, pode-se dizer que essas crianças são mentalmente iguais?

Quando, pela primeira vez, esse fato foi verificado e demonstrado, a saber, crianças com o mesmo nível de desenvolvimento mental, sob a orientação de um pedagogo estão aptas à instrução, em diferentes medidas, ficou claro que as crianças não são coetâneas mentalmente. Tudo indica que seus destinos no processo de instrução serão diversos. Essa diferença entre 12 e 8 e entre 9 e 8 denominamos de zona de desenvolvimento iminente. Empiricamente, fica claro que com 8 anos, uma criança é capaz de resolver a tarefa com ajuda, como se tivesse 12 e a outra, como se tivesse 9.

Vamos esclarecer esse conceito de zona de desenvolvimento iminente e seu significado. Convencionaremos denominar de nível de desenvolvimento atual da criança o nível que ela atingiu no curso de seu desenvolvimento, e que é definido pela resolução autônoma de tarefas, visto que, na pedologia contemporânea, isso começa a ser cada vez mais aceito. Assim, o nível de desenvolvimento atual será a idade mental, no sentido comum que se emprega na pedologia. No momento, na pedologia, nos recusamos, exatamente, a denominar isso de idade mental porque, como acabamos de ver, isso não caracteriza o desenvolvimento mental. A zona de desenvolvimento iminente da criança é a distância entre o nível de desenvolvimento atual, definido pela realização autônoma de tarefas, e o nível de desenvolvimento possível da criança, definido pela realização de tarefas que são resolvidas por ela com a orientação de adultos e em colaboração com companheiros mais aptos.

O que é nível de desenvolvimento atual? Se uma pessoa ingênua perguntar o que é nível de desenvolvimento atual ou, em outras palavras, o que quer dizer a realização autônoma de tarefas pela criança, a resposta mais comum será que, com o nível de desenvolvimento atual, definem-se as funções amadurecidas, os frutos do desenvolvimento. A criança sabe fazer autonomamente isso, aquilo e aquilo outro, amadureceram nela as funções necessárias para fazer autonomamente isso, aquilo e aquilo outro. E o que indica a zona de desenvolvimento iminente, definida pela ajuda para realização de tarefas que a criança não pode resolver de forma autônoma? A zona de desenvolvimento iminente indica as funções que ainda não amadureceram e encontram-se em processo de amadurecimento, funções que amadurecerão amanhã, que ainda se encontram em estado embrionário; são funções que não podem ser denominadas de frutos, mas de brotos, flores, ou seja, o que está começando a amadurecer.

O nível de desenvolvimento atual caracteriza os sucessos, os resultados do desenvolvimento no dia de ontem, e a zona de desenvolvimento iminente caracteriza o desenvolvimento mental no dia de amanhã. O amadurecimento da função, da mente da criança, ocorre de repente, de uma hora para outra, como um tiro de uma arma ou é um processo que cresce devagar, com muitos saltos e ziguezagues? Resumindo, existe o começo, o meio e o fim desse desenvolvimento? É claro que existe. O desenvolvimento da mente da criança não é um processo mais simples do que o de um feijão ou de uma ervilha; e lá está o jardineiro, bem antes do fruto, para observar aqueles estágios que levam ao surgimento do fruto; é ruim o jardineiro que julga o estado da planta que observa apenas pela colheita, pelos resultados. Também é pobre o pedólogo que não sabe definir nada diferente além do que ocorreu no desenvolvimento, ou seja, do que concluiu o dia de ontem do desenvolvimento.

Desse modo, a zona de desenvolvimento iminente arma o pedólogo e o pedagogo com a possibilidade de compreender a marcha interna, o próprio processo de desenvolvimento, definindo não apenas o que já foi finalizado e trouxe seus frutos, mas também o que está em processo de amadurecimento. A zona de desenvolvimento iminente permite prever o que ocorrerá amanhã no desenvolvimento. Vamos nos referir apenas a um estudo relacionado à idade pré-escolar que demonstra que o que hoje se encontra na zona de desenvolvimento iminente, amanhã estará no nível de desenvolvimento atual, ou seja, o que a criança sabe fazer hoje com a ajuda de outros, amanhã, saberá fazer sozinha. É importante definir não apenas o que a criança sabe fazer sozinha como também o que sabe fazer com a ajuda dos outros porque, quando se sabe com precisão o que ela faz hoje com a ajuda de outros, sabe-se também o que ela fará amanhã. Em relação à idade pré-escolar, a estudiosa estadunidense McCarthy[10] demonstrou que, ao se submeter a criança de 3 a 5 anos à investigação, será identificado um grupo de funções que ela já possui e outro que ela não domina sozinha, mas apenas com orientação, com o coletivo, em colaboração. Esse segundo grupo de funções, na idade de 5 a 7 anos, encontra-se, em geral, no nível de desenvolvimento atual. Com essa investigação, demonstrou-se que o que a criança sabe fazer aos 3-5 anos com orientação, em colaboração e coletivamente, dos 5 aos 7 anos saberá fazer autonomamente. Desse modo, quando se define apenas a idade mental da criança, ou seja, apenas as funções que amadureceram, sabemos somente o resumo do desenvolvimento passado. Se definirmos as funções que estão em amadurecimento, então, podemos dizer o que acontecerá com essa criança entre os 5 e 7 anos, mantendo-se as mesmas condições.

Desse modo, a investigação da zona de desenvolvimento iminente configurou-se como uma das mais poderosas armas dos estudos pedológicos que permitem elevar significativamente a efetividade, a utilidade, a fecundidade e a utilização do diagnóstico do desenvolvimento mental para a resolução de desafios apresentados à pedagogia, à escola.

Tentaremos, agora, responder à questão a respeito de como surge a contradição, indicada anteriormente, entre a marcha do desenvolvimento mental da criança e a de sua promoção escolar, que é o sintoma de relações muito complexas. É impossível abranger todos os problemas mais

---

[10] Dorothea Agnes McCarthy (1906-1974) – psicóloga estadunidense e estudiosa do desenvolvimento infantil, notável por sua contribuição para a compreensão do desenvolvimento da linguagem da criança. É bastante conhecida por seu trabalho de desenvolvimento e padronização da Escala McCarthy das Habilidades das Crianças. (N.T.)

profundos. Vamos nos deter em dois momentos. Em primeiro lugar, na zona de desenvolvimento iminente. Vejamos um estudo concreto. Já vimos que as crianças com QI iguais têm diferentes zonas de desenvolvimento iminente. As crianças se dividem, de acordo com o QI, em três grupos, mas esses grupos, por sua vez, podem ser subdivididos de acordo com a zona de desenvolvimento iminente. Denominaremos de "A" o grupo de crianças em que a zona de desenvolvimento iminente é maior que três anos e de "B", o grupo que tem a zona de desenvolvimento iminente menor que dois anos. Claro que as crianças das categorias "A" e "B" estarão entre as crianças de todos os grupos de QI. Pode-se ter um QI alto e uma zona de desenvolvimento iminente baixa e o inverso. Imaginem que, na escola, eu selecione para teste quatro alunos, visando a observar a dinâmica de seu desenvolvimento mental e o aproveitamento relativo, no decorrer do ensino escolar. O primeiro aluno (veja o quadro) está assinalado por mim com o número romano I na categoria "A", ou seja, essa criança tem um QI alto e uma zona de desenvolvimento iminente grande. O segundo aluno está assinalado com o número romano I na categoria "B"; ele tem alto QI e pequena zona de desenvolvimento iminente. O terceiro aluno está assinalado com o número romano III na categoria "A" e é uma criança com baixo QI e com grande zona de desenvolvimento iminente. E o quarto aluno é o número romano III na categoria "B" que tem um QI baixo e uma pequena zona de desenvolvimento iminente. O primeiro e o segundo, o terceiro e o quarto são semelhantes quanto ao QI, mas diferentes na zona de desenvolvimento iminente. O primeiro e o terceiro, o segundo e o quarto são semelhantes quanto à zona de desenvolvimento iminente, mas diferentes em relação ao QI (Quadro II).

Quadro II

1.	I A	QI alto	Zona grande
2.	I B	QI alto	Zona pequena
3.	III A	QI baixo	Zona grande
4.	III B	QI baixo	Zona pequena

Se quisermos esclarecer qual das características é a mais importante, comparamos as crianças que são semelhantes quanto a uma característica e diferente em outra, perguntando: entre quais escolares haverá maior semelhança na dinâmica do desenvolvimento escolar e no aproveitamento relativo – entre o primeiro e o segundo, entre o terceiro e o quarto ou entre o primeiro e o terceiro, o segundo e o quarto? Ou seja, qual é o fator mais importante que determina a dinâmica do desenvolvimento mental e o aproveitamento relativo dos alunos? Se for o QI, então, serão semelhantes o primeiro e o segundo, o terceiro e o quarto; se a semelhança encontrar-se na zona de desenvolvimento iminente, então, deverão ser mais semelhantes o primeiro e o terceiro, o segundo e o quarto. Para esclarecimento da questão, examinamos quatro crianças. É claro, contudo, que os experimentos são realizados com grandes números, podendo não haver apenas quatro, mas 40, 400 ou até mesmo 4 mil crianças divididas nesses quatro grupos.

Os resultados dessa investigação demonstraram que a maior semelhança entre a dinâmica do desenvolvimento mental e o aproveitamento relativo está não entre os primeiros e os segundos, nem entre os terceiros e os quartos, mas entre os primeiros e os terceiros, e entre os segundos e os quartos. Assim, ficou demonstrado que, para a dinâmica do desenvolvimento mental na escola e para o aproveitamento relativo do aluno, o momento mais importante, mais influente, mais potente não é o nível de desenvolvimento mental no dia de hoje, mas a zona de desenvolvimento iminente. Em resumo, para a dinâmica do desenvolvimento e para o aproveitamento escolar não se mostram essenciais as funções amadurecidas no dia de hoje, que são nada além de condições, e sim as funções que estão em estágio de amadurecimento. O que está em amadurecimento é o mais importante.

Quando, por meio de longos esforços do pensamento científico, descobre-se determinada lei, pode parecer que isso é óbvio. A escola não trabalha como nós, que testamos a meninada. Ao ingressar na escola, exigimos que o aluno faça o que sabe fazer sozinho e o professor começa a trabalhar de tal forma que a criança, a todo instante, passa do que sabe para o que não sabe. Por essa análise puramente empírica do andamento do ensino escolar, percebe-se que ele deve ser definido muito mais pelo que a criança sabe fazer com orientação do que pelo que sabe fazer sozinha.

É ainda mais simples. O essencial para a escola não é tanto o que a criança aprendeu, mas muito mais o que ela consegue assimilar. A zona de desenvolvimento iminente define com presteza quais são as possibilidades de a criança dominar com orientação, com ajuda, com indicação ou em colaboração o que ainda não domina. As investigações, contudo, não param por aí. Elas prosseguem e abrangem mais um problema interessante no qual me deterei como um dos últimos no exame das investigações, visando a saber os caminhos a seguir para, depois, passar a algumas conclusões.

Iniciemos pela investigação concreta do primeiro grupo acompanhado e que conheço bem. Denominemos de categoria "C" as crianças alfabetizadas que entram no grupo de alfabetizadas e de não alfabetizadas as que entram no grupo de não alfabetizadas. "C" é o grupo de crianças que entra no grupo de crianças iguais a elas. Denominemos de categoria "D" as crianças que, aqui em Moscou e em Leningrado, não existem em grande número, mas há muitas na província, ou seja, as alfabetizadas que entram no grupo de analfabetas e as analfabetas que entram no grupo de alfabetizadas. Penso que concordarão comigo que essas categorias "C" e "D" têm seus representantes em todos os grupos – primeiro, segundo, terceiro e quarto, com QI alto e baixo. Continuemos os experimentos em relação a essas categorias, repetindo com precisão o raciocínio que fizemos a respeito das categorias "A" e "B". Tomemos quatro crianças. Novamente, em vez de quatro, poderíamos pegar 400, 4 mil – isso é feito assim. As primeiras serão assinaladas com o número romano I da categoria "C", as segundas com o número romano I da categoria "D", as terceiras com o número romano III da categoria "C" e as quartas com o número romano III da categoria "D" (veja o Quadro III).

Quadro III

1.	I C	QI alto	Alfabetizadas no grupo de alfabetizadas ou analfabetas no grupo de analfabetas
2.	I D	QI alto	Alfabetizadas no grupo de analfabetas ou analfabetas no grupo de alfabetizadas
3.	III C	QI baixo	Alfabetizadas no grupo de alfabetizadas ou analfabetas no grupo de analfabetas
4.	III D	QI baixo	Alfabetizadas no grupo de analfabetas ou analfabetas no grupo de alfabetizadas

Agora, perguntamo-nos: pela dinâmica do desenvolvimento mental e do aproveitamento escolar relativo entre quais crianças haverá maior semelhança? Entre as do primeiro e segundo grupos, com semelhanças no QI mas diferenças quanto aos grupos; entre as do terceiro e quarto ou entre as do primeiro e do terceiro ou as do segundo e quarto? Cada criança se assemelha às outras em alguma característica – com uma em uma característica precisa e com outra em outra característica. Qual dessas características se mostra mais influente na definição do destino escolar e na dinâmica do desenvolvimento mental da criança? A investigação mostra, dessa vez também de modo mais significativo e expressivo do que no caso da zona de desenvolvimento iminente, que a semelhança é bem maior entre as crianças do primeiro e terceiro grupos, do segundo e do quarto, do que entre as do primeiro e segundo e do terceiro e quarto. Isso significa que, para a dinâmica do desenvolvimento mental na escola e para a promoção da criança no decorrer do ensino escolar, é mais determinante não a grandeza isolada do QI, ou seja, do nível de desenvolvimento no dia de hoje, mas a relação entre o nível de preparação e de desenvolvimento da criança e o nível de exigências que a ela são apresentados. Foi proposto denominar, agora, na pedologia, essa última grandeza – o nível de exigências apresentadas pela escola – de idade mental ideal. Parece-me que é um conceito extremamente importante. Imaginem. A criança chega à 4ª série. Qual idade mental é necessária para ela estudar nessa série, ou seja, para ser o primeiro aluno, no sentido da aquisição máxima tanto no estudo quanto no desenvolvimento mental? Ao estudar os melhores alunos de diferentes séries, podemos obter, empiricamente e com clareza, a idade ideal. Podemos fazer como outros estudiosos, transferir o nível de exigências apresentadas a essa série escolar para a idade pedológica. Essa questão de metodologia é muito complexa e importante, e não vou abordá-la. Em todo caso, penso eu, vocês entendem o que significa idade mental ideal de uma série. São o grau e o caráter do desenvolvimento mental da criança que lhe permitem caminhar com o máximo sucesso, atendendo às exigências que são apresentadas pelo ensino nessa série. Verifica-se, então, que a grandeza determinante e mais sensível de todas, estabelecida pela investigação pedológica, no dia de hoje, é a relação entre a idade mental ideal da turma, de um lado, e o preparo real dos alunos que estudam nessa turma e seu desenvolvimento mental real, de outro. Essa relação entre um e outro é a ideal, ou seja, nem todas as relações aqui são benéficas, mas apenas as que se encontram em determinados limites, como a temperatura de 37º. Se essa relação sofre alguma alteração para mais ou para menos, no curso do desenvolvimento mental da criança, então, o fluxo de seu aproveitamento escolar relativo também é alterado. É verdade que essa alteração não é a mesma, ou seja, não é a mesma coisa se essa relação for menor para o aluno ou para a escola, não é a mesma coisa se uma criança analfabeta ingressa numa turma de alfabetizadas, em que ela terá condições muito difíceis para a instrução e a idade ideal será muito superior à real, ou se a criança alfabetizada ingressa numa turma de crianças analfabetas, em que a idade ideal está defasada, mas não no mesmo grau. Mesmo assim, lá e cá, obteremos determinadas alterações.

Eis os primeiros dados que serviram de motivo para uma investigação especial. Verificou-se que existe semelhança não apenas entre as crianças do primeiro e do terceiro grupo. Isso é fácil de compreender por que as alfabetizadas ingressaram no grupo de alfabetizadas e as analfabetas no de analfabetas, ou seja, relativamente, as crianças estão em condições iguais, mas há também uma semelhança aproximada entre as do segundo e do quarto grupo.

O que é o segundo grupo? São as crianças com QI alto, alfabetizadas, que ingressaram no grupo de analfabetas e as analfabetas que ingressaram no grupo de alfabetizadas. Entre as do segundo e do quarto grupo há os dois tipos de crianças. Aqui, a questão torna-se ainda mais difícil. Imaginamos que, para a criança alfabetizada, é mais fácil estudar entre as analfabetas. Ela pode ficar assobiando, não fazer nada e, mesmo assim, ser a primeira da turma; já para a analfabeta, numa classe de crianças alfabetizadas, é difícil seguir a turma. Por mais que ela se esforce, não conseguirá alcançar a turma. Então é isso: se a divergência entre a idade ideal e a real é aumentada ou reduzida, provavelmente, isso indica um atraso, não no mesmo grau, no aproveitamento relativo e na dinâmica relativa do desenvolvimento mental; mas é um atraso. Isso pode ser representado por uma análise simples. Numa turma de crianças analfabetas, o que uma criança alfabetizada aprenderá em termos de alfabetização? Extremamente pouco, assim como uma criança analfabeta entre alfabetizadas aprenderá muito pouco.

Desses estudos e de outra série de investigações, ao que tudo indica, surgiu a ideia de que existem distâncias ideais, desvios preferenciais entre as idades ideais, ou seja, entre as exigências que a classe apresenta em relação ao desenvolvimento mental e o desenvolvimento mental real. A instrução pode, sem dúvida, apresentar exigências mais elevadas, deve se apoiar não nas funções amadurecidas, mas nas que estão em amadurecimento. Como diz Owell,[11] na infância, somente é bom o ensino que caminha à frente do desenvolvimento, ou seja, que o arrasta atrás de si, desperta-o para a vida, organiza e guia o processo de desenvolvimento e apenas é impulsionado por ele, mas não se apoia em funções prontas, amadurecidas. Se isso for entendido no sentido de que a idade ideal se aproxima muito ou até mesmo fica abaixo da idade real ou essa idade real se reduz muito, de tal forma que a diferença se torna muito grande, então, a dinâmica do desenvolvimento mental será prejudicada no primeiro e no segundo caso. Precisamos responder à pergunta: qual é a distância, como se medem as condições ideais para o desenvolvimento mental da criança? Seria possível determinar isso? Como determinar realmente qual é a diferença ou, como dizem os pedagogos, qual é a zona de dificuldade possível da instrução escolar para a criança? Sabe-se que uma instrução muito fácil ou muito difícil é igualmente pouco efetiva. Qual é essa

---

[11] Sem informações sobre o autor citado. (N.T.)

zona ideal e como é determinada? Foram empreendidas tentativas a esse respeito que mostraram isso na unidade da idade mental da criança, na unidade do material do programa, na unidade dos anos escolares etc. Mas o resultado geral dessas investigações, me parece, teve sua expressão final nos estudos que não são tão extensos pelo seu material estatístico e que trataram de casos individuais. Todavia, responderam diretamente a essa pergunta de tal forma que explicaram o sentido dessas investigações empíricas. A pergunta era muito simples. Então, a divergência mencionada anteriormente coincide completamente com a zona de desenvolvimento iminente da criança. Se o desenvolvimento mental real da criança é de 8 anos, então, a idade ideal da classe para ela é de 10 anos. A idade ideal da classe escolar para essa criança coincide com a sua zona de desenvolvimento iminente. Quando ocorre essa coincidência, estamos lidando com condições ideais para seu desenvolvimento.

Quando lembramos o complexo caminho percorrido pelo pensamento humano para a definição dessa lei, pensamos que, na verdade, poderia se tornar claro para nós se partirmos de raciocínios simples. Essa hipótese deveria surgir em cada um de nós. No entanto, mesmo os maiores estudiosos não chegaram a ela. Acabamos de falar que a escola ensina à criança não o que ela sabe fazer, mas o que faz com orientação, e nós definimos a zona de desenvolvimento iminente como um indicador de inteligência que se baseia no que a criança sabe fazer com orientação. Consequentemente, a zona de desenvolvimento iminente é que deve definir as condições ideais. Assim, a análise da zona de desenvolvimento iminente não é apenas um meio extraordinário de prognóstico do destino do desenvolvimento mental da criança e da dinâmica de seu aproveitamento relativo na escola, mas um meio espetacular para a formação de turmas, para que, realmente, sejam definidas essas quatro grandezas para a meninada: o nível de desenvolvimento mental da criança, a sua zona de desenvolvimento iminente, a idade ideal da turma e a relação entre a idade ideal da turma e a zona de desenvolvimento iminente. Isso põe em nossas mãos o melhor meio para a solução da questão relativa à formação das classes. Permitirei com isso finalizar o aspecto puramente factual da minha fala porque não perseguia nenhum outro objetivo que não o de apresentar o estado da questão sobre o diagnóstico do desenvolvimento, nos últimos dez anos.

Para finalizar, restam dois momentos.

O primeiro trata da razão pela qual, na psicologia clássica, pesquisadores consideravam como indicador de inteligência infantil apenas o que a criança sabe fazer sozinha porque existia um ponto de vista equivocado sobre a imitação e a instrução. A imitação e a instrução eram tomadas como processos puramente mecânicos. Considerava-se que, se alcancei algo por meio da experiência, isso seria um indicador de inteligência, mas, se fosse pela imitação, considerava-se que tudo pode ser imitado. Os psicólogos desmascararam esse ponto de vista e demonstraram que é possível imitar apenas o que está na zona de possibilidades próprias do ser humano. Se, por exemplo, tenho dificuldade na resolução de alguma tarefa aritmética e outra pessoa começa, diante de mim, na lousa, a solucioná-la, poderei resolvê-la momentaneamente; mas se essa pessoa começar a resolver uma tarefa da área de matemática avançada e eu não sei matemática avançada, então, por mais que eu imite, não conseguirei resolver a tarefa. Pelo visto, pode-se imitar apenas o que está na zona da própria idade mental. Esse problema foi muito bem resolvido pela psicologia animal. Devemos isso a Köhler.[12] Seus experimentos tinham como objetivo determinar se as operações no campo do pensamento concreto eram

---

[12] Sobre Wolfgang Köhler, cf., neste volume, a nota 4, p. 81. (N.T.)

acessíveis ao macaco antropoide. Como sempre ocorre, surgiu a questão: o macaco realizou algo de forma independente ou viu isso alguma vez? Por exemplo, ele viu como outros animais fizeram algo ou como pessoas utilizam pedaços de pau e outras ferramentas, imitando-as. Particularmente, um dos macacos foi levado à ilha em que estava a estação em que Köhler trabalhava, no convés de um navio. Lá, viu como esses marinheiros limpavam o convés com vassouras, como utilizavam pedaços de madeiras, varas para fixar algo ou retirar alguma coisa da parte superior do convés. Nesse caso em particular, um psicólogo alemão teve a ideia de que é possível dizer que o que o macaco faz pode fazer com inteligência ou imitando. Então, Köhler desenvolveu experimentos especiais para esclarecer o que o macaco é capaz de imitar. Verificou-se que, quando precisa imitar movimentos que ultrapassam os limites de seu desenvolvimento mental, o macaco cai numa situação de tristeza, assim como eu, se estivesse diante da necessidade de imitar a resolução de um problema de matemática avançada sem conhecê-la. Ou seja, com a ajuda da imitação, o macaco sabe resolver tarefas com grau de dificuldade que ele pode resolver sozinho. Mas o fato excepcional que Köhler não levou em consideração foi que não é possível ensinar ao macaco com a ajuda da imitação, no sentido humano da palavra, não é possível desenvolver nele intelecto porque ele não tem a zona de desenvolvimento iminente. O grau de dificuldade que ele apresenta em relação à resolução autônoma determina também o grau das dificuldades que ele apresenta na imitação. Ou seja, pelo estado de sua mente, com orientação e com a ajuda da instrução, o macaco não pode desenvolver autonomamente a capacidade de resolver tarefas análogas. Pode-se ensinar muita coisa ao macaco por meio de treinamento, utilizando seus hábitos mecânicos ou combinando seus hábitos intelectuais; por exemplo, pode-se ensiná-lo a andar de bicicleta ou outros hábitos, mas torná-lo mais inteligente, isto é, ensiná-lo a resolver uma série de tarefas mais complexas não é possível. Eis porque, nos animais, não é possível a instrução, no sentido humano da palavra, que pressupõe, ao que tudo indica, uma natureza social específica, o enraizamento da criança na vida intelectual dos que a cercam. Houve seguidores de Köhler que afirmaram que, na criança, a imitação não ultrapassa os limites da sua própria idade, mas, é claro, a mais suave crítica demonstrou que esse postulado é absurdo. Sabemos que, na criança, o desenvolvimento e a instrução estão baseados no que ela pode aprender com orientação; ela pode se tornar mais inteligente não apenas por meio de treinamento, como o macaco, como pode aprender também novos tipos individuais de ação. Um dos colaboradores de Köhler expressou uma opinião com base em puro preconceito, que se reforçou na ciência por muitos anos. A ideia desse colaborador consiste em que, no processo de imitação, o macaco não tem divergências entre seu nível mental e a solução independente da tarefa. A criança humana tem esse nível de divergência, porém ele deve ser constante, ou seja, permanente. Caso a criança possua o nível mental de uma criança de 8 anos, isto é, resolva independentemente tarefas para a idade de 8 anos, então, com orientação, ela poderá solucionar tarefas da idade de 10 anos, ou seja, a zona de desenvolvimento iminente deve sempre ser determinada pelo nível de desenvolvimento atual.

Se fosse assim, seria exagero estudar a zona de desenvolvimento iminente em cada caso, isoladamente, pois ela seria igual. Porém, os dados experimentais demonstraram que é possível que em duas crianças com 8 anos a zona de desenvolvimento iminente seja de 10 anos em uma e de 9, em outra. A zona de desenvolvimento iminente, dessa forma, não é constante.

Gostaria, agora, de demonstrar como as questões abordadas hoje por mim podem ser utilizadas para a solução de tarefas práticas na realidade. Serei muito esquemático porque a aplicação de cada um dos problemas aos objetivos da instrução é infinitamente complexa e diversa, exigindo uma análise especial. Voltemos ao nosso quadro. O que ficou esclarecido com a ajuda daquelas condições que mostrei naquele quadro, naquela contradição? Parece-me que pouca coisa, mas algo se esclareceu. Seria possível colocar na fórmula geral a questão a respeito de qual deveria ser o aproveitamento da criança com QI alto e a dinâmica de seu desenvolvimento mental? Vimos que existem crianças com zonas de desenvolvimento iminente diferentes; em seguida, que existem crianças que se relacionam de forma diversa com as exigências da classe escolar e, posteriormente, que, se combinarmos isso, veremos que há muitos grupos diferentes. Isso seria indiferente para a dinâmica do desenvolvimento mental e para o aproveitamento relativo? Não, são características essenciais. Todos esses grupos, distribuídos por nós, segundo o QI, não são homogêneos e todas as regularidades que foram obtidas aqui (Quadro I) são de ordem puramente estatística e não desvendam, mas encobrem as verdadeiras regularidades, pois, ao se computar coisas qualitativamente diferentes, não é possível extrair uma lei comum.

Seria possível a regra geral de que as crianças com QI alto têm tendência a perdê-lo na escola? Não, porque é preciso considerar que crianças são essas, se alfabetizadas, analfabetas etc. Mas porque, então, obtém-se essa regularidade estatística? Explicarei com um simples exemplo. O que é QI? É um sintoma, uma característica? Será que sabemos que característica é essa e por quais motivos surgiu? Tomemos a medicina, pois lá lidamos com sintomas. É possível extrair a lei de que a maioria das pessoas com tosse curam-se sozinhas, sem quaisquer remédios e sem médicos, se ficarem em casa ao longo de três a sete dias? Penso que se eu tomar, por exemplo, os meses de outubro ou novembro, quando as pessoas com tosse estão, em sua grande maioria, com gripe, pode-se extrair daí uma lei? Não, a lei não estará correta, será obtida casualmente. Se eu pegar doentes tuberculosos com tosse, internados num hospital, ficará claro que a lei extraída por mim é incorreta; ou, se eu focalizar o mês de maio, quando há menos pessoas gripadas, ficará clara outra lei. Assim, a regularidade estatística pode ser obtida também quando, casualmente, tomamos um grupo diversificado em que a maioria pertence a um determinado tipo e a lei terá relação com esse grupo e, equivocadamente, a aceitaremos como uma lei geral.

Por que as crianças com QI alto têm a tendência a perdê-lo, ao longo dos quatro anos da escola primária? A maioria das crianças que chega à escola com o QI alto – acima de 70% – não são crianças mais talentosas em relação às outras, mas cresceram em condições favoráveis. Sabe-se que, na Alemanha, começa-se a ensinar as crianças aos 6 anos e, aqui, aos 8. Sabemos que a criança com 6 anos é capaz de começar a assimilar os rudimentos da sabedoria escolar – regras gramaticais, conta, leitura e escrita. Uma criança cresce numa família culta em que há livros, em que lhe mostram as letras, em que leem em voz alta para ela; outra criança vive numa família que nunca viu letras de imprensa. Ao testarmos essas crianças com a ajuda dos testes de Binet e outros relacionados aos conhecimentos escolares, aos hábitos escolares da meninada, consideramos surpreendente que as crianças oriundas de família culta apresentem um QI alto? Temos que nos surpreender com o inverso. De onde essas crianças obtêm seu QI alto? Elas o obtêm graças à zona de desenvolvimento iminente, ou seja, antes, percorreram, rapidamente, sua zona de desenvolvimento iminente e, por isso, manifestavam uma zona de desenvolvimento relativamente menor, já que, de certa forma, utilizaram-na. Pelos dados do estudo dessas duas escolas, essas crianças somam 57%.

O que ocorre com essas crianças? Em primeiro lugar, pelo tipo de desenvolvimento mental, elas têm uma pequena zona de desenvolvimento iminente. Consequentemente, devem se sair mal nos estudos escolares, ou seja, devem apresentar uma dinâmica ruim. A que se deve o fato de terem obtido um QI elevado? Devido às boas condições de desenvolvimento cultural. Contudo, na escola, essas condições são niveladas. Quando perfazem os quatro anos do ensino escolar, as crianças com QI baixo e as com QI alto têm a tendência natural de se aproximarem, ou seja, o QI baixo, que está para nós ligado às condições ruins, na escola, se eleva porque, para essa criança, as condições mudaram, bruscamente, para melhor. Todavia, para as crianças que cresceram em condições privilegiadas, as condições pioraram, relativamente, nivelaram-se e, naturalmente, se há 57% dessas crianças, a lei estatística será justificada, mas será uma lei na mesma medida daquela que extraímos em relação à tosse, em que teremos o predomínio de um ou outro grupo? Claro que não.

Assim, pela primeira, vez torna-se possível, com base nas grandezas estatísticas brutas, não esmiuçadas e qualitativamente diferentes, passar à análise mais profunda da questão.

A aplicação prática das questões que hoje abordei, parece-me, segue direções muito diferentes e bastante amplas. Antes de tudo, ela tem um significado de primeira ordem em todas as questões de diagnóstico: na seleção de crianças retardadas mentais, no registro do aproveitamento, na análise do insucesso tanto particular quanto geral, na verificação do aproveitamento latente relativo aos alunos que obtêm zero e na identificação dos alunos que não acompanham, como também na resolução da questão do agrupamento da classe, na solução da questão acerca do quanto a permanência da criança na escola colabora não apenas porque ela aprende alguma coisa, mas também porque se alcança uma das principais tarefas da escola politécnica, a saber, tornar-se ferramenta do desenvolvimento integral da criança. Resumindo, parece-me ser mais difícil nomear os problemas práticos da escola não relacionados a essas questões do que nomear os que estão ligadas a elas. Parece-me que, se passarmos da apresentação tradicional da questão a respeito de como a criança amadureceu ou não para o ensino numa certa idade a uma análise mais profunda do desenvolvimento mental da criança, no ensino escolar, então, todos os problemas da pedologia, tanto na escola normal como na auxiliar, serão formulados de forma diferente.

A BRINCADEIRA E O SEU PAPEL NO DESENVOLVIMENTO PSÍQUICO DA CRIANÇA[1]

Quando falamos sobre a brincadeira e o seu papel no desenvolvimento da criança na idade pré-escolar,[2] emergem duas questões fundamentais. A primeira delas é o modo como a própria brincadeira surge ao longo do desenvolvimento, o seu aparecimento, a sua gênese; a segunda diz respeito ao papel que essa atividade desempenha no desenvolvimento, vale dizer, o que ela significa como forma de desenvolvimento da criança na idade pré-escolar. A brincadeira é a atividade-guia ou, simplesmente, uma atividade predominante quando a criança se encontra nessa idade?

Parece-me que, do ponto de vista do desenvolvimento, a brincadeira não é uma forma predominante de atividade, mas,

---

[1] Estenografia da aula proferida em 1933 no Instituto Guertsen Estatal de Pedagogia de Leningrado. (N.E.R.)
A tradução integral deste texto para o português foi realizada e publicada pela primeira vez no Brasil na Revista GIS/UFRJ, n. 11, 2008 e está sendo publicado nesta coletânea com algumas alterações, pois, desde então, alguns conceitos elencados por Vigotski nesse texto receberam outra denominação. (N.T.)

[2] Vigotski refere-se ao longo do texto a diversas idades: primeira infância, que seria a criança até 3 anos, e a idade pré-escolar, que seria a criança acima de 3 e até 6 ou 7 anos. (N.T.)

em certo sentido, é a linha que guia o desenvolvimento na idade pré-escolar.

Permitam-me, nesse momento, passar ao problema da brincadeira em si. Sabemos que a definição de brincadeira, levando-se em conta como critério a satisfação que ela propicia à criança, não é correta por dois motivos. Primeiramente, porque há uma série de atividades que podem proporcionar à criança vivências de satisfação bem mais intensas do que a brincadeira.

O princípio da satisfação é relacionado igualmente, por exemplo, ao processo de sucção, pois chupar chupeta proporciona à criança uma satisfação funcional, mesmo quando ela não se sacia.

Ao mesmo tempo, conhecemos brincadeiras em que o próprio processo de atividade também não proporciona satisfação. São aquelas que prevalecem no final da idade pré-escolar e no início da idade escolar, que trazem satisfação somente quando seu resultado se mostra interessante para a criança; é o caso, por exemplo, dos jogos esportivos (jogos esportivos não são apenas os que envolvem atividade física, mas também os que são relacionados a resultados, premiações). Muito frequentemente, eles são tingidos de um sentimento agudo de insatisfação quando o seu término é desfavorável para a criança.

Dessa forma, a definição da brincadeira pelo princípio de satisfação, é claro, não pode ser considerada correta.

No entanto, recusar-se a admitir o modo como nela as necessidades da criança se realizam, os impulsos para a sua atividade, isto é, os impulsos, significaria intelectualizá-la extremamente. A dificuldade de uma série de teorias sobre a brincadeira é, de certa maneira, a intelectualização desse problema.

Inclino-me a atribuir a essa questão um sentido mais geral e penso que o erro de uma série de teorias é o desconhecimento das necessidades da criança; teorias que entendem essas necessidades num sentido amplo, começando pelos impulsos e finalizando com o interesse como uma necessidade de caráter intelectual.[3] Resumindo, há desconhecimento de tudo o que se pode reunir sob o nome de impulso e motivos relacionados à atividade. Frequentemente, explicamos o desenvolvimento da criança pelo prisma de suas funções intelectuais, ou seja, diante de nós, qualquer criança se apresenta como um ser teórico que, dependendo do maior ou menor nível de desenvolvimento intelectual, passa de um degrau etário para outro.

Não são consideradas as necessidades e as inclinações da criança, seus impulsos, os motivos de sua atividade, sem o que, como demonstra a investigação, nunca ocorre a passagem da criança de um estágio para o outro. Particularmente, parece-me que se deve começar a análise da brincadeira exatamente pelo esclarecimento desses momentos.

Pelo visto, qualquer deslocamento, qualquer passagem de um estágio etário para outro se relaciona à mudança brusca dos motivos e dos impulsos para a atividade.

O que representa uma enorme riqueza para o bebê quase deixa de interessar à criança na primeira infância. Essa maturação de novas necessidades, de novos motivos para a atividade deve ser posta em primeiro plano. Particularmente, não há como ignorar que a criança satisfaz certas necessidades, certos impulsos, na brincadeira. Sem a compreensão da peculiaridade desses impulsos, não é possível imaginar que a brincadeira seja um tipo específico de atividade.

Na idade pré-escolar, surgem necessidades e impulsos específicos que são muito importantes para o desenvolvimento da

---

[3] Na psicologia soviética, denomina-se de *Psicologia etária* (*Vozrastnaia psirrologuia*) a área da psicologia que, tradicionalmente, estuda as regularidades gerais do desenvolvimento e das especificidades etárias do psiquismo em diferentes etapas da ontogênese. (N.T.)

criança e que conduzem diretamente à brincadeira. Isso ocorre porque, na criança dessa idade, emerge uma série de tendências irrealizáveis, de desejos não realizáveis imediatamente. Na primeira infância, a criança manifesta a tendência para a resolução e a satisfação imediata de seus desejos. O adiamento da realização de seus desejos é difícil para a criança pequena, pode ser possível somente em limites bem estreitos; não se conhece uma criança de até 3 anos que tenha um desejo de fazer algo depois de alguns dias. Normalmente, o caminho para a realização do impulso é extremamente curto. Parece-me que, se na idade pré--escolar não houvesse o amadurecimento de necessidades não realizáveis imediatamente, não existiria a brincadeira. Estudos demonstram que a brincadeira não se desenvolve apenas quando o desenvolvimento intelectual das crianças é insatisfatório, mas também quando o é a esfera afetiva.

Do ponto de vista da esfera afetiva, parece-me que a brincadeira se organiza justamente na situação de desenvolvimento em que surgem as tendências irrealizáveis. Na primeira infância, a criança comporta-se da seguinte maneira: ela quer pegar um objeto e tem de fazê-lo no mesmo instante. Caso isso não seja possível, ela apronta um escândalo, deita-se no chão e bate com os pés ou se conforma e não pega mais o objeto. Na criança, os desejos não satisfeitos possuem suas vias específicas de substituição, resignação etc. Se, por um lado, no início da idade pré-escolar, aparecem os desejos não satisfeitos, as tendências não realizáveis imediatamente, por outro, conserva-se a tendência da primeira infância para a realização imediata dos desejos. Por exemplo, a criança quer estar no lugar da mãe ou ser um cavaleiro e cavalgar. Isso é um desejo inexequível naquele momento. Na primeira infância, o que costuma fazer a criança quando avista uma caleche e quer andar nela de qualquer maneira? Caso seja mimada e caprichosa, poderá exigir que a mãe a coloque na caleche e até mesmo poderá jogar-se na calçada etc. Caso seja uma criança obediente, acostumada a abdicar de seus desejos, então, se afastará ou a mãe poderá oferecer-lhe uma bala ou, ainda, simplesmente distraí-la com uma forte demonstração de afeto e, assim, ela poderá abrir mão de seu desejo imediato.

Porém, numa criança com mais de 3 anos, emergem tendências específicas e contraditórias, de um modo diferente; por um lado, surge uma série de necessidades e de desejos não realizáveis imediatamente, mas que, ao mesmo tempo, não se extinguem como desejos; por outro lado, conserva-se, quase por completo, a tendência para a realização imediata dos desejos.

É disso que surge a brincadeira, que deve ser sempre entendida como uma realização imaginária e ilusória de desejos irrealizáveis, diante da pergunta "por que a criança brinca?". A imaginação é o novo que está ausente na consciência da criança na primeira infância, absolutamente ausente nos animais e representa uma forma especificamente humana de atividade da consciência; como todas as funções da consciência, forma-se originalmente na ação. A velha fórmula segundo a qual a brincadeira de criança é imaginação em ação pode ser alterada, afirmando-se que a imaginação nos adolescentes e escolares é a brincadeira sem ação.

É difícil imaginar que o impulso que leva a criança a brincar seja realmente um simples impulso afetivo do mesmo gênero que ocorre no bebê ao chupar a chupeta.

É difícil admitir que a satisfação sentida na brincadeira, na idade pré-escolar, esteja condicionada ao mesmo mecanismo afetivo que o de chupar chupeta. Nada existe no desenvolvimento da criança em idade pré-escolar que se relacione com isso.

Entretanto, não se quer dizer que a brincadeira surja como resultado de cada desejo não satisfeito isoladamente: a criança quis passear de caleche e esse desejo não foi satisfeito naquele momento; então, ela se dirige ao quarto e começa a brincar de caleche. De fato, nunca acontece assim. Isso quer dizer que a criança não tem apenas reações afetivas isoladas em relação a fenômenos isolados, mas tendências afetivas generalizadas externas aos objetos. Vejamos um caso de complexo de baixa autoestima, por exemplo, uma criança com microcefalia. Ela não podia participar de um agrupamento infantil por ter sido alvo de muito deboche, o que a levou a quebrar todos os espelhos e vidros que refletiam sua imagem. Eis a profunda diferença da criança na primeira infância. Nesta, como um fenômeno isolado (numa situação concreta), por exemplo, cada vez que é debochada, surge uma reação afetiva isolada, ainda não generalizada. Já na idade pré-escolar, a criança generaliza sua relação afetiva com o fenômeno independentemente da situação concreta real, pois a relação afetiva está ligada ao sentido do fenômeno. Por isso, a todo momento a criança demonstra o complexo de baixa autoestima.

A essência da brincadeira é que ela é a realização de desejos, não de desejos isolados, mas de afetos generalizados. Na idade pré-escolar, a criança tem consciência de suas relações com os adultos, reage a eles com afeto; contudo, diferentemente do que acontece na primeira infância, generaliza essas reações afetivas (a autoridade dos adultos impõe-lhe respeito etc.).

A presença de tais afetos generalizados na brincadeira não significa que a criança entenda os motivos pelos quais a brincadeira é inventada e também não quer dizer que ela o faça conscientemente. Portanto, ela brinca sem ter a consciência dos motivos dessa atividade. É isso que, essencialmente, distingue a brincadeira de outros tipos de atividade, como o trabalho. Em geral, deve-se dizer que a esfera de motivos, ações, impulsos está relacionada àquelas esferas menos conscientes e se torna plenamente acessível à consciência apenas na idade de transição. Somente o adolescente consegue responder por que ele faz isso ou aquilo.

Momentaneamente, deixaremos por alguns minutos a questão relativa à esfera afetiva. Vamos tratá-la como condição prévia e, nesse ponto, veremos como se desenrola a própria atividade de brincar.

Na brincadeira, a criança cria uma situação imaginária. Parece-me que é esse o critério que deve ser adotado para distinguir a atividade de brincar no interior do grupo geral de outras formas de atividade da criança. Isso se torna possível em razão da divergência entre o campo visual e o semântico, que surge na idade pré-escolar.

Essa ideia não é nova, posto que a existência de brincadeiras com situação imaginária sempre foi conhecida, mas analisada meramente como um dos tipos de brincadeira. Assim, atribuía-se um significado secundário à situação imaginária que, segundo a opinião de autores mais antigos, não seria a qualidade principal que faz a brincadeira ser brincadeira, visto que apenas um determinado grupo de brincadeiras caracterizar-se-ia por esse atributo.

Parece-me que a principal dificuldade dessa ideia se apresenta em três momentos. O primeiro trata da existência do perigo de uma abordagem intelectualista da brincadeira; caso seja entendida como simbólica, teme-se que, em sua ação, ela se transforme numa atividade semelhante ao cálculo algébrico, que ela se transforme num sistema de sinais que generalizam a atividade real. Assim, não encontraríamos algo peculiar à brincadeira e imaginaríamos a criança como um algebrista fracassado que não sabe escrever os sinais no papel, mas os imagina na ação. É necessário demonstrar a relação dos impulsos com a brincadeira porque, parece-me, ela própria nunca é uma ação simbólica no sentido estrito da palavra.

O segundo momento é que essa ideia representa a brincadeira como um processo cognitivo e aponta para o significado desse processo, deixando à margem não só o momento afetivo, mas também o de atividade da criança.

O terceiro momento é a necessidade de desvendar o que essa atividade promove no desenvolvimento, ou seja, o que pode se desenvolver na criança com o auxílio da situação imaginária.

Permitam-me começar pela segunda questão, já que abordei brevemente a que está relacionada ao impulso afetivo. Vimos que, no impulso afetivo que leva à brincadeira, existem rudimentos da necessidade da situação imaginária e não da simbologia, pois, se a brincadeira realmente se desenvolve de desejos não satisfeitos, de tendências irrealizadas, se ela consiste em ser a realização, sob a forma de brincadeira, de tendências não realizadas num dado momento, então, involuntariamente, na sua própria natureza afetiva estarão presentes momentos da situação imaginária.

Iniciemos pelo segundo momento, o da atividade da criança na brincadeira. O que significa o comportamento da criança na situação imaginária? Sabemos que existe uma forma de brincadeira que também foi destacada, há muito tempo, e que, normalmente, era relacionada ao período tardio da idade pré-escolar, considerando-se central o seu desenvolvimento na idade escolar. Estamos falando dos jogos com regras.[4] Vários pesquisadores, apesar de não pertencerem ao campo dos materialistas dialéticos, seguiram nessa área pelo caminho recomendado por Marx, quando ele dizia que "a anatomia do ser humano é a chave para a anatomia do macaco." Eles começaram a analisar a brincadeira na primeira infância à luz dessa brin-

---

[4] Em russo, a palavra *igra* é empregada tanto para referir-se à brincadeira quanto ao jogo. (N.T.)

cadeira tardia com regras e seu estudo levou à conclusão que a brincadeira com situação imaginária representa, essencialmente, os jogos com regras. Parece-me até possível admitir a hipótese de que não exista brincadeira em que não haja comportamento da criança submetido a regras, uma relação singular da criança com as regras.

Permitam-me esclarecer esse raciocínio. Tomemos qualquer brincadeira com situação imaginária. A situação imaginária já contém regras de comportamento, apesar de não ser uma brincadeira que requeira regras desenvolvidas, formuladas com antecedência. A criança se imaginou mãe e fez da boneca o seu bebê. Ela deve comportar-se, submetendo-se às regras do comportamento materno. Isso foi muito bem demonstrado por um estudioso com um experimento original que tinha por base as conhecidas observações de Sully.[5] Este autor, como se sabe, descreveu que a brincadeira é admirável porque a situação em que ocorre e a situação real coincidem nas crianças. Duas irmãs – uma de 5 e outra de 7 anos – certa vez combinaram: "Vamos brincar de irmãs". É dessa forma que Sully descreveu o caso de duas irmãs brincando de serem duas irmãs, ou seja, elas brincavam de uma situação real. A base do método do experimento do estudioso mencionado era a brincadeira das crianças sugerida pelo pesquisador, porém uma brincadeira que envolvia relações reais. Em certas ocasiões, com muita facilidade, tive a oportunidade de provocar esse tipo de brincadeira nas crianças. Assim, é muito fácil levar a criança a brincar com a mãe de que ela é uma criança e a mãe é a mãe, ou seja, brincar daquilo que é realidade. Uma diferença substancial da brincadeira em relação à realidade, assim como a descreve Sully, é que, ao começar a brincar, a criança tenta ser a irmã. Na vida real, ela

---

[5] Sobre James Sully, cf., neste volume, a nota nota 11, p. 119. (N.T.)

se comporta sem pensar que é irmã de sua irmã. Ela nada faz em relação à sua irmã porque é, realmente, sua irmã, a não ser, provavelmente, nos momentos em que sua mãe lhe indica ou lhe ordena essa ação, por exemplo, dizendo-lhe: "Dê a ela". Mas, durante a brincadeira de "irmãs", cada uma delas, o tempo todo, ininterruptamente, demonstra a sua relação de irmã; o fato de as duas terem iniciado a brincadeira de irmãs lhes propicia a oportunidade de admitirem as regras de comportamento (eu tenho de ser irmã da outra irmã, no decorrer de toda a situação da brincadeira). As ações da brincadeira que combinam com a situação são somente aquelas que combinam com as regras.

Na brincadeira, toma-se a situação que destaca que essas meninas são irmãs, pois estão vestidas de maneira igual, andam de mãos dadas, ou seja, destaca-se o que indica a situação delas de irmãs em relação aos adultos, em relação aos estranhos. A mais velha, segurando a mais nova pela mão, o tempo todo fala sobre o que representam as pessoas: "São estranhos, não são conhecidos". Isso significa: "Eu e minha irmã agimos do mesmo modo uma com a outra, os adultos que nos conhecem tratam-nos de forma igual, mas com os outros, com estranhos, é diferente". Aqui, destaca-se tudo o que é igual e está contido para a criança no conceito de irmã. Isso significa que a minha irmã está para mim numa relação diferente das que tenho com os estranhos. O que existe e é imperceptível para a criança, na vida real, transforma-se em regra na brincadeira.

Então, quando criamos uma brincadeira sem uma situação imaginária, o que resta? Resta a regra. A criança começa a se comportar conforme o que dita a situação.

Vamos deixar, por um minuto, esse notável experimento no campo da brincadeira e examinar uma brincadeira qualquer. Parece-me que sempre que há uma situação imaginária na brincadeira, há regra. Não são regras formuladas previamente e que mudam ao longo da brincadeira, mas que decorrem da situação imaginária. Por isso, é simplesmente impossível supor que a criança possa se comportar numa situação imaginária sem regras, assim como se comporta numa situação real. Se a criança faz o papel da mãe, então ela tem diante de si as regras do comportamento da mãe. O papel que a criança interpreta e a sua relação com o objeto, caso este tenha seu significado modificado, sempre decorrem das regras, ou seja, a situação imaginária sempre contém regras. Na brincadeira, a criança é livre. Mas essa liberdade é ilusória.

Se, no início, a tarefa do pesquisador era a de desvendar a regra oculta contida em qualquer brincadeira com situação imaginária, pois bem, recentemente, obtivemos a comprovação de que a chamada brincadeira pura com regras (do escolar e do pré-escolar até o fim dessa idade) consiste, essencialmente, na brincadeira com situação imaginária, pois, exatamente da mesma forma como a situação imaginária contém, necessariamente, regras de comportamento, qualquer brincadeira com regras contém a situação imaginária. O que significa, por exemplo, jogar xadrez? Criar uma situação imaginária. Por quê? Porque são conceitos próprios do xadrez o bispo poder andar somente de uma forma, o rei de outra, a rainha de outra, "comer", perder peças etc. Porém, há uma situação imaginária sempre presente que não substitui diretamente as relações reais. Pensem na mais simples brincadeira de crianças com regras. No mesmo instante em que ela começa a ser regulada por algumas regras, transforma-se numa situação imaginária, pois uma série de ações reais se mostra impossível nessa situação.

Da mesma forma como, no início, foi possível demonstrar que qualquer situação imaginária contém regras ocultas, demonstrou-se também o inverso, isto é, que qualquer brincadeira com regras contém uma situação imaginária oculta. O desenvolvimento que parte de uma situação imaginária às claras e regras ocultas para a brincadeira com regras às claras e uma situação imaginária oculta compõe os dois polos e demarca a evolução da brincadeira infantil.

Qualquer brincadeira com situação imaginária é, ao mesmo tempo, brincadeira com regras e qualquer brincadeira com regras é brincadeira com situação imaginária. Parece-me que essa tese está clara.

No entanto, surge um mal-entendido que é necessário eliminar desde o início. A criança aprende a se comportar, segundo a regra conhecida, desde os primeiros meses de sua vida. A vida de uma criança pequena está repleta de regras como: ficar sentada à mesa e calada, não mexer nas coisas dos outros, obedecer à mãe. O que, então, há de específico nas regras da brincadeira? A solução dessa questão torna-se possível à luz de alguns trabalhos. Particularmente, nesse caso, o novo trabalho de Piaget,[6] dedicado ao desenvolvimento de regras morais na criança, trouxe um enorme auxílio. Nele, há uma parte dedicada ao estudo das regras da brincadeira na qual Piaget apresenta, ao que me parece, uma solução extremamente convincente dessas dificuldades.

Como ele mesmo se expressa, reconhece dois comportamentos morais na criança, duas fontes de desenvolvimento das regras do comportamento infantil que se diferenciam uma da outra.

Na brincadeira, isso se evidencia com muita clareza. Algumas regras surgem na criança, como demonstra Piaget, pela influência unilateral do adulto sobre ela. A proibição de mexer nas coisas dos outros é uma regra que foi apresentada pela mãe; a exigência de ficar quieta à mesa é o que os adultos apresentam como uma lei externa para a criança. Essa é a primeira moral da criança. Como diz Piaget, outras regras surgem na colabo-

---

[6] Sobre Jean Piaget, cf., neste volume, a nota nota 14, p. 97. (N.T.)

ração mútua do adulto com a criança ou das crianças entre si; a própria criança participa do estabelecimento delas.

É claro que as regras das brincadeiras se diferenciam substancialmente de outras, como não mexer nas coisas dos outros e ficar quieto à mesa. Em primeiro lugar, por serem estabelecidas pela própria criança. São regras da criança para si própria, como diz Piaget, regras de autolimitação e autodeterminação internas. A criança fala a si mesma: tenho que me comportar assim e assim nessa brincadeira. Isso é totalmente diferente de quando lhe dizem que pode fazer isso e não pode fazer aquilo. Piaget demonstrou um fenômeno muito interessante no desenvolvimento da moral infantil, denominando-o de realismo moral. Ele indicou que a primeira linha de desenvolvimento das regras externas (o que pode e o que não pode) conduz ao realismo moral, ou seja, leva a criança a confundir as regras morais com as físicas. Ela confunde regras como não poder acender, pela segunda vez, um palito de fósforo que já foi aceso e não poder acender palitos de fósforos ou pegar copos de vidro, pois podem se quebrar. Todos esses "nãos" para a criança pequena são o mesmo; todavia, é totalmente diferente sua relação com as regras que estabelece por conta própria.[7]

Passamos, agora, à questão sobre o papel da brincadeira e sua influência no desenvolvimento da criança. Para mim, essa influência é enorme.

---

[7] Na aula passada, apontamos para o caráter da percepção de regras externas de comportamento pela criança pequena; falamos que todos os tipos de "nãos" – os sociais (proibição), os físicos (impossibilidade, por exemplo, de acender pela segunda vez um palito de fósforo já queimado) e os biológicos (não poder, por exemplo, tocar o samovar porque pode se queimar) – confluem para um único "não" "situacional" que pode ser compreendido como uma "barreira" (no sentido da expressão de Lewin). (N.E.R.)

Tentarei apresentar duas ideias principais. Penso que a brincadeira com situação imaginária é algo essencialmente novo, impossível para a criança até os 3 anos; é um novo tipo de comportamento, cuja essência se encontra no fato de que a atividade, na situação imaginária, liberta a criança de amarras situacionais.

O comportamento da criança pequena, principalmente do bebê, como demonstraram as experiências de Lewin[8] e outras, é determinado pela situação em que a atividade ocorre. Um exemplo famoso é o da pedra, descrito pelo autor. Essa experiência é a ilustração real de como a criança pequena está ligada, em cada atitude, à situação em que sua atividade ocorre.

Encontramos aí um traço excepcionalmente característico do comportamento da criança pequena em sua relação com um ambiente familiar, com uma situação real na qual ocorre sua atividade. É difícil imaginar a grande contradição que há entre as experiências de Lewin, que mostram as amarras situacionais da atividade, com o que vemos na brincadeira: nesta, a criança aprende a agir em função do que tem em mente e não do que vê. Parece-me que essa fórmula transmite com precisão o que ocorre na brincadeira: a criança aprende a agir em função do que tem em mente, ou seja, do que está pensando, mas não está visível, apoiando-se nas tendências e nos motivos internos e não nos motivos e impulsos provenientes das coisas. Gostaria de lembrar o estudo de Lewin sobre o caráter impulsionador das coisas para a criança na primeira infância, segundo o qual os objetos ditam a ela o que tem de fazer – a porta induz-lhe o querer abri-la e fechá-la; a escada, a querer subir; o sininho,

---

[8] Kurt Lewin (1890-1947) – psicólogo alemão, autor da conhecida Teoria de Campo. Por ser judeu, exilou-se nos Estados Unidos, em 1933, país em que permaneceu até sua morte. (N.T.)

a querer tocá-lo. Ou seja, nas atividades da criança na primeira infância, a força impulsionadora provém dos objetos e determina o comportamento dela, tanto que Lewin chegou a pensar em criar uma tipologia psicológica, ou seja, a expressar matematicamente a trajetória do movimento da criança no campo, dependendo de como estão dispostos os objetos com força diferente de atração e de impulsão para ela.

Onde se encontra a raiz das amarras situacionais da criança? Nós a encontramos num fato central da consciência, característico da primeira infância, que diz respeito à união entre afeto e percepção. Em geral, nessa idade, a percepção não é um momento independente, mas inicial na reação motora-afetiva, ou seja, qualquer percepção é estímulo para a atividade. Como, psicologicamente, a situação sempre é dada por meio da percepção que, por sua vez, não está separada da atividade afetiva e motora, então, fica claro que, tendo esta estrutura de consciência, a criança não poderia agir de forma diferente a não ser ligada à situação ou ao campo em que se encontra.

Na brincadeira, contudo, os objetos perdem o seu caráter impulsionador. A criança vê algo, mas age de forma diferente em relação ao que vê. Assim, percebe-se que a criança começa a agir independentemente do que vê. Há pessoas doentes que, tendo certa área do cérebro afetada, perdem a capacidade de agir independentemente do que veem. Ao observar essas pessoas, pode-se entender que a liberdade de ação, existente em cada um de nós e na criança de idade mais avançada, não é dada de imediato e, certamente, passa por um longo caminho de desenvolvimento.

A ação na situação que não é vista, mas somente pensada, a ação num campo imaginário, numa situação imaginária, leva a criança a aprender a se comportar não apenas com base na sua percepção direta do objeto ou na situação que atua diretamente sobre ela, mas com base no sentido desta.

Nos experimentos e nas observações diárias, as crianças na primeira infância demonstram que, para elas, há impossibilidade de divergências entre o campo semântico e o visual. Esse é um fato muito importante. Até mesmo uma criança de 2 anos, quando tem de repetir, olhando para outra sentada à sua frente: "Tânia está andando", modifica a frase e diz: "Tânia está sentada". Em algumas doenças, encontramos a mesma situação. Goldstein[9] e Gelb[10] descreveram vários doentes que não conseguiam referir-se a alguma coisa que não correspondesse à realidade. Gelb tem registros sobre um doente que sabia escrever bem com a mão esquerda e não conseguia escrever a frase: "Eu sei escrever bem com a mão direita"; que, olhando pela janela, num dia de sol, não conseguia repetir a frase: "Hoje, o tempo está ruim", e dizia: "Hoje, o tempo está bom". Frequentemente, nos doentes com disfunções na fala, constatamos o sintoma da impossibilidade de repetição de uma frase sem sentido, por exemplo, "A neve é preta", ainda que consigam repetir uma série de outras frases bem difíceis tanto no aspecto gramatical quanto semântico.

Na primeira infância, há uma união íntima da palavra com o objeto, do significado com o que a criança vê. Durante esse momento, a divergência entre o campo semântico e o visual faz-se impossível.

Não é difícil compreender isso, levando-se em conta o processo de desenvolvimento da fala da criança. O adulto diz

---

[9] Kurt Goldstein (1878-1965) – neurologista e psiquiatra alemão. Criou uma teoria holística do organismo. Por ser judeu, viu-se forçado a deixar a Alemanha quando Hitler assumiu o poder. (N.T.)

[10] Adhémar Gelb (1887-1936) – psicólogo alemão, amigo e colaborador de Kurt Goldstein. Gelb perdeu sua posição na cátedra de psicologia experimental, na Universidade de Halle, após as leis raciais de Nuremberg e foi convidado pela Universidade do Kansas. Todavia, morreu tragicamente de tuberculose, antes de completar sua emigração, em 1936. (N.T.)

à criança: "relógio". Ela começa a procurar e o encontra, ou seja, a primeira função da palavra diz respeito à orientação no espaço, à distinção de lugares separados no espaço; a palavra, inicialmente, significa um lugar conhecido na situação.

Na brincadeira da idade pré-escolar, temos, pela primeira vez, a divergência entre o campo semântico e o ótico. Parece-me ser possível repetir o raciocínio de um pesquisador que diz que, na brincadeira, a ideia separa-se do objeto e a ação desencadeia-se da ideia e não do objeto.

Devido ao fato de, por exemplo, um pedaço de madeira começar a ter o papel de boneca, um cabo de vassoura tornar-se um cavalo, a ideia se separa do objeto; a ação, em conformidade com as regras, começa a determinar-se pelas ideias e não pelo próprio objeto. É difícil avaliar, em todo o seu sentido, essa guinada na relação entre a criança e a situação real, tão próxima e concreta. A criança não faz isso imediatamente. Separar a ideia (significado da palavra) do objeto é uma tarefa demasiadamente difícil para a criança. A brincadeira é uma forma de transição para isso. Nesse momento em que o cabo de vassoura, ou seja, o objeto transforma-se num ponto de apoio (pivô) para a separação do significado "cavalo" do cavalo real, nesse momento crítico, modifica-se radicalmente uma das estruturas psicológicas que determinam a relação da criança com a realidade.

A criança não consegue separar a ideia do objeto; ela precisa ter um ponto de apoio em outro objeto. Temos, aqui, a expressão de uma fraqueza da criança: para pensar sobre o cavalo, ela precisa projetar, no cabo de vassoura, no pivô, suas ações com esse cavalo. Porém, nesse momento crítico, muda radicalmente a estrutura principal que determina a relação entre a criança e a realidade, mais precisamente, a estrutura da percepção. A especificidade da percepção humana, que surge na primeira infância, constitui-se no que se denomina de percepção real. Na percepção animal não há nada que se assemelhe a isso. Essencialmente, isso quer dizer que eu vejo o mundo não apenas de cores e formas, mas como um mundo que possui significado e sentido. Vejo não algo redondo, negro, com dois ponteiros, mas o relógio e posso separar uma coisa da outra. Existem doentes que, ao verem um relógio, dizem ver algo redondo, branco, com duas faixas finas de aço, mas não sabem que é um relógio. Perderam a relação real com o objeto. Então, a estrutura da percepção humana poderia ser expressa, de modo figurado, em forma de fração, em que o numerador é o objeto e o denominador, o sentido. Isso expressa uma conhecida relação entre o objeto e o sentido que surge baseada na fala e significa que cada percepção humana não é única, mas generalizada. Goldstein diz que essa percepção-em-forma-de-objeto e generalização é a mesma coisa. Na criança, o objeto é o dominante na fração objeto/sentido; o sentido está diretamente ligado ao objeto. No momento crítico, quando o cabo de vassoura se transforma em cavalo para a criança, ou seja, quando o objeto cabo de vassoura se transforma no pivô para separar o significado "cavalo" do cavalo real, essa fração, como diz o pesquisador, inverte-se e o dominante passa a ser o momento semântico: sentido/objeto.

Entretanto, as características do objeto como tal conservam um significado importante: qualquer cabo de vassoura pode assumir o papel de cavalo, mas, por exemplo, um cartão postal não pode ser um cavalo para a criança. A tese de Goethe de que, para a criança, na brincadeira, tudo pode se transformar em tudo, está errada. Para os adultos, no simbolismo consciente, é claro, até um cartão postal pode ser um cavalo. Caso eu queira fazer uma demonstração experimental, coloco um palito de fósforo e digo: cavalo. Basta isso. Para a criança, isso não pode ser um cavalo, tem que ser um palito. Por isso, a brincadeira não é simbólica. O símbolo é um signo, mas, no caso que estamos tratando, o palito de fósforo não é um signo do cavalo. Na brincadeira, as características dos objetos conservam-se, mas o significado deles muda, ou seja, o sentido se torna o ponto central. Pode-se dizer que, nessa estrutura, os objetos passam de ponto predominante para subordinado.

Dessa forma, na brincadeira, a criança cria a seguinte estrutura: sentido/objeto. Nesta, o aspecto semântico, o significado da palavra, o significado do objeto é dominante e determina seu comportamento.

Até certo ponto, o significado se emancipa do objeto a que, antes, estava diretamente unido. Eu até diria que, na brincadeira, a criança opera com o significado separadamente do objeto, mas o significado é inseparável da ação real com o objeto real.

Assim, surge uma contradição extremamente interessante: a criança opera com os significados dos objetos separados dos significados das ações, mas opera com eles sem interromper a relação com qualquer ação real e com qualquer outra coisa real. Esse é exatamente o caráter transitório da brincadeira que faz com que se transforme num elo intermediário entre as amarras situacionais da primeira infância e o pensamento apartado da situação real.

Na brincadeira, a criança opera com objetos como coisas que possuem sentido, opera com os significados das palavras, que substituem os objetos; por isso, ocorre a emancipação das palavras em relação aos objetos (um behaviorista descreveria a brincadeira e suas características da seguinte forma: a criança denomina os objetos comuns com nomes incomuns; denomina suas ações comuns com representações incomuns, apesar de saber seus verdadeiros nomes).

Para que a palavra se separe do objeto, necessita-se de um pivô em forma de outro objeto. Mas, no momento em que o cabo de vassoura, ou seja, o objeto, transforma-se em pivô para a separação do significado "cavalo" do cavalo real (a criança não consegue separar o significado ou a palavra do objeto de maneira diferente, a não ser encontrando um pivô em outro objeto, ou seja, com a força de um objeto, roubando o nome do outro), isso parece forçar um objeto a agir sobre o outro no campo semântico. A transferência de significados é facilitada, pois a criança recebe a palavra como se fosse uma característica do objeto; a criança não vê a palavra, mas, por detrás desta, vê o objeto que ela significa. Para ela, a palavra "cavalo" atribuída ao cabo de vassoura significa: "lá está um cavalo", ou seja, mentalmente, ela vê o objeto por detrás da palavra.

Na idade escolar, a brincadeira se desloca para os processos internos, para a fala interna, a memória lógica e o pensamento abstrato. Nela, a criança opera com significados separados dos objetos, mas sem interromper a ação real com os objetos reais. Porém, a separação do significado "cavalo" do cavalo real, a sua transferência para o cabo de vassoura (um ponto de apoio palpável, pois de outra forma o significado sumiria, evaporar-se-ia) e o manejo real deste como se fosse um cavalo constituem uma etapa transitória necessária para operar com significados. Ou seja, a criança, primeiramente, age com os significados do mesmo modo que o faz com os objetos; depois, toma consciência deles e começa a pensar. Isto é, assim como antes da fala gramatical e da escrita, a criança possui saberes, mas ela não sabe, não tem consciência de que os possui e não os domina voluntariamente, na brincadeira, ela usa inconsciente e involuntariamente o significado que pode ser separado do objeto, ou seja, ela não sabe o que o objeto faz, não sabe que fala em prosa, fala sem perceber a palavra.

Daí decorre a definição funcional dos conceitos, ou seja, dos objetos; daí decorre que a palavra é parte do objeto.

Então, gostaria de dizer que o fato de criar uma situação imaginária não é casual na vida da criança. Ele tem como primeira consequência a sua emancipação das amarras situacionais. O primeiro paradoxo da brincadeira é que a criança opera com o significado, separadamente, mas numa situação real. O segundo é que ela age na brincadeira pela linha da menor resistência, ou seja, faz o que mais deseja, pois a brincadeira está ligada à satisfação. Ao mesmo tempo, aprende a agir pela linha de maior resistência: submetendo-se às regras, as crianças recusam o que desejam; pois, a submissão às regras e a recusa à ação impulsiva imediata, na brincadeira, é o caminho para a satisfação máxima.

Observando crianças num jogo esportivo veremos o mesmo. Apostar corridas mostra-se difícil porque os competidores estão prontos para disparar do lugar assim que ouvem o "1, 2..." e não conseguem aguardar o "3". Pelo visto, a essência das regras internas está no fato de a criança precisar agir não por impulso imediato.

A cada passo, a brincadeira requer constantemente de a criança agir contra o impulso imediato, ou seja, pela linha de maior resistência. Naturalmente, o desejo é correr – isso é claro –, mas as regras da brincadeira ordenam que fique parada. Por que a criança não faz o que deseja naquele momento? Porque toda a estrutura da brincadeira, se as regras forem seguidas, promete uma satisfação que é bem maior do que o impulso imediato. Em outras palavras, como declara um pesquisador lembrando-se das palavras de Spinoza, "Um afeto não pode ser refreado nem anulado senão por um afeto contrário e mais forte do que o afeto a ser refreado".[11] Dessa forma, na brincadeira, é criada uma situação em que surge, como diz Noll,[12] um plano

---

[11] Cf. Spinoza, B. *Ética*. Belo Horizonte: Editora Autêntica, 2007. Tradução de Tomaz Tadeu, p. 275. (N.T.)
[12] Sem informações sobre o autor citado. (N.T.)

afetivo duplo. Por exemplo, ao brincar, a criança chora como um paciente, mas se alegra como um dos brincantes. Ela recusa o impulso imediato, coordenando seu comportamento; cada atitude sua está ligada às regras da brincadeira. Isso foi descrito maravilhosamente por Groos.[13] Sua tese é que a vontade de uma criança nasce e se desenvolve nas brincadeiras com regras. Numa simples brincadeira de bruxa descrita por Groos, para que não seja pega, a criança deve correr da bruxa; ao mesmo tempo, deve ajudar o colega e lhe tirar o feitiço. Assim que a bruxa a tocar, a criança deve parar. Desse modo, a cada passo, enfrenta um conflito entre a regra da brincadeira e o que faria se pudesse agir diretamente. Na brincadeira, a criança age contra o que deseja no momento. Noll demonstrou que, na criança, a maior força de autocontrole surge na brincadeira. Ele induzia nas crianças uma vontade máxima de brincar, apresentando-lhes bombons, mas estes deveriam ser recusados durante a brincadeira, pois, segundo as regras desta, eles representavam coisas não comestíveis. Normalmente, a criança experimenta a submissão à regra, recusando-se a fazer o que quer; entretanto, nesse caso, a submissão à regra e a recusa a agir por impulso imediato é o caminho para a satisfação máxima.

Dessa forma, uma característica essencial da brincadeira é a regra que se transformou em afeto. "A ideia que virou afeto, o conceito que virou paixão" – o protótipo desse ideal de Spinoza, na brincadeira, que é o reino da liberdade. O cumprimento da regra é a fonte da satisfação. A regra vence o impulso mais forte (para Spinoza, o afeto pode ser vencido com um afeto fortíssimo). Daí, decorre que essa regra é interna, ou seja, uma regra de

---

[13] Karl Groos (1861-1946) – filósofo e psicólogo alemão que propôs uma teoria evolucionária sobre a brincadeira, descrita em dois livros escritos em 1898 e republicados em 2009 pela General Books LLC Publication (*The play of animals* [*A brincadeira dos animais*] e *The play of man* [*A brincadeira do homem*]). (N.T.)

autolimitação, de autodeterminação interna, como diz Piaget, e não uma regra a que a criança se submete como se fosse uma lei da física. Resumindo, a brincadeira propicia à criança uma nova forma de desejos, ou seja, ensina-a a desejar, relacionando o desejo com o "eu" fictício, ou seja, com o papel na brincadeira e a sua regra. Por isso, na brincadeira são possíveis as maiores conquistas da criança que, amanhã, se transformarão em seu nível médio real, em sua moral.

Agora, podemos falar sobre a atividade da criança o mesmo que falamos sobre o objeto. Da mesma forma que existe uma fração objeto/sentido, existe também a fração ação/sentido.

Se, anteriormente, o momento dominante era a ação, agora, a estrutura se inverte: o sentido se torna o numerador e a ação o denominador.

É importante entender a liberdade de ação que a criança atinge na brincadeira, quando a ação se torna real. Por exemplo, não é o comer real, mas o representado com o movimento dos dedos, ou seja, quando a ação não é realizada em função da própria ação, mas em função do sentido que designa.

Na criança pré-escolar, inicialmente, a ação é predominante em relação ao sentido; trata-se de uma incompreensão da ação. A criança sabe fazer mais do que entender. Na idade pré-escolar, pela primeira vez, surge uma estrutura de ação em que o sentido é o determinante; porém, a própria ação não é ainda secundária ou um momento inferior, mas um momento estrutural. Noll demonstrou que as crianças comiam com pratinhos, fazendo com as mãos movimentos que lembravam a verdadeira ação de comer e as ações que não diziam respeito, propriamente, ao comer eram impossíveis. Colocar as mãos para trás, em vez de estendê-las até o prato, era impossível, ou seja, isso afetava a brincadeira como uma transgressão. Na brincadeira, a criança não simboliza, mas deseja, realiza vontades, vivencia as principais categorias da realidade. Por isso, numa brincadeira, um dia transcorre em meia-hora e 100 quilômetros são percorridos com cinco passos. Ao desejar, a criança realiza; ao pensar, age; a não separação entre a ação interna e a ação externa são a imaginação, a compreensão e a vontade, ou seja, processos internos numa ação externa.

O importante é o sentido da ação, mas a ação também o é. Na primeira infância, havia uma situação inversa, ou seja, a ação era estruturalmente determinante e o sentido, um momento secundário, suplementar, subordinado. A mesma coisa que falamos sobre o significado que se separa do objeto ocorre com as próprias ações: a criança que está parada num lugar, pisando ora num pé ora no outro, imaginando que está cavalgando um cavalo, ao mesmo tempo inverte a fração ação/sentido para sentido/ação.

Novamente, para desprender o sentido da ação real (cavalgar um cavalo sem ter a possibilidade de fazer isso), a criança necessita de um pivô para substituir a ação real. Contudo, se, antes, na estrutura "ação-sentido", o determinante era a ação, agora, de novo, a estrutura se inverte e o sentido se transforma em determinante. A ação é passada para segundo plano e se transforma no pivô – novamente–, o sentido se desprende da ação com o auxílio de outra ação. Esse é um ponto que se repete em direção à possibilidade de operar exclusivamente com os sentidos das ações, em direção à escolha volitiva, à decisão, ao conflito de motivos e a outros processos bruscamente desprendidos da efetiva realização da ação. Ou seja, o caminho para a vontade, assim como a operação com os sentidos das coisas é o caminho para o pensamento abstrato, pois, na decisão volitiva, o ponto determinante não é a realização da própria ação, mas o seu sentido. Na brincadeira, a ação substitui outra ação, assim como um objeto substitui outro. Como a criança "refunde" uma coisa em outra, uma ação em outra? Isso é realizado por meio de um movimento no campo semântico, que não está atrelado ao campo visual, às coisas reais e que submete a si todas as coisas e ações reais.

Esse movimento no campo semântico é o mais importante na brincadeira: por um lado, é um movimento num campo abstrato (o campo, então, surge antes de a criança começar a operar com significados), mas a forma do movimento é situacional, concreta (ou seja, movimento não lógico, mas afetivo). Em outras palavras, surge um campo semântico, mas o movimento nele ocorre da mesma forma como no campo real. Nisso está a principal contradição genética da brincadeira. Resta-me responder a três perguntas: a primeira é demonstrar que a brincadeira não é um momento predominante no desenvolvimento da criança, mas o momento guia; a segunda, demonstrar em que consiste o desenvolvimento da brincadeira, ou seja, o que significa o movimento que vai da predominância da situação imaginária para a predominância das regras; e a terceira, demonstrar quais reestruturações internas a brincadeira provoca no desenvolvimento da criança.

Eu penso que a brincadeira não é o tipo predominante de atividade da criança. Nas principais situações de vida, a criança se comporta de forma diametralmente oposta ao modo como se comporta na brincadeira. Nesta, a ação da criança se submete ao sentido, mas, na vida real, a ação, é claro, prevalece em relação ao sentido.

Dessa forma, temos na brincadeira, se desejarem, o negativo do comportamento da criança na vida em geral. Por isso, considerar a brincadeira como protótipo de sua atividade de vida, como uma forma predominante, é completamente sem fundamentos. Nisso está a principal falha da teoria de Koffka[14]

---

[14] Sobre Kurt Koffka, cf., neste volume, a nota 13, p. 96. (N.T.)

que analisa a brincadeira como um outro mundo da criança. Tudo o que diz respeito à criança, segundo Koffka, é atividade de brincar e, ao adulto, é atividade séria. Na brincadeira, um mesmo objeto possui o mesmo sentido; fora dela, possui outro. No mundo infantil, predomina a lógica dos desejos, da satisfação dos impulsos, mas não a lógica real. O ilusório da brincadeira é transferido para a vida. Isso seria assim caso a brincadeira fosse a forma predominante de atividade da criança. Mas é difícil imaginar o quadro insano que seria representado pela criança se esse modo de atividade de que estamos falando fosse transferido para a vida real e se transformasse na forma predominante de atividade na vida da criança.

Koffka apresenta uma série de exemplos de como a criança transfere a situação de brincadeira para a vida real. Porém, essa transferência de comportamento do brincar para a vida real pode ser analisada somente como um sintoma de doença. Comportar-se em situação real como numa situação ilusória quer dizer apresentar os primeiros brotos de delírio.

Como demonstrou um estudo, o comportamento normal de brincar é observado quando irmãs brincam "de serem irmãs", ou seja, sentadas à mesa e, de fato, almoçando, as crianças podem brincar de almoçar, ou (no exemplo que apresenta Katz)[15] as crianças que não querem dormir dizem: "Vamos brincar como se agora fosse de noite e temos de ir para a cama". Essas crianças começam a brincar do que, na realidade, fazem, pelo visto, criando outras relações, aliviando com isso a realização de uma ação desagradável.

Dessa forma, parece-me que a brincadeira não é um tipo de atividade predominante na idade pré-escolar. Somente nas teorias que analisam a criança como um ser que vive à procura

---

[15] Sobre David Katz, cf., neste volume, a nota 15, p. 63. (N.T.)

de prazeres, em busca da satisfação desses prazeres, e não como um ser que satisfaz as principais exigências da vida, pode surgir a ideia de que o mundo da criança é um mundo de brincadeira.

Seria possível no comportamento da criança uma situação tal que ela agisse sempre segundo o sentido? Seria possível um comportamento apático do pré-escolar que, com um bombom, se comportasse de forma diferente da que desejaria apenas devido à ideia de que deve se comportar de forma diferente? Esse tipo de submissão às regras é completamente impossível na vida; já na brincadeira, torna-se possível. Dessa forma, a brincadeira cria uma zona de desenvolvimento iminente na criança. Na brincadeira, a criança está sempre acima da média da sua idade, acima de seu comportamento cotidiano; é como se a criança estivesse numa altura equivalente a uma cabeça acima da sua própria altura. A brincadeira contém, como na mágica de uma lente de aumento, todas as tendências do desenvolvimento, de forma condensada; nela, a criança parece tentar dar um salto acima do seu comportamento comum.

A relação entre a brincadeira e o desenvolvimento deve ser comparada com a relação entre a instrução e o desenvolvimento. Por trás da brincadeira, encontram-se as alterações das necessidades e as de caráter mais geral da consciência. A brincadeira é fonte de desenvolvimento e cria a zona de desenvolvimento iminente. A ação num campo imaginário, numa situação imaginária, a criação de uma intenção voluntária, a formação de um plano de vida, de motivos volitivos, tudo isso surge na brincadeira, colocando-a num nível superior de desenvolvimento, elevando-a para a crista da onda e fazendo dela a onda decúmana do desenvolvimento na idade pré-escolar, que se eleva das águas mais profundas, porém relativamente calmas.

Em última instância, a criança é movida por meio da atividade de brincar. Somente nesse sentido a brincadeira pode ser denominada de atividade-guia, ou seja, a que determina o desenvolvimento da criança.

A segunda questão é como a brincadeira se movimenta. É interessante o fato de que a criança começa pela situação imaginária, sendo que esta, inicialmente, é muito próxima da real. Ocorre a reprodução da situação real. Digamos que, ao brincar de boneca, a criança quase repete o que sua mãe faz com ela. O doutor acabou de examinar a garganta da criança; ela sentiu dor, gritou, mas, assim que ele foi embora, no mesmo instante, ela enfia uma colher na boca da boneca.

Então, na situação inicial, a regra está num estágio superior, de forma comprimida, amarfanhada. O imaginário na situação também é extremamente pouco imaginário. É uma situação imaginária, mas ela se torna compreensível em sua relação com a situação real que acabou de ocorrer, ou seja, ela é a recordação de algo que aconteceu. A brincadeira lembra mais uma recordação do que uma imaginação, ou seja, ela parece ser mais a recordação na ação do que uma nova situação imaginária. À medida que a brincadeira se desenvolve, temos o movimento para o lado no qual se toma consciência do objetivo da brincadeira.

É incorreto imaginar que a brincadeira seja uma atividade sem objetivo. Ela é uma atividade da criança com objetivo. Nos jogos esportivos, existe o vencedor e o vencido, pode-se chegar primeiro e se pode ser o segundo ou o último. Resumindo, o objetivo decide o jogo. É graças ao objetivo que se empreende todo o resto. Como o momento final, ele determina a relação afetiva da criança com o jogo; apostando corrida, ela pode se preocupar demasiadamente e se aborrecer muito; de sua satisfação pouco pode restar porque correr para ela é difícil fisicamente e, caso a ultrapassem, sentirá poucas satisfações funcionais. Ao final dos jogos esportivos, o objetivo torna-se um dos momentos dominantes sem o qual o jogar perde seu sentido, assim como seria colocar na boca uma bala gostosa, mastigá-la e cuspi-la.

No jogo, tem-se a consciência antecipada do objetivo definido – quem chegará primeiro.

No final do desenvolvimento, aparece a regra e, quanto mais rígida, mais adaptação exige da criança; quanto mais regula a atividade da criança, mais tenso e acirrado torna-se o jogo. No jogo, a simples corrida sem objetivo, sem regras, é indolente e não empolga as crianças.

Noll simplificou as regras do jogo de *croqué* para crianças. Assim fazendo, demonstrou como isso desanima a criança, ou seja, como ele perde o sentido à medida que as regras são dispensadas. Consequentemente, no jogo, até o final do desenvolvimento, aparece nitidamente o que estava no início em forma de embrião. Aparece o objetivo, ou seja, as regras. Isso estava presente anteriormente, mas de modo amarfanhado. Surge mais um momento que é essencial para o jogo esportivo – é a ideia de recorde que também está muito ligada ao objetivo.

Tomemos, por exemplo, o xadrez. É muito agradável jogar uma partida de xadrez e não é agradável para o jogador perdê-la. Noll diz que para a criança também é agradável chegar primeiro, assim como para uma pessoa bonita olhar-se no espelho; o resultado é um sentimento de satisfação.

Então, no final do desenvolvimento da brincadeira, surge um conjunto de qualidades que salta à frente na mesma proporção em que está amarfanhado no início; os momentos secundários ou colaterais, no início, tornam-se centrais ao final e, ao contrário, os momentos principais, no início, tornam-se colaterais ao final.

Finalmente, a terceira questão: qual é o gênero das alterações de comportamento da criança que a brincadeira produz. Na brincadeira, a criança é livre, ou seja, ela determina suas atitudes, partindo do seu "eu". Mas é uma "liberdade" ilusória. A criança submete suas ações a um determinado sentido, ela age, partindo do significado do objeto.

A criança aprende a ter consciência de suas próprias ações, a ter consciência de que cada objeto tem um significado.

Do ponto de vista do desenvolvimento, a criação de uma situação imaginária pode ser analisada como um caminho para o desenvolvimento do pensamento abstrato. A regra que se liga a isso me parece levar ao desenvolvimento de ações da criança com base nas quais se torna possível, em geral, a separação entre a brincadeira e os afazeres cotidianos, separação esta com que nos deparamos, na idade escolar, como um fato principal.

Gostaria, ainda, de chamar a atenção para mais um momento: a brincadeira é realmente uma especificidade da idade pré-escolar.

Segundo a expressão figurada de um estudioso, a brincadeira da criança de até 3 anos de idade tem um caráter de brincadeira séria, assim como o jogo para o adolescente, é claro, em diferentes sentidos dessa palavra. A brincadeira séria da criança na primeira infância consiste em que ela brinca sem diferenciar a situação imaginária da situação real.

Na criança com idade escolar, a brincadeira começa a existir sob forma limitada de atividades, predominantemente, como jogos esportivos que desempenham um papel conhecido no desenvolvimento geral da criança, mas não têm o significado que desempenha para o pré-escolar.

Por seu aspecto, a brincadeira pouco se parece com aquilo ao que ela conduz, e somente sua análise interna profunda mostra a possibilidade de determinar o processo de seu movimento e seu papel no desenvolvimento da criança em idade pré-escolar.

Na idade escolar, a brincadeira não morre, mas penetra na relação com a realidade. Ela possui sua continuação interna durante a instrução escolar e os afazeres cotidianos (uma atividade necessariamente com regras). Toda a análise da essência da brincadeira nos demonstrou que, nela, se cria uma nova relação entre o campo semântico, isto é, entre a situação pensada e a situação real.

O PROBLEMA DA INSTRUÇÃO E DO DESENVOLVIMENTO MENTAL NA IDADE ESCOLAR[1]

A relação entre instrução e desenvolvimento da criança na idade escolar é uma questão central e fundamental. Sem ela, os problemas da psicologia pedagógica e da análise pedológica do processo pedagógico não apenas não são resolvidos como sequer formulados. Entretanto, essa é uma questão das mais nebulosas e pouco elucidadas no contexto dos conceitos fundamentais sobre os quais se estrutura a aplicação da ciência do desenvolvimento da criança para o esclarecimento dos processos de sua instrução. Sua obscuridade teórica, é claro, não significa que ela foi eliminada de todo o conjunto de investigações contemporâneas relativas a esse campo. Não foi possível a nenhum estudo concreto contornar essa questão teórica central. Caso ela permaneça metodologicamente nebulosa, isso significa apenas que, como fundamentos de investigações concretas, formulam-se postulados e premissas teoricamente pouco claros, criticamente imponderados e, às vezes, internamente contraditórios e irrefletidos, resoluções impróprias que, certamente, são fontes de uma série de equívocos.

---

[1] Artigo escrito no ano letivo de 1933-1934. (N.E.R.)

Se tentarmos reduzir a uma só raiz as origens dos mais profundos equívocos e dificuldades com os quais nos deparamos nessa área, não seria exagero dizer que esta seria, exatamente, a questão que estamos discutindo. A nossa tarefa será desvendar as soluções teóricas irrefletidas e nebulosas que fundamentam a maioria das investigações, analisá-las criticamente, com base numa série de investigações experimentais e raciocínios teóricos, demarcando, pelo menos em traços bem gerais e concisos, uma solução um pouco mais correta do problema que nos interessa. Falando com todas as letras, podemos delimitar, esquematicamente, em três grupos principais as soluções existentes para a relação entre desenvolvimento e instrução. Vamos tentar analisá-los, separadamente, na sua expressão mais evidente e completa.

O primeiro grupo de soluções proposto na história da ciência tem como postulado central a afirmação da independência entre processos de desenvolvimento infantil e de instrução. Nessas teorias, a instrução é vista como um processo puramente externo que, de alguma forma, deve estar de acordo com o curso do desenvolvimento infantil, mas não participa, propriamente, de forma ativa dele. A instrução nada muda no desenvolvimento e é mais provável que utilize os sucessos deste, em vez de movê-lo e mudar sua direção. A concepção complexa e interessante de Piaget[2] é a representante típica dessa teoria que estuda o desenvolvimento do pensamento infantil de modo totalmente independente dos processos de instrução da criança.

Um fato impressionante, que ainda permanece fora da atenção da crítica, é que os estudiosos do desenvolvimento do pensamento do escolar partem da premissa básica de que esse processo não depende da instrução escolar da criança. A dedu-

---

[2] Sobre Jean Piaget, cf., neste volume, a nota 14, p. 97. (N.T.)

ção e o entendimento da criança, sua representação de mundo, a interpretação da causalidade física, o domínio das formas lógicas de pensamento e da lógica abstrata são analisados pelo estudioso como se esses processos transcorressem por si sós, sem qualquer influência da instrução escolar da criança.

Para Piaget, a utilização do método de investigação do desenvolvimento mental da criança com um material que exclua por completo qualquer possibilidade de prepará-la para resolver um determinado problema, seja pelo estudo ou por qualquer outra forma, não é uma questão de técnica, mas de princípio. Um exemplo típico que permite demonstrar os aspectos fortes e fracos desse método com a máxima clareza pode ser qualquer uma das perguntas feitas por Piaget nas conversas clínicas com as crianças. Quando se pergunta a uma criança de 5 anos "por que o sol não cai", tem-se em mente que ela não só não possui uma resposta pronta como também não está sequer em condições de dar uma resposta satisfatória, mesmo tendo capacidades geniais. O sentido de apresentar perguntas tão inacessíveis para a criança consiste em eliminar por completo a influência da experiência anterior, dos seus conhecimentos prévios, forçar o seu raciocínio a funcionar com perguntas totalmente novas e, anteriormente, inacessíveis, para identificar as tendências do pensamento infantil em estado puro e em sua total e absoluta independência dos conhecimentos, da experiência e da instrução da criança. Em continuidade à ideia de Piaget e tecendo conclusões sobre a instrução, é fácil perceber que estas serão extremamente próximas da apresentação da questão com que, frequentemente, nos deparamos em nossas investigações. É muito comum estarmos diante do problema da relação entre desenvolvimento e instrução que encontra sua expressão máxima, quase desfigurada, na teoria de Piaget. No entanto, é fácil demonstrar que, neste caso, ela é levada ao extremo e, portanto, é absurda.

Com frequência, dizem que a tarefa da pedologia em relação aos processos de instrução é estabelecer em que medida se desenvolveram na criança as funções, as capacidades para a atividade, as capacidades mentais necessárias para assimilação de certas áreas do conhecimento e aquisição de determinados hábitos. Pressupõe-se que para o ensino da aritmética, por exemplo, seja necessário que a criança tenha desenvolvido suficientemente a memória, a atenção, o pensamento etc. A tarefa do pedólogo consistiria em estabelecer o quanto essa função amadureceu para ser possível o ensino da aritmética.

Não é difícil perceber que, assim, admite-se a total independência dos processos de desenvolvimento dessas funções em relação aos processos de instrução, o que se reflete até mesmo numa separação temporal entre ambos. O desenvolvimento deveria concluir determinados ciclos, algumas funções deveriam amadurecer antes que a escola começasse a ensinar certos conhecimentos e hábitos para a criança. Os ciclos de desenvolvimento sempre antecederiam os da instrução. A instrução se arrastaria na rabeira do desenvolvimento que está sempre à frente dela. Graças apenas a isso, exclui-se, por antecipação, qualquer possibilidade de formular a questão a respeito do papel da instrução no desenvolvimento e amadurecimento das funções que são ativadas no seu decorrer. O desenvolvimento e o amadurecimento dessas funções seriam, antes, condições prévias e não resultados da instrução. Esta estrutura-se sobre o desenvolvimento sem alterar nada de sua essência.

O segundo grupo de soluções pode ser unificado em torno do seu centro, em torno da tese contrária que afirma que instrução é desenvolvimento. Essa é a fórmula mais concisa e exata que expressa a essência desse grupo de teorias. Elas surgem em bases completamente diferentes.

Há pouco tempo, em nosso país, nos deparamos com o forte restabelecimento de uma teoria, essencialmente velha, baseada na reflexologia. A fórmula segundo a qual a instrução resume-se à formação de reflexos condicionados, seja no ensino das letras, seja no da aritmética, na verdade, considera o que foi dito anteriormente, mais precisamente, que desenvolvimento é educação de reflexos condicionados, isto é, que o processo de instrução se funde total e inseparavelmente com o processo de desenvolvimento infantil. De forma mais antiga e com outra base, essa mesma ideia foi desenvolvida por James[3] que, diferenciando as reações inatas das adquiridas, assim como o faz a reflexologia contemporânea, reduzia o processo de instrução à formação de hábito, identificando-o com o de desenvolvimento.

À primeira vista, pode parecer que essa ideia seja mais progressista quando comparada à anterior, pois, se a primeira teoria tem como base uma total dissociação dos processos de instrução e desenvolvimento, a última atribui à instrução um significado central para o curso do desenvolvimento infantil. No entanto, a análise mais detalhada desse segundo grupo de soluções demonstra que, mesmo com a aparente contradição entre esses dois pontos de vista, eles coincidem no núcleo principal e mostram-se semelhantes. Diz James, "A educação pode ser definida da melhor forma como organização de hábitos adquiridos do comportamento e inclinações para a ação". O

---

[3] William James (1842-1910) – psicólogo e filósofo estadunidense, fundador do pragmatismo, defendia a ideia de que a única realidade é a experiência sensível imediata. No campo da psicologia, estudou os problemas da psicologia da religião e a teoria do fluxo da consciência – estados psíquicos integrais que se sucedem ininterruptamente. Vigotski conhecia com profundidade as principais obras de James e fez exames críticos importantes de algumas de suas ideias – ver, por exemplo, Vigotski, L. *Teoria de las emociones – estudio histórico-psicológico* [Teoria das emoções – estudo histórico-psicológico]. Tradução de Judith Villaplana. Madrid: Akal, 2010. (N.T.)

desenvolvimento também se resume, em geral, ao acúmulo das mais variadas reações. Toda reação adquirida, diz James, normalmente é uma forma mais complexa ou substituta da reação inata que, no início, tendia a ser provocada por um determinado objeto. A esse postulado James deu o nome de princípio geral que se encontra na base de todo processo de aquisição, ou seja, de desenvolvimento, e direciona toda a atividade do professor. Para James, toda pessoa é um simples complexo vivo de hábitos.

Indaga-se qual é a relação da pedologia com a pedagogia, da ciência do desenvolvimento com a ciência da educação sob esse ponto de vista. Assim como duas gotas d'água, essas relações são parecidas com aquelas que foram delineadas pela teoria anterior. A pedologia seria a ciência das leis do desenvolvimento ou da aquisição de hábitos e, por sua vez, lecionar seria uma arte. A ciência não apenas indicaria os limites até os quais as regras, a arte e as leis se aplicariam e estes limites não deveriam ser ultrapassados pelos que se ocupam dessa arte. Vemos que, em sua essência, a nova teoria repete a velha. A base do desenvolvimento é vista como um processo puramente naturalista, ou seja, um processo natural de tornar mais complexas ou de substituir reações inatas. Suas leis são leis naturais que a instrução em nada pode alterar, mas apenas indicar os limites que não devem ser ultrapassados. A afirmação de que as reações inatas se submetem, em seu fluxo, a leis naturais não precisaria de comprovação. É mais importante a afirmação de James de que o hábito é uma segunda natureza ou, como disse Belington,[4] é dez vezes mais forte que a natureza.

Dificilmente, poderíamos expressar essa ideia de forma mais clara: as leis do desenvolvimento continuam sendo analisadas, também nesse grupo de teorias, como leis naturais que a ins-

---

[4] Sem informações sobre o autor citado. (N.T.)

trução deve levar em consideração, mas é incapaz de alterar, assim como a técnica deve considerar as leis da física, ainda que a mais sofisticada seja incapaz de alterar algo na regularidade geral da natureza.

Todavia, com toda a semelhança que as duas teorias guardam entre si, há uma diferença essencial entre elas que pode ser representada de forma clara, prestando-se atenção à relação temporal entre os processos de instrução e os de desenvolvimento. Como vimos anteriormente, o autor da teoria afirmava que os ciclos de desenvolvimento antecedem os da instrução. O amadurecimento caminha à frente da instrução. O processo escolar arrasta-se na rabeira da formação psíquica. Para a segunda teoria, esses dois processos realizam-se regular e paralelamente de maneira que cada passo na instrução corresponda a um passo no desenvolvimento. Este caminha atrás da instrução, segue-a como se fosse a sombra deixada por um objeto. Até mesmo essa comparação parece muito corajosa aos olhos dessa teoria, pois ela parte da total fusão e identificação dos processos de desenvolvimento e instrução, sem sequer distingui-los e, consequentemente, pressupõe uma relação ainda mais íntima e de dependência entre os dois. Para essa teoria, o desenvolvimento e a instrução coincidem entre si em todos os pontos, como duas figuras geométricas iguais sobrepostas. É claro que toda questão sobre o que vem antes e o que vem depois torna-se sem sentido do ponto de vista dessa teoria e a concomitância, a sincronia transforma-se em principal dogma de estudos dessa natureza.

O terceiro grupo de teorias tenta superar as visões radicais de um e de outro ponto de vista por meio de simples combinação. Por um lado, o desenvolvimento é pensado como um processo independente da instrução e, por outro, a própria instrução, processo em que a criança adquire uma série de novas formas de comportamento, é pensada como idêntica ao desenvolvimento.

Dessa forma, criam-se teorias dualistas de desenvolvimento. O representante mais evidente delas é o trabalho de Koffka [5] sobre o desenvolvimento psíquico da criança. De acordo com seu estudo, o desenvolvimento, por sua natureza, tem em sua base dois processos distintos, ligados entre si e mutuamente determinados. De um lado, o amadurecimento, que depende diretamente do desenvolvimento do sistema nervoso e, de outro, a instrução que, por si, de acordo com a conhecida definição de Koffka, também é um processo de desenvolvimento.

Há três momentos novos nessa teoria. O primeiro é a união de dois pontos de vista contraditórios que, conforme foi descrito acima, eram encontrados separadamente na história da ciência. O próprio fato de conjugar esses dois pontos em uma única teoria já diz que eles não são contraditórios e mutuamente excludentes, mas, em sua essência, guardam algo em comum.

O segundo momento novo nessa teoria é a ideia de dependência mútua, de influência mútua entre os dois processos básicos de que se compõe o desenvolvimento. É verdade que o caráter dessa influência mútua está pouco esclarecido no conhecido trabalho de Koffka, que se limita apenas a observações mais gerais sobre a existência da relação entre esses dois processos. No entanto, como podemos compreender dessas observações, o processo de amadurecimento prepara e torna possível determinado processo de instrução. É como se este estimulasse e impulsionasse o processo de amadurecimento.

Finalmente, o terceiro momento essencialmente novo dessa teoria é a ampliação do papel da instrução no curso do desenvolvimento infantil. Vamos deter-nos, detalhadamente, nesse último momento. Ele nos leva diretamente ao velho problema

---

[5] Sobre Kurt Koffka, cf., neste volume, a nota 13, p. 96. (N.T.)

pedagógico que, nos últimos tempos, perdeu sua agudeza e que é normalmente denominado de problema da disciplina formal. Essa ideia encontrou sua melhor expressão no sistema de Herbart.[6] Consiste, como se sabe, no fato de que, subjacente a cada disciplina a ser ensinada, há um determinado significado no sentido geral do desenvolvimento mental da criança. Segundo esse ponto de vista, as diferentes disciplinas possuem valores diferentes no desenvolvimento mental da criança.

Como se sabe, fundamentada nessa ideia, a escola colocava na base do ensino disciplinas tais como as línguas clássicas, o estudo da cultura da antiguidade, da matemática, supondo que, independentemente do valor vital dessas ou de outras disciplinas, no primeiro plano deveriam ser postas as que teriam um maior valor do ponto de vista do desenvolvimento mental geral da criança. Essa teoria da disciplina formal levou a conclusões práticas extremamente reacionárias na área da pedagogia. A reação a ela, num certo grau, constituiu o segundo grupo de teorias que analisamos e que tentou devolver à instrução seu significado independente, em vez de examiná-la apenas como um meio para o desenvolvimento da criança, como uma ginástica, uma disciplina formal para treinar suas capacidades mentais.

Foi realizada uma série de investigações que indicaram a inconsistência da principal ideia sobre a disciplina formal. Elas demonstraram que a instrução em uma determinada área influi muito pouco no desenvolvimento geral. Assim, Woodworth e Thorndike[7] descobriram que adultos que, após exercícios

---

[6] Sobre Johann Friedrich Herbart, cf., neste volume, a nota 8, p. 157. (N.T.)
[7] Robert S. Woodworth (1869-1962) e Edward L. Thorndike (1874-1949) – eram psicólogos estadunidenses, dedicados à investigação da psicologia da instrução e da aprendizagem. Em 1901, conforme eles próprios dizem, iniciaram a publicação de uma série de estudos examinando a questão da influência do aprimoramento de uma função mental sobre a eficiência de outras funções.

especiais, obtiveram grandes êxitos na definição de linhas curtas, não se moveram quase nada em sua capacidade de definir linhas compridas. Esses adultos que, com êxito, exercitavam-se na definição da área de uma dada forma, obtiveram menos de um terço dos mesmos êxitos na definição da área de uma série com tamanhos e formas diferentes. Gilbert, Fraker e Martin[8] demonstraram que os exercícios de reação rápida a um determinado sinal pouco influenciam no tempo de reação a um sinal de outro tipo.

Seria possível apresentar ainda uma série de investigações desse tipo que apresenta resultados quase idênticos. Elas demonstram que a instrução especial numa determinada forma de atividade manifesta-se pouco em outra, até mesmo numa atividade extremamente parecida com a primeira. Como diz Thorndike, o quanto as reações parciais, realizadas diariamente pelos estudantes, desenvolvem suas capacidades mentais como um todo é uma questão a respeito do significado educativo geral das disciplinas ensinadas ou, resumindo, sobre a disciplina formal.

> A resposta comum de psicólogos e pedagogos teóricos consiste em que cada aquisição parcial, cada forma especial de desenvolvimento aperfeiçoa direta e regularmente o conhecimento geral. O professor pensava e agia com base na teoria que afirma que a inteligência é um complexo de capacidades – forças do poder da observação, da atenção, da memória, do pensamento etc. – e o aperfeiçoamento de qualquer capacidade é uma aquisição para

---

Ver Thorndike, E. L. e Woodworth, R. S. *The influence of improvement in one mental function upon the efficiency of other functions* [*A influência na melhora de uma função mental sobre a eficiência de outras funções*] (I) *Psychological Review*, n. 8, 247-261. Disponível em: https://psychclassics.yorku.ca/Thorndike/Transfer/transfer1.htm. Acesso em jan 2020. Vigotski parece referir-se a esses estudos. Sobre Edward Lee Thorndike, cf., neste volume, a nota 3, p. 148. (N.T.)

[8] Sem informações sobre os autores citados. (N.T.)

todas as capacidades em geral. Com base nessa teoria, a concentração de uma forte atenção na gramática latina significaria o reforço de capacidades de concentração de atenção em qualquer atividade. A opinião geral é que as palavras precisão, vivacidade, sensatez, memória, poder de observação, atenção, concentração etc. significariam capacidades reais e principais que mudam, dependendo do material com o qual operam. Essas capacidades fundamentais modificam-se, significativamente, em função do estudo de determinadas disciplinas; mantêm essas mudanças quando se voltam para outros campos e, dessa forma, caso a pessoa aprenda a fazer bem uma determinada coisa, graças a uma relação mágica determinada, também fará outras coisas que não têm relação com a primeira atividade. Admite-se que as capacidades mentais ajam independentemente do material com o qual operam. Considera-se até mesmo que o desenvolvimento de uma capacidade guia o desenvolvimento de outras.

Thorndike se manifestou contra essa ideia e, com base em uma série de investigações, tentou mostrar a falsidade desse ponto de vista. Ele demonstrou a dependência entre formas de atividade e material concreto com o qual operam. O desenvolvimento parcial de uma capacidade raramente significa o desenvolvimento de outras capacidades. A investigação minuciosa da questão, diz ele, demonstra que a especialização de capacidades é ainda maior do que parece pela observação superficial. Por exemplo, se entre cem indivíduos forem selecionados dez com capacidade de perceber erros ortográficos ou de medir o comprimento, eles não manifestam melhores capacidades para determinar corretamente o peso do objeto. Da mesma forma, a rapidez e a precisão na operação de adição não guardam relação com a rapidez e a precisão para invenção de palavras com o sentido oposto ao das que foram apresentadas.

Essas investigações indicam que a consciência não é um complexo de várias capacidades gerais – observação, atenção, memória, raciocínio etc. – mas a soma de uma multiplicidade de capacidades isoladas que, até determinado grau, são independentes entre si e devem ser exercitadas separadamente. A tarefa da instrução não é o desenvolvimento de uma única capacidade de raciocínio, mas de muitas capacidades especiais de raciocínio em disciplinas de diferentes gêneros. Ela não consiste em alterar nossa capacidade geral de atenção, mas em desenvolver diferentes capacidades de concentração da atenção em disciplinas de diferentes gêneros.

Os métodos que garantem a influência da instrução especializada no desenvolvimento geral agem somente por meio de elementos idênticos, pela existência de identidade no material, de identidade no próprio processo. O hábito nos dirige. Daí, a conclusão natural de que desenvolver a consciência significa desenvolver uma multiplicidade de capacidades particulares, independentes entre si, formar uma multiplicidade de hábitos particulares, pois a atividade de cada capacidade depende do material com o qual ela opera. O aperfeiçoamento de uma função da consciência ou de um aspecto de sua atividade pode influenciar o desenvolvimento de outra apenas porque existem elementos comuns às duas funções ou atividades.

O terceiro grupo de teorias apresentou-se contrário a esse ponto de vista sobre o qual acabamos de falar. Com base nas conquistas da psicologia estrutural – que demonstrou que o próprio processo de instrução nunca se reduz à formação de hábitos, contendo a atividade de ordem intelectual que permite transferir princípios estruturais encontrados na resolução de um problema para uma série de outros problemas –, esta teoria postula que a influência da instrução nunca é específica. Ao ser instruída numa operação particular, a criança adquire a capacidade de formar estruturas de determinado tipo, independentemente da diversidade do material com que opera e dos elementos isolados que compõem essa estrutura.

Dessa forma, a terceira teoria contém, num momento essencial e novo, o retorno do estudo da disciplina formal e, assim, entra em contradição com o seu próprio postulado inicial. Como lembramos, Koffka repete a fórmula antiga, dizendo que instrução é desenvolvimento. Mas como a própria instrução não se apresenta a ele apenas como processo de aquisição de habilidades e hábitos, logo, a relação entre instrução e desenvolvimento não é de identidade, mas de caráter mais complexo. Se, para Thorndike, instrução e desenvolvimento coincidem em todos os seus pontos como duas figuras geométricas sobrepostas, para Koffka, o desenvolvimento é sempre mais amplo do que a instrução. A relação esquemática dos dois processos poderia ser representada com a ajuda de dois círculos concêntricos, em que o menor simboliza o processo de instrução e o maior, o do desenvolvimento provocado pela instrução.

A criança aprendeu a realizar uma determinada operação. Assim, assimilou um princípio estrutural cuja esfera de aplicação é mais ampla do que apenas as operações daquele tipo com base nas quais ele foi assimilado. Consequentemente, dando um passo na instrução, a criança dá dois passos no desenvolvimento: ou seja, instrução e desenvolvimento não coincidem.

As três teorias por nós analisadas resolvem de formas diferentes o problema da relação entre instrução e desenvolvimento e nos impulsionam a demarcar uma resolução mais correta. O momento inicial deste problema é o fato de que a instrução da criança começa bem antes da instrução escolar. Propriamente falando, a escola nunca começa no vazio. Qualquer instrução com a qual a criança se depara na escola tem sempre a sua pré-história. Por exemplo, a criança começa a estudar aritmética na escola. No entanto, bem antes de ingressar nela, já possuía alguma experiência com quantidade, já tivera oportunidades de lidar com algumas operações de divisão, de definição de grandezas, de adição e subtração; consequentemente, possuía sua aritmética pré-escolar que apenas psicólogos míopes não podiam perceber e ignoravam.

A investigação minuciosa demonstra que essa aritmética pré-escolar é extremamente complexa, o que significa que a criança perpassa o caminho de seu desenvolvimento aritmético bem antes de ingressar no ensino escolar. Claro que essa pré-história pré-escolar da instrução escolar não significa uma sucessão direta que existe entre uma e outra etapa do desenvolvimento aritmético da criança.

A linha da instrução escolar não é continuação direta da linha do desenvolvimento pré-escolar da criança num determinado campo. De certa forma, ela pode mudar de rumo; pode, até mesmo, direcionar-se para o sentido oposto à linha do desenvolvimento pré-escolar. Mas é indiferente se, na escola, será ou não dada continuidade à instrução que ocorria na pré-escola. Porém, não podemos ignorar o fato de a instrução escolar jamais começar no vazio e ter sempre diante de si um determinado estágio de desenvolvimento percorrido pela criança antes de ingressar na escola.

Mais do que isso, parecem-nos extremamente convincentes as dúvidas de estudiosos como Stumpf[9] e Koffka, que tentam suprimir o limite entre a instrução escolar e a instrução na idade pré-escolar. Um olhar atento desvenda que a instrução não começa apenas na idade escolar. Koffka tenta esclarecer aos professores a lei da instrução infantil e sua relação com o desenvolvimento mental da criança. Concentra toda atenção em processos mais simples e primitivos de instrução que surgem exatamente na idade pré-escolar.

---

[9] Karl Stumpf (1848-1936) – filósofo e musicólogo alemão, representante da fenomenologia e próximo dos psicólogos gestaltistas. (N.T.)

Seu erro consiste em que, ao identificar as semelhanças entre a instrução pré-escolar e escolar, ele não enxerga as diferenças entre as duas, não vê o especificamente novo que é introduzido com a instrução escolar e inclina-se, pelo visto, assim como Stumpf, a considerar que essa diferença se limita apenas ao fato de que, num caso, lidamos com a instrução não sistemática e, no outro, a sistemática. A questão, ao que tudo indica, não está apenas no que é ou não sistemático, mas no fato de que a instrução escolar introduz algo essencialmente novo no curso do desenvolvimento da criança. Todavia, esses autores têm razão, pois, indubitavelmente, há instrução bem antes do ingresso na idade escolar. Realmente, será que a criança não aprende a fala por meio dos adultos? Será que, ao fazer perguntas e apresentar respostas, não adquire uma série de conhecimentos, informações dos adultos? Será que, imitando os adultos e recebendo instruções de como deve agir, não elabora uma série de hábitos?

Claro está que esse processo de instrução, por ter vez antes do início da idade escolar, difere-se essencialmente do processo de instrução escolar que lida com a assimilação das bases dos conhecimentos científicos. Mas, até mesmo quando a criança, no período das primeiras perguntas, assimila a denominação dos objetos que estão a sua volta, ela, na verdade, percorre um ciclo determinado de instrução. Dessa forma, instrução e desenvolvimento não são encontrados pela primeira vez na idade escolar e, de fato, estão ligados entre si desde o primeiro dia de vida da criança.

Dessa forma, a questão que devemos nos fazer adquire uma complexidade dupla. Ela se divide em duas questões. Devemos, primeiramente, entender a relação que existe entre instrução e desenvolvimento em geral e, posteriormente, compreender quais são as especificidades dessa relação na idade escolar.

Iniciemos pela segunda questão, o que nos permitirá esclarecer também a primeira que nos interessa. Para sua definição, vamos nos deter nos resultados de algumas investigações que têm, do nosso ponto de vista, um significado particular para todo o nosso problema e nos permitem introduzir na ciência um conceito novo de extrema importância, sem o qual a questão que analisamos não pode ser corretamente resolvida. Estou falando da zona de desenvolvimento iminente.

Há um fato estabelecido empiricamente, verificado por diversas vezes e impossível de ser contestado: de uma forma ou de outra, a instrução deve conciliar-se com o nível de desenvolvimento da criança. Diz-se que é possível ensinar a criança a ler e escrever a partir de uma determinada idade, que apenas a partir de uma determinada idade a criança torna-se capaz para o estudo da álgebra – é pouco provável que isso precise de comprovações. Desse modo, a definição do nível de desenvolvimento e sua relação com as possibilidades de instrução constituem um fato inabalável e fundamental do qual podemos partir corajosa e indubitavelmente.

No entanto, apenas há pouco tempo foi dada a devida atenção ao fato de que não podemos nunca nos limitar somente à definição do nível de desenvolvimento, quando tentamos definir as relações reais entre o processo de desenvolvimento e as possibilidades de instrução. Devemos determinar, no mínimo, dois níveis de desenvolvimento da criança; sem esse conhecimento não saberemos, em cada caso concreto, encontrar a relação correta entre o curso do desenvolvimento infantil e as possibilidades de instrução. Denominaremos o primeiro de nível de desenvolvimento atual da criança. Estamos falando do nível de desenvolvimento das funções psíquicas que se atingiu como resultado de certos ciclos de desenvolvimento finalizados.

Na verdade, ao definir a idade mental da criança com o auxílio de testes, quase sempre lidamos com o nível de desenvolvimento atual. No entanto, um simples experimento demonstra que o nível de desenvolvimento atual ainda não define, com suficiente plenitude, o estado do desenvolvimento da criança no dia de hoje. Suponhamos que, ao estudar duas crianças, identificamos que sua idade mental seja de 7 anos. Isso significa que as duas solucionam problemas acessíveis a crianças dessa idade. No entanto, quando tentamos fazer com que essas crianças avancem na resolução de testes, percebemos que há entre elas uma diferença essencial. Uma delas, com a ajuda de perguntas indicativas, de exemplos, de demonstração, facilmente, resolve os testes que se encontram dois anos distantes do seu nível de desenvolvimento. A outra resolve apenas os que estão meio ano à frente.

Aqui, nos deparamos diretamente com o conceito central, necessário para a definição da zona de desenvolvimento iminente. Trata-se de um conceito relacionado ao problema da imitação que precisa ser reexaminado na psicologia contemporânea.

A visão anteriormente estabelecida considerava inabalável o postulado de que pode ser significativo para o nível de desenvolvimento mental da criança apenas sua atividade independente, nunca a imitação. Essa visão encontrou sua expressão em todos os sistemas contemporâneos de investigações que empregavam testes. Na avaliação do desenvolvimento mental, eram considerados apenas os resultados obtidos nos testes que a criança solucionava sozinha, sem ajuda de outros, sem demonstração, sem perguntas indicativas.

No entanto, como mostram as pesquisas, essa visão não é consistente. Até mesmo as experiências com os animais demonstraram que as ações que o animal é capaz de imitar estão na zona de suas próprias possibilidades. Isso significa que os animais podem imitar somente ações que, de alguma forma, são acessíveis a eles. Aliás, como foi verificado nos experimentos de Köhler,[10] a possibilidade de imitar nos animais quase não ultrapassa os limites das possibilidades da própria ação. Isso significa que, se o animal é capaz de imitar alguma ação intelectual, então, em sua atividade independente, manifestará, nas mesmas condições, a capacidade para a realização de uma ação análoga. Desse modo, a imitação está intimamente ligada à compreensão, ela é possível apenas no campo das ações que são acessíveis à compreensão do animal.

A diferença essencial observada na imitação da criança é que ela pode imitar uma série de ações que ultrapassam os limites de suas próprias possibilidades, ainda que estas sejam muito limitadas. Com a ajuda da imitação numa atividade coletiva, com a orientação de adultos, a criança é capaz de fazer muito mais e, além disso, fazer com compreensão, independentemente. A diferença entre o nível de resolução de problemas acessíveis com a orientação de adultos e o nível de solução de problemas acessíveis numa atividade independente define a zona de desenvolvimento iminente da criança.

Lembremos o exemplo já citado. Diante de nós, estão duas crianças de idade mental igual a 7 anos e uma delas, com a mínima ajuda, soluciona os problemas como se tivesse 9 anos e a outra, como se tivesse 7 anos e meio. O desenvolvimento mental dessas duas crianças é igual? Do ponto de vista da sua atividade independente, é igual, mas, do ponto de vista das possibilidades iminentes de desenvolvimento, diverge abruptamente. O que a criança está em condição de fazer com ajuda do adulto indica sua zona de desenvolvimento iminente. Isso significa que, com ajuda desse método podemos considerar não apenas o processo

---

[10] Sobre Wolfgang Köhler, cf., neste volume, a nota 4, p. 81. (N.T.)

de desenvolvimento finalizado no dia de hoje, não apenas seus ciclos finalizados, não apenas os processos de amadurecimento já percorridos, mas também os processos que estão, nesse momento, em formação, que ainda estão amadurecendo, ainda se desenvolvem.

O que a criança faz hoje com a ajuda dos adultos, amanhã será capaz de fazer independentemente. Desse modo, a zona de desenvolvimento iminente nos ajudará a determinar o dia seguinte da criança, o estado dinâmico de seu desenvolvimento, que leva em consideração não apenas o que foi alcançado, mas também o que está em processo de amadurecimento. Duas crianças, no nosso exemplo, apresentam a idade mental igual, do ponto de vista dos ciclos finalizados do desenvolvimento, mas a dinâmica de seu desenvolvimento é completamente diferente. Desse modo, o estado do desenvolvimento mental da criança pode ser definido, pelo menos, com a ajuda da verificação de dois níveis: o do desenvolvimento atual e o da zona de desenvolvimento iminente.

Esse fato, aparentemente, pouco significativo, na realidade, possui uma importância decisiva e provoca uma reviravolta em todo o estudo da relação entre os processos de instrução e de desenvolvimento da criança. Antes de qualquer coisa, ele altera o ponto de vista tradicional sobre a questão da forma com que devem ser feitas as conclusões pedagógicas com base no diagnóstico do desenvolvimento. Antes, a questão apresentava-se da seguinte forma. Com a aplicação de testes, definimos o nível de desenvolvimento mental da criança que a pedagogia deve considerar, sem ultrapassar seus limites. Desse modo, já na apresentação do problema estava a ideia de que a instrução deve orientar-se pelo dia de ontem do desenvolvimento da criança, pelas etapas percorridas e finalizadas.

O equívoco desse ponto de vista na prática foi descoberto antes de tornar-se claro teoricamente. Isso pode ser demonstrado com maior nitidez por meio do exemplo da instrução de crianças com retardo mental. Como se sabe, a investigação mostra que a criança com retardo mental é pouco capaz para o pensamento abstrato. Com base nisso, parece que a pedagogia da escola auxiliar chegou à conclusão correta de que toda instrução dessa criança deve ter por base o material concreto. A grande experiência em relação a isso levou, no entanto, a pedagogia especial a uma decepção profunda. Verificou-se que esse sistema de instrução, que tem por base exclusivamente o material concreto e exclui tudo que está relacionado ao pensamento abstrato, não só não ajuda a criança a superar sua insuficiência natural, como a reforça, habituando a criança ao pensamento concreto e abafando nela os frágeis brotos do pensamento abstrato que se fazem presentes na criança com retardo. É exatamente por estar entregue a si mesma que a criança com retardo mental nunca atingirá quaisquer formas mais elaboradas de pensamento abstrato. A tarefa da escola consiste em promover a criança, com todas as forças, exatamente nessa direção, desenvolver nela o que é insuficiente em seu desenvolvimento. Na pedagogia contemporânea da escola auxiliar, podemos observar uma reviravolta benéfica no entendimento do material concreto. Empregando o próprio método de instrução com material concreto, ela atribui a este um significado verdadeiro. O material concreto é necessário e inevitável apenas como um estágio para o desenvolvimento do pensamento abstrato, como meio, mas não como objetivo em si mesmo.

Algo semelhante em maior grau ocorre também no desenvolvimento da criança normal. A instrução que se orienta pelos ciclos finalizados de desenvolvimento é ineficaz para o desenvolvimento geral da criança, pois ela não guia esse processo, arrastando-se na sua rabeira.

Diferentemente do ponto de vista antigo, o estudo da zona de desenvolvimento iminente permite apresentar uma fórmula contrária que diz que somente é boa a instrução que está à frente do desenvolvimento. Esse ponto de vista mostra-se correto no exemplo da instrução por complexo (*compleksnoie obutchenie*).[11] Ainda está fresca na memória de todos a defesa do sistema de instrução por complexo do ponto de vista pedológico. Indaga-se se estaria equivocada a pedologia e exatamente quando, já que tentou provar de todas as maneiras que o sistema por complexo corresponderia à natureza da criança.

Parece-nos que o erro da defesa pedológica desse sistema não é porque a pedologia apoiou-se em fatos falsos, mas porque formulou falsamente a questão. É verdade que o sistema de pensamento por complexo é mais próximo da criança que chega à escola, porém também é certo que é uma etapa finalizada do desenvolvimento da criança pré-escolar. Orientar-se

---

[11] A ideia de estruturação dos programas escolares como "sistemas de complexos" foi elaborada e apresentada no documento *Os princípios fundamentais da escola única do trabalho* pelo Comissariado do Povo para Instrução [Narcompros], em 16/10/1918. O documento foi redigido por Anatoli Vassilievitch Lunatcharski, primeiro Comissário do Povo para Instrução após a Revolução Socialista Russa e apresenta como pontos: a doutrina de formação na Rússia pós-revolucionária; a análise e a avaliação da instrução na escola antes da Revolução; os objetivos da reforma da escola após a Revolução; a ampla independência dos departamentos regionais de formação; amplas possibilidades de criação para os conselhos escolares; espaço suficiente para as iniciativas particulares; programa mínimo como proposta e não como obrigatoriedade; atenção especial para as matérias especialmente escolhidas (a partir do sétimo ano); mudanças radicais na fisionomia das escolas, dependendo das condições; respeito ao princípiopio de facilidade da instrução, de correspondência da instrução às inclinações das crianças; princípio enciclopédico de conteúdo da instrução no primário (dos 8 aos 13 anos); educação pelo trabalho, física e estética; preocupação com os que não avançam (é a primeira preocupação de uma escola democrática), entre outros. Para mais detalhes, consultar Prestes, Z. *Quando não é quase a mesma coisa. Análise de traduções de L. S. Vigotski no Brasil. Repercussões no campo educacional.* Tese de Doutorado. Universidade de Brasília, 2009, p. 187. Disponível em: <https://www.cepae.ufg.br/up/80/o/ZOIA_PRESTES_-_TESE.pdf?1462533012>. Acesso em jan 2020. (N.T.)

por ele significa reforçar no pensamento da criança formas e funções que, no curso normal de desenvolvimento infantil, devem, no limiar da idade escolar, desaparecer, deixar de existir, dar lugar a formas novas e mais aperfeiçoadas de pensamento, transformar-se, por meio de sua negação, em forma de pensamento sistemático. Se os pedólogos que defendiam esse sistema apresentassem a questão da conciliação da instrução com o curso do desenvolvimento da criança não do ponto de vista do ontem, mas do ponto de vista do dia de amanhã, não teriam cometido esse erro. Com isso, temos a possibilidade de formular, de maneira mais geral, o problema da relação entre instrução e desenvolvimento.

Por uma série de investigações, que não vamos citar, mas apenas tomar como referência, sabemos que o curso do desenvolvimento das funções psíquicas superiores especificamente humanas da criança, que surgiram no processo de desenvolvimento histórico da humanidade, é, em seu mais alto grau, um processo peculiar. Em outro lugar, formulamos a lei fundamental de desenvolvimento das funções psíquicas superiores do seguinte modo: no desenvolvimento da criança, toda função psíquica superior surge em cena duas vezes: inicialmente, como atividade coletiva, social, ou seja, como função interpsíquica, e, pela segunda vez, como atividade individual, como um meio interno de pensamento da criança, como função intrapsíquica.

O exemplo de desenvolvimento da fala serve, assim, de paradigma para todo o problema. A fala surge, inicialmente, como meio de relação de convivência (*obschenie*)[12] entre a criança e as

---

[12] A palavra russa *obschenie* é traduzida pelo *Dicionário russo-português* (1989) como relações de contato, trato, contato pessoal. No escopo da teoria histórico-cultural, esse conceito tem uma importância muito grande e significa muito mais do que uma simples relação de contato entre duas pessoas. Trata-se de uma relação de união comum, comunhão entre pessoas. Em muitas traduções

pessoas que a cercam. Apenas posteriormente, transformando-se em fala interna, torna-se o principal meio de pensamento da criança e assume sua função psíquica interna. As investigações de Baldwin,[13] Rignano[14] e Piaget demonstraram que, no coletivo infantil, surge, primeiramente, a discussão e com ela a necessidade da criança de comprovar sua ideia. Posteriormente, surgem os raciocínios como um fundo peculiar da atividade interna. A especificidade dessa atividade interna consiste no fato de que a criança aprende a tomar consciência e verificar os fundamentos de suas ideias. Piaget diz: "Acreditamos, firmemente, em nossas próprias palavras: apenas no processo de convivência surge a necessidade de verificar e comprovar uma ideia".[15]

Da mesma forma, a fala interna e o pensamento surgem das relações mútuas entre a criança e as pessoas à sua volta; a fonte do desenvolvimento da vontade infantil são essas relações mútuas. Em seu último trabalho, Piaget demonstrou que, na base do desenvolvimento do julgamento moral da criança, encontra-se a colaboração. Outros estudiosos puderam verificar anteriormente que, numa brincadeira coletiva da criança, pri-

---

de obras de L. S. Vigotski publicadas no Brasil, *obschenie* foi traduzida como "comunicação" o que, a nosso ver, deturpa a ideia do autor. Em função da dificuldade de encontrarmos uma única palavra em português que traduza o significado de *obschenie* empregada por Vigotski, optamos pelo termo "relação de convivência" que para nós é o que mais se aproxima do significado da palavra russa. (N.T.)

[13] Sobre James Marc Baldwin, cf., neste volume, a nota 3, p. 106. (N.T.)

[14] Eugenio Rignano (1870-1930) – filósofo e psicólogo italiano. Ocupou-se de questões relacionadas à biologia e à sociologia. Em 1906, idealizou a publicação da revista *Sciencia*, tendo sido seu diretor por alguns anos. (N.T.)

[15] Possivelmente, Vigotski refere-se a uma tradução para o russo das obras de Piaget *A linguagem e o pensamento na criança*, publicada em 1923 e *O juízo e o raciocínio na criança*, de 1924. Ambas foram publicadas na Rússia, num mesmo volume (*Retch i Mishlenie Rebionka*. Moscou-Leningrado, 1932) Vale lembrar que Vigotski costumava fazer citações de memória de suas leituras, colocando aspas como se fossem citações *ipsis litteris*. (N.T.)

meiramente, surge o hábito de submeter o seu comportamento à regra e, depois, a regulação volitiva do comportamento como função interna da própria criança.

O que vemos aqui em exemplos isolados ilustra a lei geral do desenvolvimento das funções psíquicas superiores na idade infantil. Pensamos que essa lei pode ser aplicada por completo também ao processo da instrução infantil. Não temos afirmar, depois do que foi dito, que o indício essencial da instrução é o fato de que ela cria a zona de desenvolvimento iminente. Ou seja, ela chama à vida, desperta e põe em movimento na criança uma série de processos internos de desenvolvimento que, no momento presente, são-lhe possíveis apenas na esfera das relações mútuas com as pessoas a sua volta e da colaboração com os companheiros, mas que, ao perfazer o caminho interno de desenvolvimento, transformam-se, posteriormente, em patrimônio da criança.

Desse ponto de vista, a instrução não é desenvolvimento, mas, se corretamente organizada, guia o desenvolvimento mental infantil, chama à vida uma série de processos de desenvolvimento que, fora da instrução, seriam impossíveis de ocorrer. A instrução, desse modo, é internamente necessária e um momento comum no processo de desenvolvimento das peculiaridades humanas históricas, não naturais na criança.

Da mesma forma que a criança de pais surdos-mudos permanece muda, pois nunca ouviu a fala à sua volta, mesmo possuindo todas as condições naturais para o desenvolvimento da fala, ela não desenvolve as funções psíquicas superiores que estão ligadas à fala. Todo processo de instrução é fonte de desenvolvimento que traz à vida uma série de processos que, sem instrução, não surgiriam.

Quando comparamos o processo de instrução da criança com o do adulto, fica mais claro o seu papel como fonte de desenvolvimento e como criadora da zona de desenvolvimento iminente. Até agora, muito pouca atenção foi dedicada à diferença entre a instrução de adultos e de crianças. Como se sabe, os adultos também possuem capacidade extremamente alta para a instrução. A ideia de James de que, após os 25 anos, os adultos não podem adquirir novas ideias foi rechaçada pelas investigações experimentais atuais. No entanto, a questão sobre o que diferencia, essencialmente, a instrução dos adultos e a da criança até hoje não foi esclarecida de modo satisfatório.

Na realidade, do ponto de vista das teorias de Thorndike, James e de outros citados anteriormente, que reduzem os processos de instrução à formação de hábitos, não pode existir uma diferença essencial entre a instrução de adultos e a de crianças. A pergunta sobre isso é vã. A formação de hábitos tem em sua base o mesmo mecanismo: forma-se o hábito no adulto e na criança. Tudo se resume apenas à questão de se esse hábito é formado com mais ou menos facilidade e rapidez em um e outro. Pergunta-se, então, qual é a diferença essencial entre o processo de instrução do adulto para escrever à máquina, andar de bicicleta, jogar tênis e o processo de instrução da fala escrita, da aritmética, das ciências naturais na idade escolar? Pensamos que a diferença essencial entre um e outro consistirá na diferente relação com o processo de desenvolvimento.[16]

Ensinar a escrever à máquina significa realmente formar uma série de hábitos que nada muda no quadro mental geral do ser humano. Essa instrução utiliza os ciclos formados e

---

[16] Os exemplos para a comparação da instrução do adulto e da criança não foram bons. Dificilmente pode-se chegar à conclusão que apresenta o autor com base no que foi citado: a instrução para escrever à máquina, andar de bicicleta, jogar tênis no adulto e a instrução da escrita, da aritmética, das ciências naturais no escolar. Seria preciso tomar tarefas de caráter semelhante pelo conteúdo e comparar no adulto e na criança. Então, a afirmação do autor de que a instrução do adulto, do ponto de vista do seu desenvolvimento mental, desempenha um papel extremamente pequeno, apresentar-se-ia para ele de outra forma. (N.E.R.)

finalizados do desenvolvimento. Exatamente por isso, do ponto de vista do desenvolvimento geral, desempenha um papel extremamente pequeno.

Outra coisa são os processos de instrução da escrita. Investigações especiais, sobre as quais falaremos mais à frente, demonstraram que esses processos despertam para a vida ciclos totalmente novos e extremamente complexos de desenvolvimento psíquico; sua formação significa uma mudança fundamental no quadro intelectual geral da criança, assim como ocorre com a fala na passagem do bebê para a primeira infância.

Podemos, agora, tentar resumir o que foi dito e formular de modo geral a relação, encontrada por nós, entre os processos de instrução e desenvolvimento. Adiantando, podemos dizer que as investigações experimentais relativas à natureza psicológica dos processos de ensino da aritmética, da escrita, das ciências naturais e de outras disciplinas na escola primária demonstram que todos esses processos de instrução giram em torno do mesmo eixo, em torno das principais neoformações da idade escolar. Tudo está entrelaçado com os nervos centrais do desenvolvimento do escolar. As linhas da instrução escolar despertam os processos de desenvolvimento internos. Observar o surgimento e o destino dessas linhas internas de desenvolvimento, que surgem na relação com o andamento da instrução escolar, é a tarefa direta da análise pedológica do processo pedagógico.

O essencial para a hipótese que apresentamos aqui é o postulado de que os processos de desenvolvimento não coincidem com os de instrução; que os processos de desenvolvimento caminham seguindo os processos de instrução que criam zonas de desenvolvimento iminente.

Sob esse ponto de vista, muda-se o olhar tradicional sobre a relação entre a instrução e o desenvolvimento. Do ponto de vista tradicional, no momento em que a criança assimilou o significado de alguma palavra, por exemplo, a palavra "revolução", ou dominou certa operação, por exemplo, a operação de adição ou da fala escrita, seus processos de desenvolvimento, em geral, estão finalizados. Sob esse ponto de vista novo, os processos de desenvolvimento apenas se iniciaram. Demonstrar como o domínio das quatro operações aritméticas origina uma série de processos internos complexos no desenvolvimento do pensamento da criança é a principal tarefa da pedologia na análise do processo pedagógico.

Nossa hipótese estabelece a unidade e não a identidade de processos de instrução e de processos internos de desenvolvimento. Ela pressupõe a passagem de um para outro. Demonstrar como o significado e a habilidade externos da criança transformam-se em internos é o objeto direto da investigação pedológica.

A análise pedológica não é a psicotécnica do trabalho escolar. Este não é artesanato, análogo à atividade profissional dos adultos. Desvendar os processos que realmente ocorrem no desenvolvimento e subjazem à instrução significa abrir as portas da análise científica pedológica do processo pedagógico. Toda investigação reflete certa esfera da realidade.

Pergunta-se: de que gênero é a realidade que se reflete na análise pedológica? É a realidade das ligações internas reais dos processos de desenvolvimento que são despertados para a vida pela instrução escolar. Assim, a análise pedológica estará sempre voltada para o interior e será semelhante à investigação feita com auxílio de raios-X. Para o professor, ela deve lançar luz a respeito de como ocorrem os processos de desenvolvimento que são despertados para a vida com o transcurso da instrução escolar, na cabeça de cada criança, isoladamente. Desvendar essa rede interna, subterrânea, genética de disciplinas escolares é a tarefa primeira da análise pedológica.

O segundo momento essencial da hipótese é a ideia de que, apesar de a instrução estar diretamente ligada ao curso do desenvolvimento infantil, mesmo assim, ela nunca ocorre de modo regular e paralelamente a ele. O desenvolvimento da criança nunca segue atrás da instrução escolar, assim como uma sombra segue o objeto. Por isso, os testes das conquistas escolares nunca refletem o andamento real do desenvolvimento infantil. Na realidade, entre o processo de desenvolvimento e o de instrução, estabelecem-se dependências muito complexas e dinâmicas que não podem ser abrangidas por uma fórmula única, pré-estabelecida, apriorística e especulativa.

Cada disciplina possui sua relação peculiar concreta com o curso do desenvolvimento infantil e essa relação muda com a passagem da criança de um estágio para o outro. Isso nos aproxima muito da revisão do problema da disciplina formal, ou seja, do papel e do significado de cada disciplina, isoladamente, do ponto de vista do desenvolvimento mental geral da criança. A questão aqui não pode ser resolvida com a ajuda de alguma fórmula, pois abre-se um horizonte para investigações concretas mais amplas e diversificadas.

Pode-se supor que o coeficiente da disciplina formal, próprio de cada disciplina, também não permaneça igual em diferentes estágios da instrução e do desenvolvimento. A tarefa da investigação pedológica nesse campo é o estabelecimento da estrutura interna das disciplinas escolares do ponto de vista do desenvolvimento da criança e as alterações dessa estrutura com os métodos da instrução escolar.

Pensamos que, juntamente com essa hipótese, introduzimos na pedologia a possibilidade de um campo infinito de investigações concretas que seriam capazes de resolver o problema por nós apresentado em toda sua amplitude.

INSTRUÇÃO E DESENVOLVIMENTO NA IDADE PRÉ-ESCOLAR[1]

O objetivo da minha palestra é esclarecer algumas especificidades importantíssimas da criança na idade pré-escolar. Em função da elaboração dos programas para os jardins de infância, gostaria de compartilhar ideias que foram formuladas por mim e por meus colaboradores ao longo de vários anos de trabalho no processo de estudo e investigação da criança dessa idade. Não tenho a pretensão de elucidar completamente as questões sobre as quais irei discorrer nem tampouco a de total resolução das questões práticas que decorrem dos temas abordados em minha exposição.

Na minha exposição, tratarei de alguns pontos iniciais para o trabalho com os programas e não de conclusões definitivas para a prática. Muito do que falarei precisa ainda de verificação investigativa; por isso, eu pediria a vocês que aceitassem a

---

[1] Texto estenografado do relatório apresentado na Conferência de Educação Pré-escolar da Rússia (N.E.R.)
No texto original russo não está indicado o ano da conferência. Provavelmente, Vigotski apresentou seu relatório em uma das conferências que ocorreram entre 1928 e 1934, quando estava em pauta a discussão a respeito da elaboração de programas para a pré-escola na União Soviética. (N.T.)

minha apresentação tal como está, ou seja, uma série de ideias pedológicas relacionadas à elaboração do programa para o jardim de infância.

A primeira questão que se apresenta, ao pensarmos a elaboração dos programas para jardins de infância e desejarmos conciliá-los com as especificidades da criança de idade pré-escolar, é mais geral. O que são os programas para os jardins de infância, em que se diferenciam dos programas da escola, que lugar ocupam no trabalho pedagógico do jardim de infância, que tipo de atividade da criança e com a criança eles abrangem e desenvolvem? Essa questão, por sua vez, liga-se a outra: do ponto de vista das peculiaridades da criança, qual é o caráter do trabalho de formação e educação para crianças dessa idade? Toda idade se caracteriza pela relação diferente que há entre o caráter do trabalho de educação e de formação, por um lado, e o desenvolvimento mental da criança, por outro. Para responder brevemente à questão das especificidades desse trabalho, na idade pré-escolar, vou defini-la de forma comparativa. Permito-me comparar o programa de uma instituição pré-escolar com o da escola.

Parece-me que, em relação ao caráter da instrução da criança em desenvolvimento, existem pontos radicais. O primeiro deles diz respeito à instrução da criança até 3 anos (entendendo-se instrução no sentido amplo da palavra e da mesma forma quando se diz que a criança assimila a fala entre 1 ano e meio e 3 anos). Pode-se dizer que uma especificidade da instrução da criança até os 3 anos é que ela se instrui segundo seu próprio programa. Isso fica evidente no exemplo da fala. A sequência dos estágios pelos quais a criança passa e a duração de cada estágio em que se detém são definidas não pelo programa da mãe, mas, principalmente, pelo que a própria criança haure do meio circundante. É claro que o desenvolvimento da fala da criança se altera em decorrência do que ela tem ao seu redor – uma fala rica ou empobrecida –, sendo ela própria quem define o seu programa de assimilação da fala.² Esse tipo de instrução normalmente é denominado de espontâneo. Nesse caso, a fala é ensinada à criança de modo diferente daquele com o qual uma criança de idade escolar estuda aritmética.

Outro tipo radical de instrução é quando a criança se instrui na escola com o professor. Aqui, o peso específico do próprio programa da criança não é significativo em comparação ao que lhe é proposto, assim como o peso específico do programa da mãe não é significativo se comparado ao próprio programa da criança, na primeira infância. Se designarmos o primeiro tipo como reativo, então, podemos dizer que, para crianças de idade pré-escolar, a instrução ocupa um lugar transitório entre ele e o segundo tipo. Esse tipo pode ser denominado de espontâneo-reativo.

O andamento da instrução e as mudanças que ocorrem ao longo da idade pré-escolar se caracterizam pela passagem da criança do tipo espontâneo ao reativo. Imaginem que, ao longo do processo do desenvolvimento, a criança se mova de uma polaridade à outra. Com isso, todo o curso do movimento será dividido em dois estágios. Na primeira metade de seu movimento, estará mais próximo do primeiro ponto do que do segundo. Consequentemente, o peso específico do movimento espontâneo e reativo se altera bruscamente. Se dissermos que, na primeira infância, ao longo do processo de instrução, a

---

2   Difícil concordar com a afirmação do autor de que a criança até 3 anos "instrui-se segundo seu próprio programa", que a "a própria criança define seu programa", pois o autor diz que a fala da criança altera-se em função da pobreza ou riqueza da fala ao seu redor. Consequentemente, o volume de conceitos verbais, seu conteúdo e caráter não são definidos pela criança; por isso, não há fundamentos para se afirmar que existe um "programa próprio da criança". (N.E.R.)

criança pode fazer somente o que coincide com seus interesses e, na escolar, pode fazer o que o professor quer, então, na idade pré-escolar, a relação se define de tal forma que ela pode fazer o que quer, mas quer o que eu quero.

O que isso significa? Isso significa os dois postulados seguintes que eu pediria para serem vistos como iniciais:

Primeiro – por volta dos 3 anos, toda criança passa por uma transformação que consiste no fato de que começa a se tornar possível para ela um novo tipo de instrução.

Ao comentar sobre a criança de 3 anos, o estudioso alemão Kroh[3] afirma que ela pode ser integrada à idade escolar. Ele diz que a criança dessa idade já tem capacidade para a instrução escolar; consequentemente, a partir dessa idade torna-se possível algum programa de instrução e educação para ela. No entanto, isso não é ainda um programa escolar. Em certo grau, deve ainda ser um programa da própria criança. Ela deve ter o que seria a base da instrução na idade precedente. Na primeira infância, a criança se instrui segundo seu próprio programa; na idade escolar, pelo programa do professor, e na idade pré-escolar é capaz de instruir-se na medida em que o programa do professor se torna seu. Essa é a dificuldade principal que é reconhecida por todos. Essa é a tarefa mais difícil do pedagogo com a qual os pedagogos têm se deparado nos últimos 50 anos.

Gostaria de abordar mais uma questão de caráter geral, antes de passar à segunda parte da minha exposição. Ela diz respeito aos denominados períodos propícios ao ensino. Sabemos bem que todo ensino, entendido no sentido amplo da palavra (incluindo a assimilação da fala), está relacionado à idade, mas, normalmente, quando se fala dos períodos para o

---

[3] Oswald Kroh (1887-1955) – psicólogo e pedagogo alemão. Estudioso da psicologia da instrução e da educação. (N.T.)

ensino, leva-se em consideração somente o limite inferior. Ou seja, entende-se que não se pode, digamos, ensinar gramática a um bebê de seis meses ou a uma criança de 3 anos; em outras palavras, entende-se que a criança em desenvolvimento deve atingir um determinado grau de maturidade, deve adquirir, ao longo do desenvolvimento, algumas condições para que o ensino de alguma disciplina seja possível. No entanto, chamo a atenção de vocês para um fato de importância primordial para a educação pré-escolar, pois, para o ensino existe também o limiar superior favorável.

De Vries[4] se ocupou do estudo da ontogênese dos animais, em particular, dos invertebrados inferiores e introduziu na ciência, com base em seus experimentos e observações, o conceito de períodos ou idades sensíveis de desenvolvimento. De Vries denomina de períodos ou idades sensíveis do desenvolvimento ontogenético aqueles ao longo dos quais o animal se mostra mais sensível a determinados tipos de influências do meio. Quando essa idade passa ou ainda não chegou, essas mesmas influências, significativas para o curso ou a direção do desenvolvimento, em um determinado período, mostram-se neutras ou agem de forma inversa. Para De Vries, foi possível comprovar experimentalmente que as mesmas influências externas podem ser neutras, positivas ou negativas para o desenvolvimento, dependendo de como e em que período incidem sobre o organismo.

Se tomarmos essa ideia de forma bem geral, ela não provoca, é claro, nenhuma nova associação e representa algo conhecido há tempo. Talvez, apenas devido a essa ideia geral não valha

---

[4] Hugo Marie De Vries (1848-1935) – botânico holandês, precursor do estudo experimental da evolução dos seres vivos. Lançou os fundamentos da pesquisa genética. Concebeu a evolução como uma série de mudanças radicais abruptas que dariam surgimento a novas espécies, conferindo a esse fenômeno o nome de mutação. (N.T.)

a pena ressuscitar o velho estudo de De Vries e transpô-lo da ontogênese dos animais para o desenvolvimento humano, o desenvolvimento e a educação pré-escolar, em particular. Quem desconhece o fato de que, se formos alimentar um bebê assim como alimentamos uma criança de 7 anos, essas ações que, numa idade, mostram-se benéficas, em outra, podem ser prejudiciais e negativas.

Porém, a ideia de De Vries contém um entendimento substancial e profundo da questão. Estudando uma série de animais, conseguiu estabelecer que não se trata apenas de que a alimentação, digamos, sempre presente ao longo de todo o desenvolvimento do filhote, nos primeiros tempos, deve ser combinada com as especificidades de determinado estágio em que o animal se encontra em seu desenvolvimento. Não é essa a ideia de De Vries. Na verdade, trata-se de ações específicas do meio com um significado decisivo para dirigir o desenvolvimento em um determinado sentido. Elas agem apenas quando presentes em um determinado momento do desenvolvimento. Antes e depois se mostram igualmente ineficientes. O exemplo de De Vries e de Fortun,[5] frequentemente citado, diz que, quando se alimenta a abelha com um determinado alimento – com capim-santo –, no período de seu desenvolvimento ontogenético, ela se transforma em abelha-rainha. Mas isso ocorre somente no caso de a alimentação se iniciar e prosseguir por um determinado período de seu desenvolvimento. Caso se deixe passar esse período, a mesma alimentação não apresentará o resultado condizente. Em outros períodos, a alimentação dará resultados negativos e o desenvolvimento transcorrerá de forma diferente, dependendo de como e em que ponto dele o filhote se encontra sob aquela ação.

---

[5] Sem informações sobre o autor citado. (N.T.)

Essa imagem de que no próprio desenvolvimento estão implicados determinados períodos especialmente sensíveis às influências externas foi apresentada por Montessori[6] como base para o estudo do desenvolvimento e do ensino na idade pré-escolar. A pergunta seria: a que influências a idade pré-escolar é sensível? Devo dizer que esse problema se relaciona à instrução e, do ponto de vista da teoria sobre o pré-escolar, se aproxima muito do postulado formulado também por autores burgueses do campo do ensino escolar que desenvolveram a ideia e o conceito de períodos propícios ao ensino. Na prática da pedologia, sempre soubemos e utilizávamos até agora somente o limite inferior da instrução, ou seja, sabíamos que, antes de certa idade, não se pode ensinar à criança uma determinada matéria, admitindo a ideia de que o desenvolvimento deve preparar condições para que o ensino se torne possível. Se soubermos apenas isso e pensarmos de modo absoluto, será necessário concluir que, quanto mais tarde iniciarmos o ensino, melhor, porque mais importantes serão essas condições. No entanto, observações demonstraram que períodos tardios são tão ruins para o ensino como os extremamente precoces. Pelo visto, esse fato que, pela primeira vez, foi descoberto com base numa série de questionamentos a respeito do ensino e da educação pré-escolar, em nenhum lugar como aqui, tem um significado tão essencial. Permitam-me esclarecer isso. Sabemos que o ensino está relacionado à idade porque pressupõe certo estágio de amadurecimento e determinadas condições – memória, atenção, motricidade etc. Sob esse ponto de vista, como então explicar o fato de ser bem mais difícil para uma criança de 3 anos, que por algum

---

[6] Sobre Maria Tecla Artemisia Montessori, cf., neste volume, a nota 16, p. 132. (N.T.)

motivo não se apropriou da fala e começou a ser ensinada a falar a partir dos 3 anos, assimilar a fala do que para uma criança de 1 ano e meio? Para a primeira, a assimilação da fala é muito mais demorada e não apresenta o mesmo efeito, ou seja, o principal; o ensino muito tardio não desempenha o mesmo papel do que quando ocorre nos períodos favoráveis. Parece, contudo, que deveria ser mais fácil para essa criança assimilar [a fala] do que para a de 1 ano e meio, porque a atenção, a memória, o pensamento, aos 3 anos, já amadureceram bem mais do que com a idade de 1 ano e meio.

Dessa forma, um dos postulados principais é que para todo ensino existem períodos favoráveis ou propícios. A oscilação entre o adiamento ou a postergação, ou seja, momentos precoces ou tardios de instrução mostram-se sempre desfavoráveis; do ponto de vista do desenvolvimento, não se refletem de modo benéfico no curso do desenvolvimento mental da criança.[7] O fato de que existem esses períodos propícios ao ensino nos leva ao momento seguinte, necessário para a nossa análise: dissemos que, para se iniciar algum ensino, são necessárias certas características da criança e que determinadas qualidades e peculiaridades tenham amadurecido até um certo grau. Mas será que o desenvolvimento é medido apenas pelos traços amadurecidos da personalidade da criança ou, para nós, será importante também o que se encontra ainda no estágio de amadurecimento, que ainda não amadureceu? A investigação demonstra que, para todos os processos de educação e formação, os traços essenciais são exatamente os

---

[7] A ideia do autor sobre os períodos propícios ao ensino deve ser entendida no sentido de que, em um determinado período, ele tem maior efeito no desenvolvimento mental da criança. O ensino precoce pode refletir-se de forma prejudicial no desenvolvimento mental da criança, assim como o tardio, ou seja, uma longa ausência de ensino é o conhecido freio. (N.E.R.)

que se encontram no estágio de amadurecimento, que não amadureceram até o início do ensino. Eis como é explicado o fenômeno de que o ensino muito tardio, que desconsidera os períodos de amadurecimento, perde a possibilidade de influir sobre processos que ainda não amadureceram, perde a possibilidade de organizá-los, corrigi-los, de algum modo etc.

Como é comum na pedologia contemporânea, vamos denominar de nível de desenvolvimento atual da criança o estágio de maturidade atingido por suas funções e de zona de desenvolvimento iminente, os processos que ainda não amadureceram e encontram-se em estágio de amadurecimento. Se diferenciarmos e conseguirmos definir isso com o auxílio de determinados métodos elaborados, veremos que os processos de ensino e educação, em cada idade, têm uma relação de dependência direta não apenas com as especificidades organizadas e amadurecidas presentes na criança como também com as que se encontram na zona de desenvolvimento iminente.

Assim, permitam-me finalizar as primeiras ideias relacionadas às particularidades do ensino na idade pré-escolar e aos seus períodos sensíveis, passando para a segunda parte da minha exposição que é um breve estudo de algumas características básicas da criança de idade pré-escolar. Posteriormente, voltarei à questão apresentada no início da minha fala a respeito dos programas e tentarei traçar algumas conclusões relacionadas a ela.

Parece-me que seria uma tentativa inócua buscar caracterizar as especificidades da consciência da criança com idade pré-escolar se não se iniciar pelo todo, mas pelas partes, separadamente, procurando caracterizar a atenção, a memória, o pensamento da criança isoladamente. Como demonstra a investigação e como nos ensina a experiência, o essencial no desenvolvimento da criança e de sua consciência não é apenas o fato de suas funções da consciência crescerem e se desenvolverem, ao passar de uma idade para outra, mas o fato de que cresce e se desenvolve sua personalidade, a consciência como um todo.

Em primeiro lugar, o crescimento e o desenvolvimento da consciência se refletem principalmente na mudança que ocorre na relação entre as diferentes funções. Assim, por exemplo, a percepção da criança até 3 anos se diferencia da nossa não porque seja menos aguçada ou tenha menor poder de diferenciação, mas porque, até os 3 anos, ela desempenha um papel completamente diferente no sistema da consciência, no sistema da personalidade da criança. Na primeira infância, a percepção tem um papel central e predominante. Pode-se dizer que a consciência da criança dessa idade está presente apenas porque é determinada pela atividade da percepção. Todos os que conhecem crianças dessa idade hão de concordar que, antes da idade pré-escolar, a criança recorda, em grande parte, sob a forma de reconhecimento, ou seja, de percepção à qual se une o ato da memória. A criança percebe o objeto como algo conhecido e, muito raramente, lembra-se do que não está diante de seus olhos ou do motivo para estar ausente; ela pode prestar atenção apenas ao que está no seu campo de percepção. Da mesma forma, o pensamento da criança até os 3 anos tem, predominantemente, um caráter espontâneo. Ela compreende e estabelece relações mentais entre elementos visualmente perceptíveis. Seria possível demonstrar que todas as funções dessa idade atuam em torno da percepção, por meio da percepção, com a ajuda da percepção. Isso coloca a percepção em condições favoráveis de desenvolvimento nessa idade. Ela parece se servir de todos os aspectos da atividade da criança e, por isso, nenhuma outra função vivencia um florescer tão esplendoroso na primeira infância como a percepção. Isso confirma a lei antiga e conhecida na pedologia de que as funções vitais possuem, na primeira infância, a condição ótima de amadurecimento, ou seja, de florescimento, e as funções que são condições para o desenvolvimento de outras amadurecem mais cedo. Por isso, não é de se estranhar que a percepção se desenvolva antes do pensamento e da memória, pois ela é condição para ambos. Uma peculiaridade importante do desenvolvimento da consciência nas crianças pré-escolares em comparação às de outras idades é que, no curso do desenvolvimento, forma-se um sistema completamente novo de funções que se caracteriza, para simplificar e sistematizar a questão, em primeiro lugar, por ter a memória no centro da consciência. Na idade pré-escolar, pertence à memória o papel dominante, como demonstram as investigações.

É verdade que isso não acontece assim de forma rudimentar como estou descrevendo, por falta de tempo. O fato de todas as funções, na primeira infância, estarem a serviço da percepção não determina que, na idade pré-escolar, ocorra uma simples substituição mecânica e o lugar da percepção seja ocupado pela memória. O mais importante para compreender corretamente o pré-escolar é afirmar que o papel central no sistema de suas funções pertence à memória – função que está ligada à acumulação e reelaboração de sua experiência direta. Isso tem muitas consequências relevantes; porém, a mais importante é que o pensamento da criança se modifica de forma brusca. Se, antes da idade pré-escolar, pensar significa compreender as ligações visuais, para a criança pré-escolar, pensar é compreender suas representações gerais. A representação é o mesmo que uma lembrança generalizada. Essa passagem para o pensamento em representações gerais é a primeira ruptura da criança com o pensamento puramente visual. Em primeiro lugar, a representação geral se caracteriza, grosso modo, por poder extrair o objeto de pensamento da situação temporal e espacial concreta a que está ligado e, consequentemente, estabelecer entre as representações gerais uma relação de tal ordem que não havia ainda ocorrido na experiência da criança.

Gostaria de me deter em três momentos que decorrem diretamente da afirmação de que a memória ocupa um lugar central na criança em idade pré-escolar.

O primeiro é uma questão muito difícil e consiste no seguinte: nós, adultos, afirmamos a nosso respeito que pensamos por conceitos. A criança não possui conceitos amadurecidos. O que, então, substitui os conceitos na criança? É característico dela, na idade pré-escolar, pensar. Todo conceito, qualquer significado da palavra é uma generalização. Qualquer conceito está relacionado a um grupo de objetos; contudo, essas generalizações em crianças de diferentes idades são estruturadas de forma diferente. O fato mais significativo entre todos os postulados relativos ao desenvolvimento do pensamento infantil é o seguinte: à medida que se desenvolve a relação de convivência da criança com o adulto, amplia-se também a generalização infantil e o contrário também é verdadeiro.

Para convivermos uns com os outros, transmitirmos nossas ideias uns aos outros, precisamos saber generalizar os pensamentos que transmitimos porque o pensamento não pode ser transposto diretamente de uma cabeça para outra. Imaginem a mãe de uma criança. A mãe sorri e a criança não a compreende, mas se contagia com seu ânimo e também sorri. A mãe não se contagia com o sorriso da criança, mas entende que ela está satisfeita.

Pode-se considerar estabelecido que os estágios de generalização da criança correspondem, rigorosamente, àqueles pelos quais se desenvolve a sua relação de convivência. Cada novo estágio na generalização da criança significa também um novo estágio nas possibilidades de relação de convivência. A própria presença de representações gerais pressupõe o primeiro estágio do pensamento abstrato.

Dizer que a criança na idade pré-escolar começa a pensar por representações gerais é o mesmo que dizer que o círculo de generalizações acessíveis a ela se amplia.

A segunda especificidade e consequência do fato com o qual estamos lidando aqui, a predominância da memória, é que o caráter dos interesses e das necessidades da criança se reestrutura por completo. Falarei de forma geral em que consiste essa mudança. Como demonstram os estudos experimentais e a observação, a questão é que os interesses da criança começam a ser definidos pelo sentido que uma determinada situação tem para ela e não apenas pela situação em si, pelo significado que a criança atribui a essa situação. Surge a primeira generalização afetiva, surgem a substituição e a permutação de interesses.

A terceira consequência desse postulado é o fato de que a criança dessa idade passa para um tipo completamente novo de atividade. Sou obrigado a caracterizá-lo como a passagem para a atividade de criação, tendo em vista o fato de que, em todos os tipos de atividade da criança pré-escolar, surgem relações muito específicas entre o pensamento e a ação, isto é, a possibilidade de encarnar a ideia, de caminhar do pensamento para a situação e não da situação para o pensamento. Seja nas brincadeiras, nos desenhos ou no trabalho – em tudo vocês encontrarão relações completamente novas que surgem entre o pensamento e as ações da criança.

Gostaria de finalizar essa caracterização esquemática com uma indicação geral que muito nos servirá mais à frente. É sabido que, provavelmente, a idade pré-escolar é a primeira idade isenta por completo da amnésia infantil; sabe-se que nenhum de nós se lembra de quando era bebê. É bem verdade que há pessoas, como Tolstoi, que afirmam que conservaram algumas lembranças relacionadas aos primeiros meses de vida. Contudo, penso que, nesse auditório, dificilmente encontraremos uma dezena de pessoas que dirão que conservaram claras lembranças do tempo em que eram bebês. A amnésia é a principal lei dos primeiros meses de vida. Em menor grau, é a lei do desenvolvimento da criança até os 3 anos. Não nos lembramos de nós mesmos até os 3 anos. A primeira idade que está isenta da amnésia é a pré-escolar.

Esquecemo-nos da época em que éramos bebês, da nossa primeira infância porque a estrutura da nossa consciência nessa idade é muito diferente da estrutura da consciência na idade madura e, é claro, não conservamos até os 3 anos as lembranças de nós próprios e da realidade que nos cercava. O fato de a pessoa começar a se lembrar da sucessão dos acontecimentos a partir da idade pré-escolar é o que os antigos psicólogos denominavam de unidade e conjunto do "eu".

Como demonstram as investigações, na idade pré-escolar, surgem pela primeira vez as instâncias éticas internas da criança, formam-se as regras éticas.

Finalmente, nessa idade, forma-se na criança o que poderia ser denominado de primeiro esboço da visão infantil de mundo. É nessa idade que se forma a representação geral sobre o mundo, a natureza, a sociedade e sobre si próprio. Esse fato explica porque na idade pré-escolar temos pela primeira vez a supressão da lei de amnésia da primeira infância; dito de outra forma, o pré-escolar possui alguns elementos das ligações de continuidade que lançam a ponte até a visão desenvolvida do homem sobre o mundo e que finaliza o período infantil de seu desenvolvimento.

Permitam-me com esse esquema imperfeito passar para a última questão sobre as conclusões que podem ser extraídas do que tentei dizer a respeito da elaboração do programa para a idade pré-escolar e nela me deter.

Por mais breve e esquemático que tenham sido representadas por mim as especificidades da criança na idade pré-escolar, parece-me que é fácil perceber que a definição principal que apresentei dos programas do jardim de infância, no início da minha fala, é confirmada por essas especificidades.

Detendo-nos na ideia de que a criança na idade pré-escolar pensa por representações gerais ou na de que seus interesses emocionais guardam relação com o sentido e o significado que atribui a uma determinada situação ou, ainda, na de que, de acordo com isso, amplia-se a esfera da relação de convivência da criança – em todas elas, parece-me que uma conclusão se impõe. Essa conclusão consiste em que a criança, na idade pré-escolar, dadas suas especificidades, é capaz de iniciar um novo ciclo de ensino que até então lhe era inacessível. Ela é capaz de passar por esse ensino seguindo um programa, mas, ao mesmo tempo, por sua natureza, por seus interesses, pelo nível de seu pensamento, ela pode assimilar o programa apenas na medida em que ele seja seu próprio programa.

Se perguntarmos que exigências o programa do jardim de infância deve satisfazer para que corresponda às especificidades da criança de idade pré-escolar, a resposta, parece-me, soará da seguinte forma. Esse programa deve possuir as duas qualidades seguintes, difíceis de conciliar. Primeiramente, ele deve ser elaborado segundo algum sistema que leve a criança a um determinado objetivo, dando, a cada ano, determinados passos no caminho em direção a esse objetivo. Esse programa deve ser semelhante ao da escola no sentido de ser de um ciclo único e sistemático de formação geral. Ao mesmo tempo, ele deve ser o programa da própria criança, ou seja, deve ser-lhe apresentado na sequência que responde a seus interesses emocionais e peculiaridades do seu pensamento, que está ligado às representações gerais.

Se tentarmos construir um programa partindo do princípio de que o programa pré-escolar deve corresponder ao sistema do escolar, o objetivo não seria atingido. Ou seja, o programa para a idade pré-escolar deve, em sua essência, diferir do escolar. Deve-se evitar o que é ironizado pelos ingleses. Seus jardins de infância se denominam de escolas para pequenos e eles dizem que o pior perigo que ameaça as escolas para os pequenos é transformá-las em pequenas escolas.

Se assumirmos a tarefa de que a criança na idade pré-escolar cumpra o programa escolar, aquele que fornece um sistema de conhecimentos de cada ciência organizados logicamente de acordo com cada uma, então, pelo visto, nunca poderemos resolver a questão que é a de unificar o sistema de conhecimentos para que seja o programa da própria criança. Todavia, basta abordar corretamente a questão relativa ao tipo de sistema possível, nesse caso, para que seja resolvido o que parece insolúvel.

Permitam-me explicar em que consiste esse sistema.

Para fazer isso de forma breve, permito-me iniciar pelo fim, pelas exigências que a escola apresenta. O que a escola exige da educação pré-escolar? Se sintetizarmos o que dizem diferentes autores, veremos que a escola exige da educação pré-escolar três coisas:

1. ela exige a preparação da criança para o ensino escolar;
2. a escola exige que a criança esteja preparada para o ensino por disciplina;
3. parece-me que a escola exige também a alfabetização, apesar, na verdade, de nem todos compartilharem dessa ideia.

O que significa a criança na idade pré-escolar estar preparada para o ensino por disciplina na escola? Significa que a criança chega à escola e começa a estudar ciências sociais, aritmética e ciências naturais. Será que, para que se comece a ensinar ciências sociais, aritmética e ciências naturais à criança, não seria preciso que ela tivesse uma ideia geral de números, quantidades ou da natureza e da sociedade? Sem uma ideia, mesmo que muito geral, de tudo isso é impossível iniciar o ensino por disciplina na escola. Preparar essa visão geral a respeito do mundo da natureza, da sociedade e das medidas de quantidades constitui uma tarefa imediata que a escola apresenta para a educação pré-escolar.

Gostaria de apresentar um raciocínio geral. Uma das deficiências dos programas antigos é a presença de apenas uma série de fatos concretos isolados. Entretanto, a criança, na idade pré-escolar, como demonstram as investigações, constrói sozinha teorias, cosmogonias inteiras sobre a origem das coisas e do mundo. Ela mesma tenta explicar uma série de interdependências e relações. A criança dessa idade se encontra no estágio em que o pensamento difere por sua representação imagética e concretude. Ela cria suas teorias sobre a origem dos animais, o nascimento dos bebês, o passado etc. O que isso significa? Significa que o pré-escolar tem tendência a entender não apenas fatos isolados, mas também de formar algumas generalizações. Essa tendência no desenvolvimento da criança deve ser utilizada no processo de ensino para definir o principal caminho pelo qual deve ser construído, num determinado sistema, o programa do primeiro até o último ano.

No âmbito das ciências naturais, a criança deve estudar a natureza viva e morta em conjunto para, depois, estudar cada uma separadamente. Aqui, é necessário um sistema que conduza a criança de um tipo de relação a outros tipos de relações acessíveis a ela aos 3 anos; de relações acessíveis aos 3 anos para as que lhe são acessíveis aos 4 anos etc. A diferença entre esse sistema e o de ensino por complexo é que, neste, normalmente, a relação é uma concessão à fragilidade do pensamento infantil. Este é a cápsula dentro da qual a criança recebe os conhecimentos. Não sendo esse sistema, a própria criança deverá realizar isso. Falamos em estabelecer relações, estabelecer relações, estabelecer relações. Na realidade, uma das principais funções do estabelecimento de relações é ensinar a diferenciar, a separar para que seja possível o ensino por disciplinas.

Piaget demonstrou que a criança até 3 anos não diferencia os variados tipos de "não pode"; por exemplo, não se pode acender mais de uma vez o mesmo palito de fósforo, não se pode tocar no forno ligado porque queima, não se pode falar durante o almoço porque não se receberá o doce, não se pode mentir para a mãe porque não é honesto. Para a criança, isso ocorre indiferenciadamente. Da mesma forma, ela deve aprender a diferenciar a natureza física da social. Deve também saber diferenciar internamente. Assim, para que seja possível ensinar ciências sociais é necessário diferenciar o social do natural.

Posso apresentar o seguinte exemplo: uma das meninas de 6 anos que observei me disse: "Agora, eu adivinhei finalmente de onde surgiram os rios. As pessoas escolheram o lugar perto da ponte, cavaram um buraco e encheram de água". Ela sabia que algo já existia sem as pessoas e que algo foi feito pelas pessoas, mas, nesse caso, as pontes eram determinantes em sua compreensão e os rios eram algo feito pelas mãos das pessoas. O que isso significa? Isso nos remete a algo muito simples: o que nos parece natural exige da educação pré-escolar um trabalho de formação com a criança. Para que seja possível o ensino por disciplinas, é necessário diferenciar a representação geral do que, posteriormente, será o objeto do estudo. Parece-me que qualquer aspecto da educação pré-escolar e do trabalho de formação se diferencia por isso. Farei, por exemplo, a seguinte pergunta: como ensinam literatura na idade pré-escolar? Um autor francês disse corretamente que, na idade pré-escolar, temos que estudar não a história da literatura (certo, não?) nem as obras clássicas que permaneceriam em nossa memória para o resto de nossas vidas (não retornamos aos livros a que tivemos acesso na idade pré-escolar, quando ficamos mais velhos), mas a tarefa consistiria em desvendar para a criança o mundo da arte da palavra. O mesmo vale para a música – estamos diante da tarefa de desvendar para a criança a música em geral, o mundo da música, as possibilidades da percepção musical. O mesmo vale para a ciência. A tarefa consiste em aproximar a criança da ciência, em tornar possível o ensino da ciência do ponto de vista da lógica da ciência.

Permitam-me, agora, sob a forma de teses apenas, abordar algumas últimas questões ligadas aos programas. Parece-me que a segunda conclusão importante é a nítida diferenciação da instrução no segundo estágio da idade pré-escolar em relação ao primeiro. Essa é uma idade em que a criança, em sua curva de reação espontânea, está cada vez mais próxima da instrução escolar. Antes de passar para o esquema completo de instrução escolar, a criança de idade pré-escolar forma conceitos isolados e diferenciados. Em particular, as exigências escolares sobre as quais falei são tarefas imediatas do segundo estágio. Essa preparação para a própria possibilidade de se instruir, reativamente, segundo um programa é o ensino da escrita e da leitura.

Permitam-me dizer apenas duas palavras sobre a alfabetização. É possível alfabetizar a criança no jardim de infância. Isso não apenas porque a nossa instrução escolar começa, em média, aos 8 anos, enquanto nos países da Europa Ocidental inicia-se aos 6 anos, não somente porque a alfabetização, no jardim de infância, aliviaria imensamente e reforçaria a efetividade da instrução escolar; não apenas, como afirma corretamente Montessori, porque é melhor e mais fácil alfabetizar corretamente a criança de 4 a 5 anos – tendo em vista a idade pedológica – do que a de 6 anos e, até mesmo, a de 8 anos. Não apenas por isso, mas principalmente porque, como isso pode ser comprovado com investigações especiais, a alfabetização é uma das condições para qualquer instrução escolar em função do papel que desempenha no desenvolvimento da criança como a preparação para o ensino por disciplinas. Montessori atribuiu um termo específico – escrita explosiva – ao fenômeno que observamos ao longo do ensino da fala escrita para crianças de 5 anos. Ela demonstrou que, na criança de 7 e na de 8 anos, na escola, nunca surge, como diz ela, a riqueza de produção que a simples alfabetização apresenta na idade pré-escolar.

A experiência da educação familiar demonstra que a criança que é cercada por livros, aos 6 anos, sem qualquer instrução, assimila a leitura. As experiências dos jardins de infância demonstram que o lugar da alfabetização é na instituição pré-escolar. Um dos momentos fundamentais, importante para a definição das relações entre os programas, consiste no que se pode denominar de ensino embrionário ou pré-ensino, como dizem alguns autores. Estamos falando do princípio que também é corretamente apresentado no sistema Montessori, apesar de ser construído sob um princípio diametralmente oposto – na análise, na separação do todo em elementos biológicos e fisiológicos – e consiste em que toda instrução pressupõe seu período de desenvolvimento embrionário, seu período de pré-instrução, de preparação para o ensino. Montessori começa a ensinar a criança a escrever não quando esta pega o lápis ou a pena em mãos, mas bem antes disso. Toda atividade complexa ao longo da instrução na idade pré-escolar requer, necessariamente, esse período de preparação em seu desenvolvimento embrionário.